BIBLIOTHÈQUE NOUVELLE
à 1 franc le volume
(HORS DE FRANCE : 1 FRANC 25 CENTIMES LE VOLUME.)

# LE VIEUX
# MÉDECIN

Pour faire suite aux *Souvenirs d'un Médecin*

D'APRÈS SAMUEL WARREN, CRABBE, GRATTAN, ETC.

PAR

## PHILARÈTE CHASLES

Professeur au Collège de France

PARIS
LIBRAIRIE NOUVELLE
BOULEVARD DES ITALIENS, 15
—
A. BOURDILLIAT ET C$^{ie}$, ÉDITEURS
—
1859

# LE VIEUX MÉDECIN

Paris. — Imprimerie de la Librairie Nouvelle, A. Bourdilliat, 15, rue Bréda.

# LE VIEUX MÉDECIN

Pour faire suite aux *Souvenirs d'un Médecin*

D'APRÈS SAMUEL WARREN, CRABBE, GRATTAN, ETC.

PAR

PHILARÈTE CHASLES

Professeur au Collége de France.

PARIS
LIBRAIRIE NOUVELLE
BOULEVARD DES ITALIENS, 15

A. BOURDILLIAT ET C$^{ie}$, ÉDITEURS

La traduction et la reproduction sont réservées

1859

## AUX MAITRES

### DE LA FICTION VRAIE

LONGUS, PREVOST, B. DE SAINT-PIERRE, FIELDING, CERVANTES,
DICKENS, DIDEROT, ETC., ETC.

# AVANT-PROPOS

Αληθευειν εν αγαπη. (Saint Jean.)
La vérité dans l'amour.

Je continue l'œuvre si bien accueillie par la faveur publique en France, en Angleterre et en Allemagne. Voici la suite, la fin peut-être de mes *Souvenirs d'un Médecin* [1].

Je suis vieux. J'ai vu bien des misères, assisté à bien des agonies, recueilli bien des confidences et touché bien des plaies saignantes du corps, de l'âme et de l'esprit. La profonde émotion que j'ai ressentie en visitant tour à tour le grenier du pauvre et le palais du riche, en pénétrant les derniers mystères de la douleur humaine, j'ai tenté de la communiquer à d'autres cœurs, et j'ai été entendu par eux.

Plus de cent mille exemplaires de ces simples récits se sont fait jour à travers l'Europe et l'Amérique, où ils ont fait couler les larmes honnêtes et appelé sur des souffrances ignorées l'attention et la sympathie.

C'est que notre époque ne se contente plus d'admirer,

[1] Librairie Nouvelle, 1855.

comme le voulait cet ami du cardinal de Richelieu [1], les amours des princesses ou les passions des opulents et des puissants.

On a reconnu que l'âme de l'homme, enchaînée à un corps débile, est aussi tragique chez le mendiant que chez Philoctète et chez le roi des rois que chez Irus;

Qu'il est bon de ne point s'enfermer dans une personnalité étroite et barbare;

Que le temps des utopies et des malédictions misanthropiques est passé;

Enfin, que pour pratiquer la loi négligée du dernier Évangile, l'Évangile de saint Jean, la *vérité dans l'amour*, il faut d'abord savoir contempler la vérité d'un œil ferme, puis exercer la sainte charité d'un cœur compatissant et courageux.

---

[1] La Mesnardière.

# LE VIEUX MÉDECIN

## I

### UNE VISITE CHEZ LE BOURREAU DE LONDRES

Il existe en Angleterre un préjugé très-honorable dans sa cause et très-nuisible aux intérêts de la science : le respect pour les morts y est poussé à l'extrême ; aussi, rien de plus difficile que de s'y procurer des sujets d'anatomie. Mon frère, professeur de clinique de l'université et anatomiste très-distingué, pour ne pas être arrêté dans ses études, avait eu soin d'entretenir des rapports avec l'exécuteur des hautes œuvres, John Ketch, qui lui fournissait tous les sujets dont il avait besoin pour ses leçons d'amphithéâtre. Bientôt mes propres études me forcèrent de demander à Ketch les mêmes secours qu'il avait prêtés à mon frère. Cependant une secrète répugnance m'empêcha d'abord de me rendre en personne à la demeure de ce célèbre et lugubre officier public que plus d'une fois j'avais aperçu dans les salles de dissection. La présence du bourreau inspire à la plupart des gens une terreur involontaire, préjugé pardonnable, mais qui n'a pas de fondement. Ce personnage, dès qu'il n'est plus en scène, n'est rien ; sur la scène, sous le gibet, il est terrible. Chez lui, avec sa femme, au milieu de sa famille, c'est un mari et un père comme un autre.

Cependant ayant un jour remarqué la constitution athlétique d'un bandit qui devait être exécuté, je me mis en devoir de faire les démarches nécessaires pour obtenir le corps de cet homme. Je recueillis donc tout mon courage et j'allai chez Ketch.

C'était par une sombre journée de novembre, vers deux heures de l'après-midi : Ketch avait eu ce jour-là une rude besogne au Bayley (il y avait eu, je crois, plusieurs exécutions). — Je frappai précipitamment à sa porte, mais personne ne répondit. Je frappai de nouveau, et cette fois une petite femme vint m'ouvrir, d'assez mauvaise humeur. Je trouvai Ketch sortant de table et fumant sa pipe. John Ketch n'avait pas reçu une éducation classique; mais il n'était pas illettré et avait peut-être à sa manière plus de connaissance du monde que vous et moi. Il racontait beaucoup d'anecdotes et était très-communicatif avec ceux qui semblaient prendre intérêt à ses souvenirs.

Afin d'appuyer ma demande, j'envoyai chercher une pinte de genièvre, et nous allions entamer l'affaire qui m'amenait, lorsque j'entendis quelqu'un frapper à la porte. Ne voulant pas être vu en pareille compagnie et pensant que c'était un rival qui avait envie de mon sujet, je me retirai dans la pièce du fond. Je voulais aussi savoir de quelle manière il serait reçu : car Ketch m'avait toujours assuré que depuis sa nomination à sa charge, ma famille était la seule à laquelle il eût fourni soit des sujets, soit des renseignements sur les malfaiteurs qu'il lui livrait.

La plupart de ceux qui vont fréquemment du quartier occidental de la ville à la Cité et qui aiment les petites rues, ont sans doute monté et descendu les marches de *Break-neck*, menant de *Bear-alley* à *Green arbour-court* qui aboutit à *Old-Bailey*. La maison où je me trouvais était à quelques portes de ces marches. Ketch et sa femme occupaient les trois chambres du rez-de-chaussée, j'étais dans celle du milieu qui servait de chambre à coucher; je n'y fus pas plus tôt entré que je me sentis inquiet et pressé d'en sortir, mais croyant pouvoir trouver quelque moyen de m'échapper par le derrière de la maison, j'ouvris la porte de la troisième chambre. Là je vis trois sujets qui paraissaient déterrés depuis peu, l'un sans jambes, l'autre sans bras; ces membres avaient sans doute été vendus en détail à des étudiants qui venaient acheter des parties détachées, suivant que leur permettait leur temps ou leur argent, laissant le tronc au marchand pour en disposer à sa fantaisie.— Il y avait une auge contenant plusieurs cadavres de l'un et de l'autre sexe; enfin tout indiquait un commerce régulier de chair humaine.

— Oh! oh! m'écriai-je, monsieur Ketch, vous ne fournissez d'autres chirurgiens que moi et mon frère, n'est-ce pas? — Toutefois, n'ayant pu trouver d'issue, je fermai la porte du dépôt et m'assis près de celle qui conduisait à la première pièce. Cette porte était entr'ouverte, je pus ainsi entendre et voir tout ce qui se passa. L'étranger était entré. Après avoir pris un siége, il se tint pendant quelques minutes la figure cachée dans son mouchoir et comme en proie à une vive douleur.

La conversation commença ainsi :

### KETCH.

Sall (prénom de la femme de Ketch), ce monsieur se trouve indisposé; voyez ce que vous pouvez faire pour le soulager.

### LA FEMME.

Qu'avez-vous, monsieur, je vous prie, et qui demandez-vous ?

### L'ÉTRANGER.

On m'a dit que vous étiez l'exécuteur de Newgate. Suis-je bien informé? (La femme désigne son mari. Ketch s'avance.)

KETCH.

Je suis celui qui fait la besogne de Bailey. A votre service, monsieur. (L'étranger tressaille involontairement.)

L'ÉTRANGER.

Je désire vous parler un instant.

KETCH.

Commencez, monsieur, pas de cérémonie. J'aime à arriver au but le plus vite possible.

L'ÉTRANGER.

C'est ce que je vais faire. Vous saurez que j'arrive de Norfolk et que je ne suis à Londres que depuis ce matin ; j'ai voyagé toute la nuit, ce qui est cause que je suis mal disposé. Faites-moi le plaisir de me donner un verre d'eau.

KETCH.

Ah! je vois l'affaire. Vous êtes, j'imagine, le gouverneur de la prison, ou peut-être un de ses shériffs parcourant le pays pour avoir quelqu'un à bon compte, et obligé de venir me trouver. Voilà qui ressemble bien à vous autres campagnards. Vous ne prévenez jamais les gens; comment donc voulez-vous que les choses soient bien faites? Je ne puis être ici, là et partout en même temps, monsieur. Et supposez que j'aie un engagement, que deviendriez-vous, monsieur?... Avant de fixer un jour, vous devriez toujours m'en faire part... Je pourrais alors vous dire comment vont les choses ici, au Bailey et ailleurs. Vous savez que je voyage beaucoup, j'aurais pu être en voyage.

L'ÉTRANGER.

Vous vous trompez, je ne suis ni geôlier, ni shériff; mais je suis (Se frappant la main contre la tête.) le malheureux frère d'un malheureux condamné qui doit être exécuté dans notre ville mercredi matin; nous sommes au lundi, vous voyez que je n'ai pas de temps à perdre.

###### KETCH.

Vous, le frère d'un malfaiteur! Quel service puis-je donc vous rendre? Allez plutôt au lord secrétaire... D'ailleurs, cela est inutile, il ne pardonne jamais... Il jure par-dessus cela qu'il ne le fera jamais; il dit que les juges et les jurés ont toujours raison. Que Dieu bénisse sa bêtise! Je voudrais l'avoir entre les mains, il serait bientôt comme un chien de neuf jours, ses yeux s'ouvriraient; mais maintenant il est aussi aveugle qu'une taupe. Portez-lui le soleil, si vous pouvez, fourrez-le-lui sur le nez, et il n'en sera pas plus capable de distinguer un cas de pardon qu'un cas d'innocence. Je vous dis que si vous le mettiez sur le haut de l'arc-en-ciel, il n'y verrait qu'une couleur, que je nomme entêtement.

###### L'ÉTRANGER.

Arrêtez! arrêtez!... Je ne veux pas vous consulter sur cet objet; je reconnais d'ailleurs trop bien la vérité de ce que vous venez de dire... J'ose à peine vous expliquer ce qui m'amène de si loin auprès de vous, mais je dois parler. Vous comprenez que lorsqu'on ne peut éviter la mort, il faut au moins la subir avec courage.

###### KETCH.

Oui, monsieur, il vaut mieux prendre la chose froidement; il est inutile de reculer, comme le disait Ings au capitaine Thislewood, lorsqu'ils me passèrent tous deux sous la main.

###### L'ÉTRANGER.

Je n'ai rien à craindre du courage de mon frère, il subira sans doute son sort avec autant de fermeté qu'en montrent la plupart des hommes en ce triste moment. Mais je voudrais qu'il ne lui arrivât aucun accident ou qu'il n'endurât aucune douleur qu'on pût lui épargner. Nous voudrions surtout éviter toute circonstance qui marquât dans le souvenir du monde cette fin malheureuse, comme il arriva à Lincoln et à Foweg en Cornouaille, circonstances que notre famille a lues avec horreur. Oh! la seule pensée m'en fait frémir. Dieu! de quelle matière sont ceux qui font la loi?... Donnez-moi de l'eau! Ils se considèrent comme d'une substance supérieure; les pauvres, contre lesquels sont faites les lois pénales, ils les nomment une substance grossière. Mais de toutes les créatures de Dieu, les gouvernants ont certes moins de sentiments humains. Voilà les conséquences d'une législation dont les services sont payés avec de l'argent au lieu d'honneur. L'argent corromprait le cœur d'un Dieu, s'il n'était de sa nature incorruptible. Le riche inonde la terre de sang pour conserver sa propriété, et paye des livrées, afin de pouvoir savourer sur la plume l'aisance et l'oisiveté, tandis que la moindre faute du pauvre est punie par la torture. (Sall présente de l'eau à l'étranger.)

### LA FEMME.

Ne vous tourmentez pas ainsi, monsieur, vous pouvez compter sur mon mari, c'est la main la plus sûre qu'on ait jamais connue, et il a une manière la plus douce du monde, vous devriez seulement le voir à l'ouvrage.

### KETCH.

Silence, Sall; ne voyez-vous pas que ce monsieur est malade?

### L'ÉTRANGER.

Il faut que j'y passe.

### KETCH.

Votre frère, voulez-vous dire, monsieur. (A part, à sa femme.) La tête lui a tourné.

### L'ÉTRANGER.

Ah! oui, c'est vrai! mon frère! Le passage subit de la vie à la mort, la séparation de l'âme et du corps, et cela par la violence la plus dégoûtante, la plus horrible. Qui a le droit de faire pareilles choses ?

KETCH.

Monsieur, je suis autorisé par Sa Majesté et par la cour des aldermen.

L'ÉTRANGER.

Comment! dans la formation de l'homme, Dieu voulut bien lui accorder certains droits inaliénables, tels que sa vie, sa conscience, son jour de jugement; un homme peut à un autre transférer le droit de contrôler sa personne, de régler sa conduite, d'exiger des services et d'en recueillir les avantages; il peut pour ces concessions recevoir un équivalent; mais personne ne peut céder sa vie à un autre, ni le droit de la lui enlever.

KETCH.

Je vous demande pardon, monsieur, je puis vous prouver mon droit.

L'ÉTRANGER.

Dans la question dont il s'agit, la vie est l'union du corps et de l'âme; la mort, la dissolution de cette union. Rien ne peut passer par cette dissolution entre les mains de celui auquel on accorde ce droit de mort, et il ne peut exister d'équivalent : personne n'a le droit de se détruire.

KETCH.

Ah! là vous avez raison. Le meurtrier de la famille de Mar se rendit coupable d'un double crime en se tuant lui-même. Montgommery frauda la loi, et la mère Hibbard le tenta, lorsqu'elle essaya de se couper la gorge, bien que la blessure ne fût pas profonde. Je ne comprends pas qu'on puisse prendre pareille chose sur soi. Je suis d'avis, monsieur, que c'est le crime le plus détestable dont on puisse se rendre coupable.

##### L'ÉTRANGER.

C'est vrai, c'est vrai. L'homme a reçu la vie pour la conserver, non pour la transférer ni pour la détruire. Ce que Dieu a uni, qu'aucun ne le désunisse. Le suicide est certainement un grand crime.

##### KETCH.

Pardieu ! le plus damnable de tous les crimes. Si la loi les tue à tort ou à raison, que la loi en réponde, ou ceux qui ont fait la loi ; mais les malfaiteurs n'ont pas le droit de s'y soustraire.

##### L'ÉTRANGER.

Quelque dure que soit la tâche qui m'amène, il faut que je la remplisse. Écoutez-moi. Depuis que mon frère a été condamné, mes sœurs n'ont la tête remplie que des affreux accidents arrivés à Cheshire, à Lincoln, à Fowey. Je ne sais où elles ont lu tous ces détails, mais la crainte de voir se renouveler pareille chose en la personne de leur malheureux frère semble les affecter plus encore que sa sentence. Cela peut vous paraître singulier, mais cela est ainsi ; tourmentées par cette pensée, mes sœurs m'ont enfin déterminé à venir chez vous. Je suis donc ici pour vous prier que pareil accident n'arrive pas à mon frère. Vous êtes, j'imagine, accoutumé à ces tristes opérations.

##### KETCH.

Si votre intention est de m'engager, vous pouvez être rassuré.

##### L'ÉTRANGER.

Je désire que vous vous taisiez jusqu'à ce que j'aie moi-même fini de parler. La personne qui remplit les fonctions d'exécuteur de notre ville a été domestique de mon frère et l'a volé ! Les instances de notre famille l'engagèrent à le poursuivre et à le faire condamner. Cette circonstance, comme bien vous pensez, s'offre à notre esprit avec une force nouvelle, et mes sœurs s'imaginent que si cet homme exécutait mon frère, la vengeance le pousserait à augmenter les souffrances de son ancien maître, quand même son manque d'adresse n'en serait pas cause. Cette circonstance le met dans une position très-désagréable, et, puisque, d'après nos lois, l'opération doit être faite, il faut au moins qu'elle le soit le mieux possible. Vous connaissez maintenant l'objet de ma visite. Pour conclure, quoique les shériffs se refusent à vous appeler eux-mêmes ou à vous payer, ils ont consenti à ce que vous vinssiez dans cette occasion, pourvu que la famille supportât la dépense de ce dérangement. Quel sera donc votre prix? Rappelez-vous que vous devez partir par la voiture de ce soir.

### KETCH.

Mon prix? — Mais cela dépend; quelquefois plus, quelquefois moins. Tenez, il faut mieux nous arranger avant que je ne me mette en route, parce que, voyez-vous, quand je vais à la campagne et qu'un sursis arrive, je m'attends à toucher mon argent tout de même. C'est ma manière de faire les choses. Je ne parle de ça que pour prévenir toute méprise, non qu'il y ait grande chance que cela arrive avec ce secrétaire de fer. Je voudrais le voir entre les mains d'un chirurgien de ma connaissance, ses scalpels auraient joliment besoin d'être repassés après avoir coupé autour du cœur.

### L'ÉTRANGER.

Revenez à la question. Que voulez-vous dire par quelquefois plus, quelquefois moins? Expliquez-vous, je vous prie.

### KETCH.

Eh bien donc, monsieur, notre profession, comme presque toutes les professions, dépend beaucoup de la situation des choses, des assises, du temps et des affaires de l'État en général. Quand les choses se gâtent, le gouvernement met la potence en mouvement pour faire taire le peuple et effrayer les guenilles, comme je l'ai entendu dire à notre sous-secrétaire, après un sermon de condamnés à Newgate. Les temps mauvais, vous savez, remplissent les prisons et font aller vivement mon métier, parce que messieurs de la Cour, dès que les prisonniers abondent, commencent à vous pendre deux ou trois fois plus de gens que d'ordinaire. Voilà leur manière et je la connais bien, allez !

L'ÉTRANGER.

Vous n'arrivez pas à la question. Mais que voulez-vous dire par les messieurs de la Cour? Je croyais que c'étaient le roi et son conseil qui décidaient ces choses.

KETCH.

Dieu vous bénisse ! Comme on vous en conte au monde ! Notre gouverneur de Newgate et un de ses commis ont plus à faire là dedans et ont fait pendre plus d'hommes en un an que n'en ont jamais fait pendre tous les rois d'Angleterre. Mais, comme je vous disais, les affaires ne vont jamais d'une manière égale; les Luddistes m'ont fait aller plus d'une nuit; je dois un petit verre à Luc, si jamais je le rencontre, et il l'aura pour l'argent qu'il m'a mis dans la poche. Il n'y a rien de tel que de travailler pour la province. Maintenant, mon métier est à peu près le même que celui du conseiller P... Quand on me demande de plusieurs côtés à la fois, je vais au plus offrant, et je crois que c'est de bon jeu. Peut-être ne savez-vous pas ce qu'il demande, quand il sait avoir deux ou trois personnes en même temps; il le met assez épais, l'argent, je puis vous l'assurer, et vous savez que son métier n'est pas aussi délicat que le mien ; il peut faire cent sottises par jour sans qu'on s'en aperçoive, personne ne les remarque et sa réputation n'en souffre pas. Si je faisais une seule faute, je serais sûr de perdre toute ma clientèle de province, sans compter peut-être le Old-Bailey. — D'ailleurs, quand j'aurai passé marché avec vous, je puis cinq minutes après avoir une meilleure offre pour aller d'un autre côté; mais alors, en homme d'honneur, je ne vous manquerai pas de parole, il faut donc prendre cela en considération. — Ce que j'en dis n'est que pour vous faire comprendre que c'est à considérer.

L'ÉTRANGER.

Eh bien ! eh bien ! finissons-en. Je suis malade et veux m'en aller.

KETCH.

Quelquefois il m'arrive d'avoir deux ou trois affaires sur la même route, alors vous comprenez que je puis abaisser un peu mon prix, parce que chacun me paye mes dépenses de voyage. Puis encore, quand il y a deux exécutions à la fois, je fais une différence. Il faut tenir compte de tout. Outre cela, il y a encore une chose à considérer : quel genre de corde voulez-vous avoir ?

(Ici l'étranger respira visiblement avec difficulté, il soupira, ou plutôt il gémit avec une telle force, que je crus que les muscles de sa poitrine allaient se briser. Il bondit sur sa chaise, se frappa le front et retomba lourdement. Ketch dit alors à sa femme de remettre de l'eau dans le verre et y versa lui-même le reste de la bouteille de genièvre. — L'étranger y goûta à peine et remit le verre sur la table.)

L'ÉTRANGER.

Grand Dieu ! quel mal vous donnez-vous pour me tourmenter ! Me voici donc (Se parlant à lui-même.) discutant avec l'homme qui doit tuer mon frère. (Puis revenant à lui.) Il faut cependant aller jusqu'au bout, puisque je suis ici. Eh ! que voulez-vous dire en me demandant quel genre de corde je désire ?

KETCH.

Je vois que vous ne comprenez rien à ces choses, mais vous me paraissez un homme comme il faut, et je vais vous instruire.

L'ÉTRANGER, à voix basse.

Grand Dieu ! avec quel monstre suis-je donc, et quelles découvertes le malheur nous fait faire ! Continuez, je vous prie.

(Ketch avale le reste du verre de genièvre, l'étranger s'en aperçoit et dit à part).

— Ainsi je bois dans le même verre que ce misérable, grand Dieu !

KETCH, avec lenteur.

Ici, au Bailey, les affaires n'en valent pas la peine, si ce n'étaient les petits extra, outre la paix régulière et le nom que cela vous donne et qui vous procure la pratique de la province. Tout se fait maintenant par arrangement fixe ; les shériffs ne me donnent que trente shellings par semaine, et à mon aide vingt shellings, pendant toute l'année, qu'il y ait plus, qu'il y ait moins d'ouvrage, et cela pour pendre, pour mettre au pilori, pour tout. Il faut encore que je fournisse les cordes, et il y a de la besogne, je vous en réponds, pour si peu d'argent ; huit sessions par an, comme vous savez, et on parle d'en avoir douze. Il me faudrait vingt paires de mains pour faire face à tout, et quelques-uns des aldermen, avec cela, ne sont pas contents si je ne fouette moi-même ; avec eux on n'en finit jamais. Eh bien ! comme je le disais, je ne gagne que trente shellings par semaine, et que je sois pendu si je le ferais, si je n'avais les mêmes raisons que le chancelier W... quand il prit sa besogne de Thislewood, pour avoir un nom, et j'en ai un, sans quoi je ne vivrais pas.

L'ÉTRANGER.

Mais vous oubliez que je dois partir ; n'en dites pas tant et parlez-moi de la corde.

KETCH.

Ah ! la ligne ; mais, monsieur, vous pouvez depuis une guinée jusqu'à cinq, on m'a quelquefois donné dix guinées.

L'ÉTRANGER, avec surprise.

Expliquez-vous, je vous prie.

KETCH.

Sall, montrez les lignes à monsieur.

(Sall obéit à l'instant et met sur la table un paquet de cordes toutes préparées. Le cœur de l'étranger commence de nouveau à se soulever ; il était visible qu'il faisait sur lui-même un grand effort pour continuer cette scène jusqu'à la fin. Ketch prend une des cordes.)

— Voici la corde de campagne, vous voyez, elle est commune, et la plus grosse du tas. Or les shériffs ne payent que pour celle-là, qui fait mourir un homme deux fois plus lentement que celle-ci, pour laquelle je ne fais payer que deux guinées. Mais si vous en prenez une de cette espèce (il montroit un brin très-mince), tout est fini en un clin d'œil.

L'ÉTRANGER.

Mais sûrement cela n'est pas assez fort pour pendre un homme ?

KETCH.

Rapportez-vous-en à moi ! C'est ce que Bellingham disait, celui qui tira sur Perceval, lorsque j'allais la lui passer, quoique son ami, qui m'avait déjà payé, lui eût assuré que tout était pour le mieux. Il lui avait dit plusieurs fois que c'était une corde patentée, deux fois aussi forte que celles qui sont quatre fois plus grosses.

Or cette corde, vous comprenez, monsieur, serre si fort, que cela est fini avant qu'on ait eu le temps de le sentir.

Si les shériffs avaient quelque humanité, ils emploieraient toujours le *boyau*; mais aussi je perdrais mes profits. Puis encore, si cette corde si mince venait à glisser sous le menton, comme vous m'avez dit que l'avait lu votre sœur, elle serrerait de si près, que cela ne ferait pas grande différence, quoique cela n'arrive jamais où je suis; il n'y a que vos massacres de province qui fassent de pareille besogne, comme on vous a dit qu'il était arrivé à Lincoln. Comment! la chose était si mal faite, qu'Askinson aurait pu rester pendu une heure entière avant d'être mort, si un soldat du 69e ne l'eût soulevé et ne s'était pendu à son corps. Pauvre diable! J'étais furieux quand on m'apprit cela.

L'ÉTRANGER.

J'avais toujours entendu dire que cela dépendait de la dislocation du cou.

KETCH.

Pas un mot de vrai, pas un mot; il ne s'agit que d'une corde qui vous serre bien. Mais si un homme avait le cou cassé, on n'aurait qu'à le pendre pour le lui remettre. Les chirurgiens vous le diront. Le monde ne comprend rien à cela.

L'ÉTRANGER.

Mais ces cordes ne doivent pas coûter le prix que vous me demandez?

KETCH.

Oh! non! Je les vends un peu plus cher qu'elles ne me coûtent, c'est tout simple; mais je puis employer celle que je veux. Ainsi donc, ceux qui le peuvent doivent payer, parce que c'est mon profit, et je ne rabats jamais rien à mon prix. Ainsi choisissez avant qu'on ne les remette dans le tiroir.

(L'étranger, épuisé par l'épreuve, quitte sa place en aunonçant qu'il enverra un de ses amis terminer les arrangements pour que Ketch parte le soir même.)

Quant à moi, je m'en allai, après avoir terminé comme je le désirais mon affaire avec mon homme, et je sus qu'une heure après un avocat était venu chez Ketch le prier de dire son prix et de se mettre en route, laissant un billet de dix guinées pour couvrir les dépenses.

Jamais rien ne m'avait donné à penser comme cette scène. Pour la première fois, je me mis à réfléchir sur le droit que s'arrogeait le gouvernement et sur l'utilité de sacrifier la vie humaine sous le faux prétexte de la nécessité. La sûreté publique est certes la loi suprême en politique ; mais le public n'a jamais trouvé sa sécurité dans la mort d'aucun de ses membres, si on excepte quelques cas où les prétendants à la couronne troublaient la paix de l'État ; toute théorie, toute pratique législative qui reconnaît un principe opposé est fondée sur une erreur. Quand je pense que les gouvernements d'aujourd'hui n'ont pas encore fait la moindre tentative pour proportionner le châtiment au délit, et que dans ce pays les délits ne sont pas punis en rapport du degré d'immoralité qu'ils supposent chez l'individu qui les commet, je rougis et de l'ignorance et de la barbarie de mes compatriotes. Lavater a dit : Smellfungus voit les objets à travers un verre noirci, un autre les voit à travers un prisme. L'égoïsme, l'intérêt, toutes les petites passions sont chez beaucoup de législateurs un milieu qui colore leurs jugements, il rapetisse à leurs yeux et grandit le vice.

## II

### UN SAGE INCONNU

Sept années se sont écoulées depuis que le savant et aimable E... a quitté la terre. Sa vie consacrée à l'étude, paisible, calme, résignée, a laissé peu de souvenirs.

Son nom, placé après sa mort dans la liste nécrologique que contiennent les journaux et que conservent les biographies, n'a pas acquis de célébrité. Ses travaux étaient modestes. Il cherchait peu les grands, ne briguait pas leur faveur, et ne demandait à la fortune ni des honneurs ni de l'opulence. Les savants, parmi lesquels il avait droit de se classer, éclipsèrent aisément un compétiteur sans intrigue qui ne leur disputait ni la palme d'or ni le laurier qui flatte l'orgueil. Il a contribué obscurément à la rédaction de plusieurs bons recueils périodiques, où ses articles sont disséminés et ensevelis. Aucune tablette de marbre ne perpétue sa mémoire sous les arceaux de Westminster. Je l'ai connu à l'heure de la mort, heure où la vie entière se révèle, heure souvent terrible par les remords qu'elle évoque et les fantômes des erreurs passées qu'elle fait revivre. J'ai admiré ce véritable sage, grand homme méconnu. Les plus horribles maux assaillirent son âme au moment de sa dernière lutte avec l'enveloppe mortelle qu'elle était prête à quitter. Je m'étonnai d'une résignation que je trouvai sublime et d'un héroïsme plein de simplicité, dont la grandeur, ignorée du monde, dépassa, selon moi, les bornes du dévouement humain. Puissent ceux qui me liront partager la vénération qu'il m'inspira ; puissé-je honorer comme elles devraient l'être du monde entier ces vertus cachées, que Dieu seul peut juger dans leur étendue et récompenser selon leur mérite.

Je le vis pour la première fois dans une société savante, dont il était l'un des membres les plus humbles et les plus actifs. Je n'avais jamais entendu parler de cet homme vénérable. A son entrée dans la salle, je portai sur lui mes regards ; et l'expression de douceur, de sérénité, d'intelligence que je lus sur sa figure m'inspira le désir de le mieux connaître. Il marchait très-courbé, glissait plutôt qu'il ne s'avançait, et laissait lire sur son visage paisible et dans son air simple, ingénu, une absence de prétention, une bienveillance touchante. Le président s'assit [1]. E... ôta son chapeau, et son front parut à découvert. Toute la surface de la tête parut chauve, des cheveux blanchissants entouraient de leur frange argentée la blancheur polie de son crâne. Je croyais voir un apôtre. Une longue redingote grise l'enveloppait ; il défit ses gants, les plaça sur la pomme d'une grosse canne de bois de chêne, reposa son menton sur cet appui et resta dans cette attitude, écoutant avec attention les différents orateurs et demandant la parole quelquefois, pour faire des observations toujours justes, profondes, remarquables par leur originalité, exemptes de frivolité comme de pédantisme.

— Quel est, demandai-je à l'un de mes amis qui se trouvait assis près de moi, ce vieillard dont l'aspect est vénérable, dont le ton est modeste, dont l'extérieur est simple ?

---

[1] Les sociétés savantes, en Angleterre, sont régies par les mêmes lois d'étiquette que les sociétés politiques.

Personne ne lui parle. Voyez... l'inquiétude et l'agitation règnent autour de lui. Admirez le contraste de sa noble physionomie avec les figures tout émues qui l'entourent. Êtes-vous lié avec lui ? Est-ce l'un de vos amis ? Quel est son nom ?

— Mon cher, répondit l'homme d'esprit auquel je m'adressais, votre instinct vous a bien guidé en vous indiquant comme objet d'observation et d'estime le digne savant dont vous me parlez, et qui se trouve devant nous. C'est le beau idéal du philosophe. Sa santé décline, son crédit est peu étendu. Il n'a point de désirs ni d'ambition. Il jouit nécessairement de peu de faveur ; et, comme vous l'avez remarqué, personne ne lui adresse la parole, aucun de ces messieurs ne le courtise ; il n'attend rien d'eux, et ils n'ont rien à espérer de lui.

— Ce caractère est assez nouveau pour que je vous demande, comme faveur spéciale, de me faire faire sa connaissance.

— Volontiers. E... est d'un accueil facile. Il a étudié les hommes et n'est pas misanthrope. Il se voit mourir et souffre en silence. Ses rivaux le dépassent chaque jour ; il les laisse courir à la fortune, et se renferme dans ses travaux et la pratique du bien.

— Franklin et Socrate égalent à peine l'admirable portrait que vous tracez.

— Peut-être, si l'on examinait avec attention la vie et les écrits de ces deux grands hommes, y découvrirait-on un mélange d'ambition qui prête à leurs vertus plus d'énergie et d'éclat, mais dont la postérité doit tenir compte dans l'appréciation de leur gloire. E..., que des souffrances physiques vraiment infernales ont torturé pendant une grande partie de son existence, n'a jamais songé qu'à vivre en sage et à cacher ses vertus. Il jouit d'une fortune peu considérable, mais suffisante pour se procurer quelques-unes des superfluités du luxe. Il n'a jamais voulu s'environner de leurs délices. Sa jeune fille voit s'augmenter chaque année, des économies de son père, la dot qui la protégera plus tard contre les orages du monde. Il lui semble, d'ailleurs, qu'en ayant recours à l'art pour remplacer les facultés et les ressources de la nature, on offense Dieu, qui plaça en nous-mêmes tant de sources de jouissances. Tant que l'on peut se servir de ses jambes pour marcher, me dit-il souvent, à quoi bon un carrosse? C'est une insulte à la nature. Créatures souffrantes et mortelles que nous sommes, irons-nous avoir recours à ces moyens factices, qui, en nous rendant la vie plus douce, nous rendent la mort plus cruelle?

— Votre ami pense comme le docteur Johnson, qui disait à Garrick : « Prends garde, Davie! Prends garde! tu te pares, tu te frises, tu augmentes la somme de tes jouissances : ton lit de mort n'en sera que plus terrible. »

— Vous verrez avec quelle rigidité mon ami a pratiqué ces maximes. Son mobilier est tout entier en bois de chêne. Il a banni de chez lui toutes les recherches et tous les raffinements, dont cependant il pourrait s'entourer sans qu'on le blâmât, car il vieillit et il est bien souffrant.

— N'y a-t-il pas, dans cette imitation de Diogène et de Rousseau, un mélange d'orgueil ou une disposition superstitieuse à l'abnégation ascétique? Vous qui le connaissez, vous en jugerez mieux que moi.

— Non, rien de semblable ne se mêle à la vertu simple et modeste de mon ami. Il est pieux : la religion seule pouvait l'armer de résignation contre les douleurs auxquelles il est en proie. Mais l'exagération n'est jamais entrée dans son esprit. Diogène, auquel vous le comparez, n'était qu'un orgueilleux qui cherchait sa gloire dans le cynisme.

— Les relations qu'on a le bonheur d'entretenir avec un homme aussi rare doivent être bien douces.

— Vous devez le croire, et je l'éprouve chaque jour. E... semble s'améliorer avec l'âge. La vieillesse, la douleur corporelle, qui ordinairement gâtent et aigrissent nos semblables, altèrent leurs qualités et grossissent leurs défauts, ajoutent une douceur et un héroïsme nouveaux aux facultés de cette âme extraordinaire. Il a perdu, il y a cinq ans, une femme tendrement aimée : ce qui l'intéressait et l'attachait à la vie a disparu ; ses travaux de chimie et de physique, il les continue par habitude plutôt que par goût. Sa santé est déplorable. Vous saurez bientôt ce qu'il doit souffrir, si vous vous liez avec lui et que vous ayez occasion de l'examiner en qualité de médecin. Mais venez ; il va sortir. Je vous présenterai à lui : il fait froid, nous nous en irons ensemble dans ma voiture.

Cette peinture, d'un caractère presque idéal dans sa perfection et qui pourrait sembler de fantaisie, était encore au-dessous de la réalité. Une aménité simple, un esprit vif et gracieux, mais grave, qui rappelait la charmante ironie de Franklin, un fonds de douleur et de mélancolie pensive adoucie par la bienveillance la plus candide, attiraient vers le bon philosophe les cœurs de tous ceux qui approchaient de lui. Nous ne tardâmes pas à nous lier d'une amitié sincère.

Du côté de Lambeth (sur la rive droite de la Tamise, en face Westminster), dans ces faubourgs antiques dont les réparations et le luxe moderne ont respecté la vétusté piquante, se trouve une maison bâtie par Henri VIII. Les portes en sont basses et les fenêtres élevées. Un rideau de grands peupliers frémit devant la porte. Quand le soleil couchant frappe ces petits vitrages renfermés dans de larges arceaux, et fait ressortir la lumière et l'ombre de toutes ces sculptures minutieuses et gothiques, la vieille maison offre un spectacle digne de l'antiquaire et du poëte. C'était là que demeurait E... avec Emma, sa jeune fille, et Joseph son vieux factotum. Ce bon Joseph était le modèle du vieux serviteur. Il faisait la moue, et son air d'importante bonhomie ou de mauvaise humeur inoffensive annonçait toute sa confiance dans son inamovibilité éternelle ; il connaissait bien le mécanisme des instruments, la manière de les nettoyer, les manipulations chimiques, et servait d'aide à son maître. Je le voyais passer avec une dextérité sans pareille au milieu des cornues, des récipients et des alambics, sans que leur fragilité fût jamais compromise par son adresse. Tout était en harmonie dans cette maison, la simplicité modeste des appartements, l'antiquité de l'architecture, la douceur méditative du maître, la haute opinion que le vieux Joseph avait de lui-même, et la candeur de la jeune fille.

Au-dessus de la cheminée du parloir, on avait suspendu un tableau italien, de petite dimension, mais du bon temps : c'était une *crucifixion*. L'artiste avait imprimé sur le front et dans tous les traits du Sauveur une agonie si intense, que l'œil avait peine à se fixer sur cet ouvrage remarquable. Le Christ levait vers le ciel ses regards sanglants et humides ; il semblait chercher de la force dans le sein de son père contre l'excès de la torture. Emma E... à qui j'avais plusieurs fois parlé de cette œuvre d'art, détournait toujours la conversation de ce sujet et paraissait souffrir quand j'essayais de l'y ramener.

— N'interrogez pas miss E... sur les émotions pénibles que la vue de ce tableau doit lui causer, me dit un soir, à demi-voix, dans ce même parloir, en présence d'Emma, M. D... qui m'avait introduit dans la maison. Il croyait n'être pas entendu de la jeune fille, mais elle n'avait perdu aucune de ses paroles.

— Hélas ! dit-elle en se tournant vers M. D... vous savez qu'il me rappelle toutes les souffrances de mon père. Vous l'avez vu cent fois se rouler avec désespoir sur ce tapis en face de la cheminée, et, regardant ce tableau, s'écrier pour calmer son angoisse ou du moins pour rappeler l'énergie de sa situation : « Dieu ! Dieu ! ton supplice fut plus grand encore ! prête-moi du courage ! »

La jeune fille fondait en larmes ; on l'appela pour surveiller je ne sais quel détail des affaires domestiques ; et je demandai à notre ami commun l'explication de ce qu'elle venait de dire.

— Il y a vingt-cinq ans, me répondit D..., que le malheureux E... se trouve dans cet état de torture insupportable.

— Je ne m'en serais point douté ; sa physionomie est calme. Sous cette apparence de repos et de méditation paisible, comment aurais-je deviné qu'une souffrance profonde se cachait ?

— C'est là le miracle de la philosophie et de la philosophie chrétienne. Vous allez juger de ce que l'infortuné doit ressentir. Un jour (il y a de cela, comme je viens de vous le dire, vingt-cinq ans) E..., que ses travaux trop assidus avaient épuisé, était monté à cheval. Il se promenait près de l'abbaye de Westminster, lorsque l'animal se cabra. Le dos du cavalier porta violemment contre l'extrémité d'une poutre, traînée par une charrette qui se trouvait derrière lui. L'épine dorsale, sans se briser, fut cruellement attaquée. Depuis cette époque, il se tient courbé ; il ne peut ni s'habiller ni se déshabiller seul ; toutes les nuits ses extrémités sont frappées de paralysie ; il faut trois heures au moins pour se remettre ; il ne peut dormir que dans une couchette de forme spéciale, placée transversalement et non horizontalement, et qui, s'arrondissant en demi-cercle sous le dos du malade, offre à ses pieds un appui et ne force pas son épine dorsale à se redresser, ce qui lui causerait des tourments inimaginables.

— Mais n'a-t-on essayé aucun remède ?

— On les a tous employés. Galvanisme, électricité, réactifs, saignées locales, saignées générales, irritants, stimulants, cautères, rien n'a servi. Presque tous les jours le paroxysme recommence; la médecine est muette; les plus célèbres docteurs du continent et des Iles Britanniques ont avoué leur impuissance à le soulager.

— Et l'heure des paroxysmes est-elle régulière ?

— Irrégulière. Souvent c'est en présence de vingt ou trente personnes que le malheureux est saisi par ces attaques.

— Combien il doit souffrir! Je ne m'étonne plus de cette teinte plombée qui couvre son visage et de son attitude voûtée.

— En proie à ce fléau, croiriez-vous qu'il continue ses travaux scientifiques, visite des pauvres et des malades, fait l'éducation de sa jeune fille, se lève à quatre heures en été, à six heures en hiver, et trouve moyen de servir encore l'humanité ? Ah! qui le connaît bien ne peut le contempler qu'avec cette vénération profonde dont s'entouraient les anciens martyrs. Jamais le combat entre l'homme et la douleur ne fut plus terrible; jamais la force de l'âme ne se déploya dans un plus long et plus sublime héroïsme.

En effet, dès cette soirée même, je fus condamné à me trouver témoin de l'une des ces cruelles scènes dont M. E... était le héros et la victime. Nous avions commencé à prendre le thé. La conversation était animée. Nous parlions des rapports qui s'établissent entre les gens de cabinet et les grands, du danger de la disproportion de ces rapports, de l'influence sur les travaux de l'intelligence, qui contractent trop aisément une teinte de frivolité et de partialité, quand ceux qui s'y livrent ne résistent pas à la séduction des salons. E... avait développé avec esprit les opinions les plus saines, quand je le vis pâlir. Il posa d'une main tremblante sa tasse sur la table, se laissa glisser de sa chaise sur le parquet, pressa de sa main gauche la partie inférieure de son épine dorsale, et poussant de longs et profonds soupirs sans prononcer un mot ni une plainte, se roula par terre, comme si ce mouvement eût adouci sa souffrance. La sueur tombait à grosses gouttes de son visage ; nous nous agenouillâmes près de lui, médecins inutiles, témoins oisifs de ce mal que nous ne pouvions soulager. Sa fille l'embrassa, Joseph entra, une ceinture de cuir à la main ; il l'assujettit et la serra autour de la taille de son malheureux maître, puis appuya ses deux mains jointes sur le siége de la douleur. Tantôt les membres de l'infortuné se ramassaient, et, comme dit le peuple, se recoquillaient pour ainsi dire ; tantôt on les voyait se détendre comme un ressort. E... saisit le tapis d'une étreinte convulsive, jeta un regard suppliant sur le tableau du Christ, pleura de douleur et joignit ses mains comme pour demander à Dieu de le délivrer. Il ne lui restait pas figure humaine. Vous eussiez dit qu'un démon s'était emparé de lui et infligeait à ce grand, à cet excellent homme, tous les tourments de l'enfer.

La crise dura longtemps. Enfin, Joseph s'aperçut qu'il allait s'endormir, le saisit entre ses bras et le porta dans son lit.

Je le revis le lendemain. — Eh bien ! me dit-il avec un triste sourire, vous avez assisté à ma misère quotidienne. Je suis fâché de vous avoir donné ce spectacle ; il me semble que ma vue doit faire mal aux autres. Je souffre tant ! Cela me prépare à mourir. C'est le creuset où je m'épure. Dieu est grand !

— Quand je compare à votre courage l'impatience que

me causent des contrariétés légères, j'ai honte de moi-même.

— C'est ainsi que nous sommes faits. Si vous étiez condamné à de grandes et longues douleurs, vous trouveriez dans leur violence même la force nécessaire pour les supporter. Mais je ne vous souhaite rien de tel.

— Accablé par le sentiment de votre malheur, ne vous est-il pas arrivé de maudire l'existence, celui qui vous créa, le monde et la nature?

— Non, mon apprentissage de souffrances a été progressif, et d'abord, j'étais un peu désobéissant, un peu rétif. En me révoltant contre mes peines, je les aggravais. Mon éducation, sous ce rapport, commence à se faire.

— Vos sentiments religieux se sont-ils affaiblis depuis que vous êtes soumis à cette torture que vous méritez si peu? N'avez-vous jamais, comme Job, élevé la voix contre ce Dieu qui vous frappait, déchirait vos chairs, suppliciait votre corps?

— Je ressemble assez à Job, il est vrai; mais je puis assurer que je n'ai pas succombé comme lui. Mon esprit est éclairé; je sais que l'Être tout-puissant est toute bonté. Je lutte contre le mal qu'il m'envoie et ne l'accuse pas; jamais cela ne m'est arrivé.

— Jamais?

— Non. J'avoue même que si je regardais cette vie comme la seule qui soit réservée à l'homme, le courage me manquerait peut-être. Je serais le plus misérable des mortels. Je conserve donc mes croyances et je les affermis comme mon plus grand remède, comme mon plus sûr appui. Le suicide serait mon seul recours, si je n'avais de la piété : et nul pouvoir humain ne m'empêcherait de l'accomplir.

— Homme admirable, vrai philosophe! on craint, quand on vous voit de près et que l'on vous connaît tout entier, de commettre le péché de latrie, de tomber à vos genoux et de vous rendre un culte.

— Cessez ces discours ; passons dans mon *laboratoire* que Joseph, depuis trente ans qu'il est à mon service, n'a jamais pu s'empêcher d'appeler *mon abattoir*. Notre ami B... m'a envoyé un morceau de platine ; je cherche une combinaison nouvelle qui n'est pas sans importance. Si mon opération réussit, une utilité réelle sera le fruit de mes tentatives. — Les manufactures et les fabriques y gagneront cent pour cent. Joseph est occupé de l'expérience : venez, je vous prie !

Le sanctuaire était un appartement oblong, garni de livres reliés simplement, et qui portaient la trace d'un fréquent usage. Les instruments et les appareils étaient rangés et classés dans le plus bel ordre. La boiserie était en chêne. Rembrandt aurait volontiers transporté sur sa toile et environné d'un cadre cet intérieur curieux, où l'on voyait Joseph à genoux, le soufflet à la main, la figure enluminée, pressant l'accomplissement du grand œuvre. Malgré le terrible choc que M. E... avait reçu la veille, il se livra tranquillement à ses travaux, revêtit le tablier, et me fit remarquer le progrès de l'expérience à laquelle je prenais un vif intérêt. Cependant le maladroit Joseph, se relevant brusquement et accrochant avec le pan de sa veste un des coins du récipient, renversa dans les cendres le métal en fusion, brisa le vase et détruisit nos espérances ; accident d'autant plus fait pour nous irriter que nous approchions du dénoûment, et qu'après une longue attente, tout semblait devoir réussir selon nos souhaits. Je ne pus m'empêcher de laisser échapper une exclamation d'impatience que le sentiment des convenances modéra.

— Ah ! m'écriai-je, le contre-temps est cruel !

— Comment avez-vous fait, Joseph ? interrompit E... d'un air chagrin, mais d'un ton doux. Voilà notre temps perdu et notre expérience achevée. Allons, il n'y faut plus penser.

Joseph, tout rouge, tout courroucé contre lui-même, à côté de son maître calme, pâle et serein, offrait un plaisant contraste. A voir la figure bouffie du valet, vous eussiez dit qu'il était prêt à gronder son maître; à observer l'humble et douce physionomie du savant, vous auriez pu croire qu'il s'apprêtait à recevoir avec modestie des reproches mérités.

— Diable! peste! damnée soit la cornue! s'écriait Joseph.

— Patience, reprenait son maître : ramassez tout cela.

— Comment diable ai-je pu faire? Comment?

— Il me semble que vous devez le savoir mieux que moi. Au surplus, vous vous êtes fait tort, Joseph, dans l'opinion du docteur que voici. Jamais, depuis trente ans, vous n'avez été si gauche : ordinairement vous êtes adroit; je dois vous rendre cette justice.

Ce fut toute la réprimande du maître. Que l'on ne me blâme pas de rapporter un fait si léger, il décèle tout un caractère; et je pense, avec Bacon, qu'il faut plus de force d'âme et de pouvoir réel sur ses passions et ses émotions pour supporter avec douceur les petites misères, les froissements légers, les taquineries, les contre-temps de la vie ordinaire, que pour opposer un héroïsme théâtral aux grandes et extraordinaires calamités. D'ailleurs, E... était le même en tout. Jamais il ne se laissait entraîner hors des limites de cette résignation que ses douleurs quotidiennes lui enseignaient si cruellement. Il imitait, dans la teneur de sa vie régulière, la sublime douceur de ce divin maître dont l'exemple est si peu suivi. Attaqué avec rage, avec une indécente personnalité, par un des principaux recueils périodiques[1] de l'Angleterre, je le vis et recevoir et lire le numéro

[1] Le *New Monthly Magazine*.

qui contenait cette critique malhonnête. Il ne sourcilla pas; seulement il me dit :

— Voici des injures tout à fait inutiles. La passion n'est qu'un souffle violent qui éteint la vérité. Comment ces gens veulent-ils qu'on ajoute foi à leurs critiques? ils ne savent pas être de sang-froid. Il y a de la sagacité dans cet article; je me suis trompé sur un point. Le journaliste a fort bien aperçu le défaut de ma cuirasse; il en a profité habilement.

— Je sens ce qu'une telle injustice a de cruel et de pénible pour vous; à votre place, je serais plus sensible encore à de telles attaques.

— Oh! elles ne me touchent pas. Il y a longtemps que la personnalité ne m'atteint plus.

— Mais l'opinion publique...

— Distinguons, mon cher ; le public qui raisonne, examine et juge, me jugera comme j'ai droit d'être jugé. Quant au public aveugle, crédule et sot, vaut-il la peine qu'on le détrompe ? Non. Ses opinions sont vacillantes, son jugement est déréglé. Autant vaudrait se composer un tribunal d'enfants en sevrage. Je n'y fais pas la plus légère attention.

Je m'étais accoutumé à le voir toujours le même, toujours calme, héroïque, inoffensif et humble; jamais d'agitation dans ses traits, jamais d'émotion violente ou irrégulière dans son âme. Un jour cependant son front était sillonné de quelques rides et une teinte plus sombre était répandue sur sa physionomie ; il s'aperçut de mon étonnement. — Tâtez mon pouls, docteur, me dit-il, vous en trouverez les pulsations fréquentes et inégales. Pour un homme qui cherche à se vaincre et qui a consacré une partie de son existence à cette rude épreuve, une telle émotion est presque une honte.

— En effet, la circulation du sang n'est pas régulière.

— Depuis quelques jours une surexcitation nerveuse s'est emparée de moi. Je veux travailler; je m'y efforce, mais mon attention est distraite.

— Quelque accident imprévu...

— Non, rien de nouveau, si ce n'est une étrange hallucination qui naît sans doute de l'état débile de mes nerfs.

— Un fantôme ?

— A peu près.

— Asseyez-vous ici et écoutez-moi sans rire.

J'espère que vous me regardez comme exempt de superstition et de mensonge. Aussi, quand bien même vous attribueriez à mon état maladif le récit que j'ai à vous faire, suis-je certain que vous ne mettrez pas en doute la vérité de mes paroles. Moi-même, je suis tenté de croire qu'une illusion singulière, résultat de l'affaiblissement de mes organes, a causé ce phénomène. Hier, je venais de prendre le thé avec ma fille, et je sentais le besoin de me reposer. J'ai l'habitude de donner tous les soirs, avant de me coucher, un coup d'œil à mon laboratoire, afin de m'assurer par moi-même que tout y est à sa place et que nous ne courons aucun danger. Quand j'entrai hier, selon ma coutume, dans cette grande salle, une lumière à la main, je vis avec surprise que je n'étais pas seul dans l'appartement. Un grand personnage, vêtu de noir, tenait une petite bougie qui jetait peu de clarté. Je m'arrêtai stupéfait, le monsieur ne fit pas la moindre attention à moi. Il se mit à fermer les armoires, à ranger les ustensiles et les vases, à nettoyer les bocaux, à replacer les livres sur leurs rayons, fit le tour du laboratoire, posément, d'un air délibéré, mais sans occasionner le moindre bruit. Je ne sais quel sentiment de terreur solennelle s'est glissé dans mon âme. J'étais muet, et je n'osais l'interrompre. Il avait l'air aussi familier que je le suis avec les outils de mon métier. Je le voyais aussi distinctement que je vous vois ; j'épiais tous ses mouvements avec anxiété. Il entra dans mon arrière-cabinet ; je le suivis, pétrifié de surprise.

Mon gentilhomme à l'habit noir continua sa route et son ouvrage, ferma le télescope, couvrit les verres de leur enveloppe, enferma dans sa boîte mon nouveau chronomètre, rangea tout l'appareil astronomique placé auprès de la fenêtre, et se trouvant enfin auprès de ma table à écrire, ferma mon pupitre à clef, jeta mes plumes dans le feu, renversa l'encre dans les cendres et finit par déposer au-dessus du pupitre la clef qui servait à l'ouvrir. Je voulus m'approcher. L'apparition fit une pause, se retourna vers moi, me regarda d'un air grave, triste et doux, remua la tête, fit un pas. Sa bougie s'éteignit alors, et je ne vis plus rien. La figure du fantôme m'était bien connue. Ses traits étaient ceux du célèbre Boyle [1] tel que le représente la gravure qui forme le frontispice de son traité de l'air atmosphérique.

— Le fait est curieux.

— D'autant plus curieux que j'ai toujours eu de la vénération pour ce grand homme : sa vie est mon modèle ; ses doctrines me sont chères. Ne trouvez-vous pas singulier qu'il soit venu fermer ma boutique et m'avertir de prendre soin de mes affaires ? Ne pouvait-on pas regarder cette bizarre visite comme une sorte de conseil solennel, de surnaturelle admonition ?

— Quoi ! vous vous laisseriez troubler, vous, homme sage et réfléchi, par un événement de cette nature ?

— Non, mon ami, ne le croyez pas. Je n'ai point cette faiblesse. La mort, je vous assure, ne m'épouvante pas. Mais la question philosophique, le phénomène d'une telle vision m'obsède et tourmente ma pensée. Ne trouvez-vous pas

[1] Connu par d'admirables découvertes, et aussi remarquable par ses talents que par sa conduite privée.

cela naturel? Ne croyez-vous pas que, dans une telle circonstance, il y a un monde de problèmes, qui déjoueront éternellement la sagacité humaine? Et que dirions-nous tous les deux, si l'avertissement du savant et fantastique Boyle se trouvait justifié par l'événement; si ces ustensiles et ces instruments qu'il a si soigneusement remis en ordre, je ne devais jamais les toucher, si en un mot j'étais obligé de *fermer boutique*, comme je vous l'ai déjà dit?

Je ne pus m'empêcher de donner accès à je ne sais quel pressentiment pénible, dont mon amitié pour E... ou plutôt mon admiration profonde pour ses vertus augmentait l'amertume. Je rentrai chez moi, affecté d'une crainte vague, il me fut impossible de dormir. Je me levai tout pensif, et je m'étonnai d'avoir, grâce à mes rêveries, dépassé de beaucoup l'heure ordinaire de mes premières visites, quand, à six heures sonnant, mon domestique me remit la lettre suivante de la part de l'ami qui m'avait introduit chez M. E...

« Mon cher ***,

« Hâtez-vous de venir. Une attaque de paralysie a frappé ce matin, à sept heures et demie, notre excellent ami M. E... J'ai bien peur que cet assaut, joint à la terrible maladie chronique à laquelle il est en proie, ne disperse et n'anéantisse les derniers débris de son organisation ruinée et débile. Je suis chez lui, et je vous attends avec impatience.

J. D. »

En peu d'instants je fus à Lambeth; et après avoir donné les premiers secours au malade, je demandai si quelque événement nouveau avait déterminé cette catastrophe à laquelle il était trop vraisemblable qu'il succomberait. La jeune fille d'E... fondant en larmes, et D... plus calme, m'apprirent qu'un malheur inattendu et terrible venait de frapper notre ami. Lui et sa fille se trouvaient ruinés, ruinés dans la vieillesse et dans l'enfance, au milieu d'une maladie affreuse, sans ressource, sans secours! C'était la dernière épreuve, le dernier fleuron du martyre.

Un jeune garçon, élevé dans les écoles de paroisse [1], en avait été retiré par la charité de notre ami, qui, reconnaissant en lui de l'intelligence et de l'activité, lui donna les premières notions de l'arithmétique, de la tenue des livres et de la géométrie; puis il l'engagea comme apprenti chez un marchand de la Cité. J. H... (c'est le nom du jeune homme) se conduisait bien, et son patron, satisfait d'avoir arraché à la misère un être digne d'estime, lui avança quelques fonds, au moyen desquels J. H... commença un petit commerce qui prospéra, grâce à son travail, à sa persévérance, à son économie. De nouveaux fonds lui furent encore avancés par le généreux E..., qui se réjouissait de cette œuvre de ses mains. La boutique du jeune homme était très-bien achalandée; il payait régulièrement à son ancien maître le montant des sommes que celui-ci lui avait prêtées. Encouragé par cette prospérité croissante et sa confiance dans la moralité de J. H..., notre savant, trop bon et trop noble pour être toujours prudent, finit par lui confier, à titre de prêt et à l'intérêt de cinq pour cent, la totalité de ses capitaux, quinze mille livres sterling (372,500 francs), dans lesquels se trouvait la dot de sa fille.

Le jeune homme se lança dans des spéculations hasardeuses, et, par un de ces changements de caractère assez fréquents dans la jeunesse, se livra tout à coup à des vices ruineux. Au moment où l'on croyait sa fortune assurée, il

---

[1] Enfants trouvés, enfants de pauvres. On peut se charger d'eux en payant une somme à la paroisse qui vous les livre. Cette coutume a dégénéré d'une manière horrible, et dans certains cantons de l'Angleterre, elle est devenue un véritable marché de chair humaine.

fit banqueroute. Tous les fonds qui composaient la fortune de notre ami et le patrimoine de sa pauvre fille s'y trouvaient engagés. Voilà ce que le malheureux vieillard venait d'apprendre et ce qui avait déterminé l'attaque de paralysie.

— Ainsi, m'écriai-je en pressant la main de D..., il n'a plus rien ? il a tout perdu ?

— Economies, résultats des privations de sa vie entière, tout lui est enlevé par cet ingrat.

— Mais le banqueroutier laisse-t-il quelques débris à partager ?

— Ce monstre a eu l'infamie d'écrire ce matin même à son bienfaiteur que, forcé de fuir ses créanciers, il regrettait beaucoup de ne pouvoir lui expliquer de vive voix cet événement malheureux; que d'ailleurs un *bon dividende* lui serait réservé.

— C'est le comble de l'horreur ! Mais miss Emma n'a-t-elle pas d'autres parents ?

— Aucun. Cinq mille livres sterling de dot lui étaient assignées avant la mort de son père. Aujourd'hui, elle est sans un denier. Quel coup pour ce malheureux père !

— Il est impossible qu'il n'y succombe pas.

Cependant nous entrâmes dans la chambre du vieillard. Sa fille était à genoux près du chevet du lit et pleurait, elle tenait entre ses mains la main glacée de son père. Longtemps il nous regarda fixement sans nous voir. Toute la partie gauche de la face était paralysée. Enfin, après beaucoup d'efforts, il put remuer ses pâles lèvres, et il articula faiblement ces mots :

— Vous voyez... M. Boyle... M. Boyle avait raison... il faut fermer boutique.

Par un accident rare et favorable, un mouvement de fièvre succéda à l'attaque de paralysie. Par une autre singularité, l'épine dorsale, sans reprendre ses fonctions accoutumées, cessa d'être douloureuse ; dès lors notre ami ne fit plus que dépérir lentement comme une lampe expirante. Je venais, oubliant mes autres devoirs, passer des heures entières auprès de son lit de mort et m'associer à tous les mouvements de cette âme sublime. Pas une malédiction contre son ingrat et barbare protégé ; une ferveur de bienveillance, une profondeur de piété, une grandeur de résignation que je comprenais à peine. Si le protestantisme avait eu son calendrier hagiologique, j'aurais demandé la canonisation de E...

Je cherchais un soir à lui présenter comme possible et probable son entière guérison.

— Non, non. Dieu m'a envoyé un noble messager dont je suivrai les pas. Hélas! je ne pleure que pour ma fille! ma pauvre fille! avoir tout perdu : tout ce qui lui appartenait!

— Le monstre!... Cet homme ne parle-t-il pas d'un dividende ?

— Je n'attends rien de lui ; il a oublié ses principes, foulé aux pieds la moralité ; je lui pardonne. Perdu de réputation, sentant la noirceur de son ingratitude, il se plongera dans le vice avec désespoir : tel est du moins l'avenir de ces malheureux. Et moi, tel que vous me voyez, si je reste encore un mois sur la terre, je n'aurai plus de quoi payer mon loyer. Il faut que je quitte cette maison...que je change de logement... dans la situation de santé où je suis... que je vende ma bibliothèque... que le commissaire-priseur[1] mette à l'encan mes ustensiles et mes instruments... ce sont presque des amis... des compagnons de si longue date !

— Ne vous livrez pas à de telles pensées. Vos amis n'oublieront rien pour s'opposer à ce malheur ; ce serait une profanation.

---

[1] *Auctioneer*.

— Plions sous la destinée, mon cher \*\*\*; j'ai peu de jours à vivre. Si mes amis gardent un souvenir de moi, que ce soit sur ma fille orpheline que leur intérêt se porte; je les en conjure. Cette malheureuse enfant... mon Dieu ! protége-la ! protége-la !

La nouvelle de la mort prochaine du savant E... se répandit dans le monde et ranima l'estime et l'admiration sincères, mais peu actives, qu'il avait inspirées. On commença à l'apprécier dès qu'on sut que l'on allait le perdre. Il reçut beaucoup de cartes de visite de nobles, de gens du monde, de membres du parlement. Cependant il fallut déménager. Ces instruments qui avaient fait le charme de sa vie, la consolation de ses douleurs, furent vendus la vingtième partie de ce qu'ils valaient. Un appartement très-simple fut loué dans le voisinage et l'on y transporta le malade dans une litière. Pour un vieillard mourant, c'est une bien cruelle épreuve : il semble qu'en le forçant de se séparer des objets sur lesquels son regard avait l'habitude de se reposer, on le fasse mourir d'avance. — E... ressentit toutes ces douleurs et les subit sans se plaindre.

— Vous voyez, me dit-il, quand je vins le voir à son nouveau domicile, j'ai préludé à mon grand déménagement par un déménagement en miniature. Me voici à moitié chemin du domicile où tous les vivants seront un jour, où je ne tarderai pas à résider à jamais.

— Souffrez-vous beaucoup ?

— Non; je m'en vais tout doucement. Mon ami, ajouta-t-il, en saisissant de sa main froide et humide l'une de mes mains, je vous connais depuis peu de temps, mais je vous estime et vous aime. Me pardonnerez-vous si les soins assidus que vous m'avez prodigués ne sont pas reconnus dans mon testament de la manière que j'aurais désirée, et que mon ancien état de fortune aurait rendue facile.

— Au nom de cette estime qui m'est si précieuse, ne parlez pas de ces intérêts misérables; laissez-moi vous entendre, vous parler, profiter de cette sagesse presque divine que Dieu a épurée et affermie par tant de douleurs; ne me privez pas de ce bonheur en me traitant comme l'homme qui viendrait chercher son salaire.

— Eh bien! non, non! reprit-il en pressant ma main d'une étreinte faible et agitée.

Je n'aurais pas changé contre cent guinées les émotions que me fit ressentir le serrement de main du mourant. Que ce lit de mort, assiégé de tant d'horreurs, précédé de tant de peines, menacé par l'indigence, affligé par l'ingratitude et la trahison, était cependant calme et serein! Quelle différence entre cette agonie si paisible et l'affreuse mort de la plupart des gens qui ont brillé dans le monde, et qui n'ont recueilli, dans le cours d'une vie éclatante et orgueilleuse, que des plaisirs et des remords! Les pensées de mon ami sur l'éternité, sur la destination de l'homme, sur l'âme, sur l'avenir, étaient en harmonie avec cette résignation chrétienne. Je l'écoutais avec enthousiasme et délices; je ressentais une partie de ce charme profond et mélancolique dont les amis de Socrate étaient pénétrés, quand le grand homme leur léguait, avant d'expirer, les trésors de sa prophétique sagesse.

Un dépérissement insensible nous enlevait cet excellent homme; la tranquillité intérieure de son âme prolongeait sa faible existence. Un événement inattendu, en lui imprimant une vive secousse, détermina la crise et hâta ses derniers moments.

Ce même J. H..., l'ingrat qui avait causé tant de malheurs par son imprudence et son immoralité, osa se présenter chez le mourant. Je me trouvais alors chez lui. Cette scène, je ne l'oublierai jamais.

— Monsieur, dit la propriétaire en s'avançant tout doucement vers le lit, quelqu'un demande à vous parler.

— Qui est-ce ?

— Je l'ignore, sa figure ne m'est pas inconnue. Depuis quelque temps il erre dans le voisinage ; il a l'air de désirer beaucoup vous voir et vous parler.

— Quelle espèce d'homme est-ce ?

— Il est grand, pâle : sa redingote est boutonnée jusqu'au haut.

— Allez lui demander son nom !

Quand le mourant eut entendu ce nom funeste, je le vis pâlir encore ; le peu de couleurs qui se trouvaient sur ses joues fit place à une teinte livide. Il se retourna dans son lit et d'une voix altérée s'écria :

— Le malheureux ! que peut-il me vouloir ?... Il s'arrêta quelques instants, et fixant sur moi les yeux : Vous savez quel est cet homme ?

— Je le sais.

— Allons, j'aurai du courage, qu'on le fasse monter.

J. H... entra ; ses pas étaient chancelants, son regard était fixé sur le parquet. Longtemps il resta dans cette attitude, comme si le remords l'eût accablé. Puis, s'approchant du lit du malade et tombant à genoux, les yeux couverts de ses mains, à travers lesquelles les larmes coulaient à flots, il ne put prononcer que ces paroles :

— O monsieur E...! monsieur E...!

— Que pouvez-vous désirer de moi ? lui demanda E... à demi-voix, mais d'un ton calme.

— Mon bienfaiteur..., mon protecteur..., vous que j'ai outragé..., vous envers qui je me suis conduit d'une manière si indigne....

— Monsieur H..., vous me faites mal. Vous voyez que je

suis bien malade. Considérez l'état dans lequel je me trouve !

— La froideur de vos paroles me glace ; accablez-moi de reproches, je les mérite tous. Mon cœur se brise quand je pense à la honte et à l'infamie de ma conduite envers vous....

— Eh bien ! tâchez de vous corriger !

— Cher monsieur E..., mon bienfaiteur, le plus outragé des hommes, pouvez-vous me pardonner ? le pouvez-vous ?

E... garda le silence. Je vis qu'il ne pouvait pardonner. J. H... s'empara de sa main, qu'il couvrit de baisers et de pleurs.

— Eh bien ! reprit E... après un effort pénible.... je vous pardonne.... tâchez d'obtenir le pardon de *celui* qui nous juge tous. Il vous sera plus utile que le mien.... que je vous donne cependant.... du fond de mon cœur.

— Que vous êtes pâle ! que vous semblez souffrant ! Ah ! monsieur E...! et c'est moi qui vous ai fait cela ! Damnation sur ma tête ! éternelle damnation !

— Ne prononcez pas de telles paroles dans la chambre d'un mourant. Jeune homme, levez-vous, repentez-vous ; votre vie peut être longue..... Je vous le répète.... vous êtes.... pardonné.... Je vais mourir en demandant à Dieu votre grâce.

— Mourir ! répéta le jeune homme d'une voix rauque et tout émue de surprise et d'horreur.

— Oui, James. Ne vous imputez pas ma mort. Ne tombez pas dans le désespoir. Depuis longtemps je suis fort malade ; vous le savez... Ce n'est pas vous...

— Oh ! c'est moi, c'est moi seul qui vous tue. Misérable, ingrat ! Je me maudis !

— Taisez-vous ! reprit E... d'une voix plus sévère... Il se radoucit bientôt. — Ce qui est fait est irréparable. Calmez-vous. Je ne suis pas assez fort pour soutenir de telles émotions. Je vous en supplie, ménagez-moi. Si réellement vous vous repentez, James...

— Je verserais la dernière goutte de mon sang pour racheter ce crime. Hélas ! tout est inutile. Et cependant je suis aussi malheureux que coupable.

— Etiez-vous donc malheureux ou coupable, reprit E... avec douceur et gravité, quand vous prodiguiez votre fortune, ou plutôt la mienne, à cette créature dépravée qui vous a entraîné dans votre ruine?

Le jeune homme devint rouge comme la pourpre, baissa les yeux et se tut.

— Je vous ai pardonné. Je dois vous faire maintenant les reproches que vous ne méritez que trop. C'est votre inconduite qui m'a chassé de ma maison, à mon âge, accablé d'infirmités, qui m'a jeté sur ce lit de mort, qui m'a volé et dépouillé, qui a privé ma fille de son patrimoine et mes derniers soupirs de consolation et de repos. Ces économies, fruit de mes sueurs et de mes privations pendant ma vie laborieuse, vous me les avez enlevées. James, comment avez-vous eu le cœur...

Il s'arrêta. Le coupable se taisait.

— Je ne suis pas fâché contre vous, ma colère est passée. Mais j'ai de la peine, vous m'avez trompé; vous avez abusé de ma confiance.

— Ah! monsieur; je ne sais quel horrible prestige m'a déçu, m'a égaré, m'a perdu... Ne vous fiez jamais à un homme... Jamais... jamais... répéta-t-il avec terreur et désespoir.

— Je n'aurai plus guère l'occasion de me fier à personne. James, la vie me quitte.

J. H... les yeux fixés sur son ancien maître, les lèvres

pâles et tremblantes, le corps agité d'un frisson involontaire et continu, se rapprocha du lit.

— Me pardonnez-vous réellement? lui demanda-t-il d'une voix à peine intelligible.

— Oui, si vous me promettez de vous corriger. Et si ce repentir est sincère, souvenez-vous que ce n'est pas à moi seul que vous avez fait du tort, souvenez-vous de ma fille...

Le vieillard fondit en larmes... Adieu, continua-t-il, allez-vous-en; je m'affaiblis, tout ceci m'a trop ému.

— Vous feriez bien de vous retirer, dis-je alors au jeune homme.

Miss E... entra dans ce moment et s'assit. J. H... tira de sa poche de côté un portefeuille de maroquin rouge, le jeta précipitamment sur les genoux de la jeune fille, et, portant sa main à ses lèvres, murmura ces mots:

— Adieu, adieu, le meilleur des hommes! Adieu pour toujours.

Il sortit d'un pas rapide, et je le vis par la fenêtre s'éloigner à grands pas. M. E... s'était évanoui; je lui donnai des soins, et j'ouvris ensuite le portefeuille qui contenait un gros paquet de billets de banque[1] et la lettre suivante, dont je possède l'original :

« Vous que je vénère et que j'ai tant outragé[2], quand vous lirez cette lettre, son auteur se trouvera sur un navire qui doit le conduire en Amérique. Il a mésusé de votre confiance, ô le meilleur des hommes; mais il espère que son repentir vous touchera; la somme ci-jointe est bien faible, mais il espère se mettre en état de mieux faire plus tard. »

J. H...

---

[1] Bank-notes. Les plus faibles représentent 20 schellings.
[2] *Revered aud much injured sir.* Cette expression pathétique et simple n'a point de corrélatif en français : Révéré et très-offensé monsieur... etc.

La somme renfermée dans le portefeuille montait à trois mille livres sterling, faible compensation des quinze mille livres sterling dont la perte avait réduit E... à la misère et l'avait conduit à la mort. Le lendemain de cet événement, je retournai chez lui. Il me dit qu'il avait réfléchi mûrement sur la conduite de J. H...; qu'il le croyait moins coupable d'improbité que d'étourderie; que sans doute cette somme de trois mille livres sterling pourrait devenir utile à sa fille, mais ne qu'il devait s'en regarder que comme simple dépositaire, au nom de tous les autres créanciers. Je ne répondit rien à cette déclaration, preuve de l'intégrité la plus rare et la plus sublime. Je savais que le noble vieillard n'était au-dessous d'aucun sacrifice, je le connaissais capable de toutes les vertus, mêmes des plus héroïques. L'avoué qu'il envoya chercher, afin de lui communiquer ses intentions, lui représenta que, dans la situation des choses, n'ayant point reçu la somme à titre de payement, ni comme créancier de la faillite, il avait moralement et légalement le droit de garder ces trois mille livres.

— Ce ne serait, continua l'homme de la loi, que par le scrupule de la probité la plus stricte et même la plus superstitieuse dans l'accomplissement de ses devoirs, que vous pourriez restituer le montant de ces billets de banque.

— Eh! bien, qu'aux yeux de Dieu comme à ceux des hommes, je reste pur de toute fraude!

— Mais votre fille!

— Pauvre enfant... chère Emma!... même pour elle, je ne m'écarterai pas, sur mon lit de mort, de la route que j'ai suivie. Emportez cet argent.

— Peut-être, lui dis-je alors, n'obtiendrez-vous pas un pour cent de votre créance.

— Je mourrai du moins la conscience nette.

Cependant les autres créanciers de J. H..., riches pour la

plupart et profondément touchés de la situation et de la probité indomptable du vieillard mourant, s'entendirent pour répondre à cet acte d'intégrité sublime, par un acte de noblesse et de générosité non moins rare. Ils déclarèrent que le dépôt du bilan de J. H... et le règlement de ses comptes suffisaient pour leur donner un dividende considérable, et que celui auquel M. E... avait droit par première hypothèque s'élevait déjà à la somme de trois mille cinq cents livres sterling, qu'ils lui envoyèrent. Ils ajoutèrent qu'ils regardaient comme assuré le payement intégral des quinze mille livres sterling prêtées par M. E..., et que, s'il voulait les accepter de leurs mains à titre d'avance, ils étaient prêts à les lui faire verser dans sa caisse. E... refuse cette dernière proposition ; mais la certitude de ne point laisser sa fille dénuée de tout secours adoucit ses derniers instants.

Deux jours après, il reçut avec indifférence la nouvelle de sa nomination à l'une des principales chaires scientifiques des trois royaumes, et le montant d'un prix extraordinaire remporté par lui dans le concours ouvert par une célèbre académie. Ces honneurs et ces succès le touchèrent peu. Les dernières paroles du philosophe furent consacrées à combattre ce système qui change l'arène scientifique en une arène de gladiateurs, excite entre les savants une rivalité haineuse, fait entrer l'ambition et ses fureurs, l'envie et sa rage dans le cabinet et le laboratoire, et mêle des vices odieux à l'admiration des Newton, des Descartes et des Herschel. « La science, me disait E..., doit se suffire à elle-même. C'est pour elle qu'il faut l'aimer. Ces stimulants qu'on lui prodigue prouvent le peu de cas que nous en faisons. Vîtes-vous jamais un bon médecin stimuler un organe en pleine possession de toute sa santé? Non, non. Les vrais grands hommes ne s'embarrassent point de ces distinctions stériles. Que leur importe un ruban ou une médaille? C'est la vérité qu'ils cherchent, c'est à elle qu'ils rapportent tout. »

Je vis mourir peu de jours après entre mes bras, sans repentir, sans regret, en paix avec le monde et avec lui-même, cet excellent homme. Son décès a, pendant trois jours, causé quelque sensation dans les cercles de Londres; puis on a cessé de s'occuper de lui. Pour moi, je ne demande à Dieu que de vivre assez bien pour expirer aussi doucement.

# III

## LES SPUNGING-HOUSES DE LONDRES EN 1820

Je sais que tous les romanciers protestent de l'exacte vérité de leurs tableaux ; c'est un malheur pour ceux qui n'ont que la vérité à dire. Comment le public ne confondrait-il pas avec l'historien et l'annaliste exact ces faiseurs de contes qui, se parant d'un masque de réalité factice, donnent des tableaux de fantaisie pour des portraits fidèles, et qui désorientent le lecteur, toujours prêt à regarder comme un mensonge, comme un jeu de l'imagination, tout ce que contient un livre ?

Cependant il y a, dans la réalité, autant de romans terribles, autant de drames à émotions, autant de faits qui peuvent éveiller la curiosité publique que dans les créations les plus bizarres de Mathurin et d'Anne Radcliffe. « La moitié du monde ne sait pas, dit le proverbe, comment vit l'autre moitié. » Ah ! si l'homme connaissait mieux les souffrances qu'il inflige à l'homme, le total des misères humaines ne tarderait pas à décroître ! Un esprit actif et mêlé au mouvement des affaires positives tirerait grand parti de ces lumières ; une intelligence douée de réflexion, les combinant avec d'autres faits, les forcerait à tourner au profit de l'humanité.

Ces considérations nous engagent à donner de la publicité à

quelques faits trop réels, hélas ! et qui se rapportent à ce fragment honteux de la vieille barbarie, à l'emprisonnement pour dettes. Nous nous portons garant de l'exactitude et de l'authenticité de toutes les circonstances : ce n'est ici qu'un simple procès-verbal qui ne prétend pas à l'intérêt du conte, à l'élégance du style, à la rapidité brillante de la narration. Voici le moment où de vastes réformes, dirigées par de puissants esprits, s'étendent à toutes les parties de la législation, pénètrent dans tous les coins obscurs de l'édifice social. Qu'on jette donc les yeux sur ces détails, et que l'on abolisse enfin une absurdité barbare. Arrachez à un créancier vindicatif, à un ennemi personnel l'arme de vengeance et de torture. Il est ridicule de permettre à un homme de jeter un autre homme en prison pour le punir d'un acte dont l'un et l'autre furent complices ; si le créancier perd son argent par sa propre imprudence, cette perte est juste, car il l'a méritée ; si le malheur de son débiteur cause sa perte, ce dernier ne doit pas être puni. Tous deux sont partenaires ; le créancier, comme le débiteur, espérait retirer un avantage de la transaction dans laquelle il est entré. Punissez la fraude, frappez le vice, soyez inexorables pour le crime ; mais souvenez-vous, législateurs, que des scènes semblables à celles que nous allons rapporter, scènes qui se présentent tous les jours à Paris, à Vienne, à Londres, ne font qu'étendre la sphère de la démoralisation et semer dans la masse du peuple une corruption bien plus fatale que les abus auxquels on veut parer.

Le Spunging-House, en Angleterre, est une espèce d'enfer intermédiaire entre la maison de dépôt dans laquelle on vous jette préalablement, où la politesse rapace du geôlier se charge (comme l'indique le mot *spunging*) d'arracher au débiteur le peu d'argent qui lui reste, et de humer, si l'on veut suivre la métaphore populaire de cette étrange appellation, les derniers débris de ses ressources. Cela posé, entrons ensemble dans ce pandémonium terrestre.

En 1823, j'eus occasion de donner mes soins à un jeune Espagnol réfugié, nommé Trueba, qui avait contracté quelques dettes pendant son séjour en Angleterre. Par une belle soirée d'automne, ce gentleman était à prendre le thé, avec sa famille et devisait paisiblement au coin du feu. C'est une douce et agréable conversation que celle du crépuscule; les idées et les paroles semblent s'imprégner du caractère modéré, tendre, gracieux, mélancolique, qui caractérise cet instant du jour. Sur les huit heures, plusieurs coups de marteau ébranlèrent la porte qui donnait sur la rue, et quand le domestique l'eut ouverte, un bruit de pas précipités fit retentir le corridor. N'étaient-ce pas des voleurs qui pénétraient dans la maison et qui espéraient que leur nombre protégerait à la fois leur capture et leur fuite? Telle fut d'abord la pensée du gentleman et de sa femme! mais bientôt les gens qui entrèrent sans cérémonie dans le salon détruisirent leurs craintes et les remplacèrent par une autre certitude non moins terrible.

— Frédéric Trueba l'aîné est-il ici? demanda une voix rauque pendant que le domestique allait chercher un flambeau.

— C'est moi, répondit Trueba lui-même qui croyait n'avoir rien à craindre. Que me voulez-vous ?

Le domestique entra, la lumière à la main. D'une part se trouvaient cinq ou six hommes dont la figure eût été bien digne d'être saisie et éternisée par le pinceau de Cruishank; des têtes entre l'oiseau de proie et la belette : vulgaires, inquisitives et basses. Devant eux était placé un homme maigre qui paraissait leur servir de guide. C'était un créancier de Trueba. L'homme maigre se plaça dans une attitude théâtrale, comme s'il eût été question d'un acte héroïque et d'un grand effort de courage ; puis étendant horizontalement la main vers Trueba :

— Voici notre homme, s'écria-t-il.

Alors s'avança M. Donaty, le général en chef de ces chasses humaines, il était escorté d'une vaillante armée qui eût suffi pour arrêter Cartouche, Mandrin, Rob-Roy, le fameux Jacques seize fois pendu, ou Jérémie Abershaw, le chef de brigands écossais ; il toucha du bout du doigt l'épaule de notre héros, qui, dès lors, devenait sa capture légitime, son bien, sa propriété.

— Il faut, monsieur, que vous ayez la bonté de m'accompagner dans l'allée de Greatshire.

C'était dans cette allée obscure et qui, du temps d'Addisson, ne manquait pas de célébrité, que se trouvait situé le toit hospitalier de M. Donaty. « Tout changement, dit Samuel Johnson, est d'abord incommode et désagréable. » Je vous laisse à penser si Trueba, forcé de quitter sa jeune femme et quelques enfants en bas âge, trouva de son goût le nouveau logement qu'on lui offrait dans le spunging-house, espèce d'hôtellerie à l'usage des débiteurs réfractaires, et qui depuis dix ans s'est multipliée de manière à envahir tous les quartiers de Londres. C'est là que les recors déposent leur capture avant qu'elle soit écrouée, étiquetée et parquée dans la geôle qui l'attend. Purgatoire bizarre d'où toute espérance n'est pas encore exilée, mais d'où l'on peut entrevoir au loin toutes les horreurs de la prison proprement dite, où vous trouvez plus d'un avant-goût de ces tortures ; en un mot, une espèce d'antichambre de l'enfer.

M. Donaty, pour un homme de sa classe, habitué à voir souffrir et à faire souffrir, était assez honnête, et ne manquait pas d'une sorte d'affabilité. Dès que Trueba fut introduit dans l'habitation de son gardien, il sentit le besoin d'être seul.

— Sans doute, s'écria-t-il, vous avez ici un lit de paille pour moi, veuillez m'y faire conduire.

La porte d'une petite chambre située au premier étage, donnant sur une cour obscure, verrouillée, cadenassée et dont les fenêtres étaient armées de barreaux énormes, s'ouvrit devant Trueba qui, pour la première fois, éprouva cette sensation étrange et douloureuse que cause toujours la perte de la liberté. Dans un coin était un mauvais lit. Près d'une table de sapin se trouvait assise une femme très-jeune, jolie, vêtue selon la dernière mode et dont le coude était appuyé sur la table et la tête inclinée sur la paume de la main. Il y avait de la candeur et de la grâce dans l'attitude de cette prisonnière, et certes Trueba ne s'attendait pas à rencontrer là un hôte de cette nature. Mais lorsqu'il jeta un coup d'œil plus attentif sur la table et sur les objets qui la couvraient, quel fut son étonnement d'y voir d'abord un verre à demi plein de cette liqueur azurée, de ce poison populaire que les basses classes de Londres appellent la *ruine-bleue* [1], puis une bouteille de porter et enfin un pot d'ale. La bouteille et le pot étaient vides; mais la dame cherchait de temps en temps une consolation dans le verre de gin, remède funeste dans lequel la dépravation, la faiblesse et l'étourderie puisent trop souvent l'oubli de leurs maux.

Trueba contempla d'un œil surpris la belle pénitente et surtout l'occupation peu édifiante qui l'aidait à tromper le cours des heures. Embarrassé de ce tête-à-tête, il s'assit; une servante entra bientôt et lui demanda six schellings pour la nuit (7 francs 20 centimes); somme exorbitante contre laquelle Trueba ne se révolta pas; il savait que toute

---

[1] *Blue-ruin*, c'est le gin, qui n'est bu que par les gens du plus bas peuple.

résistance serait inutile, et que les habitants des prisons tombent sous la loi souveraine de leur geôlier. Il résolut de faire contre fortune bon cœur et de tirer le meilleur parti possible de sa situation; puis demandant une bouteille de porter, dans l'espoir de rendre M. Donaty favorable à ses intérêts, il approcha bravement sa chaise de la table et permit à sa compagne de le considérer de plus près. Le bruit de la chaise arracha la belle pénitente à sa rêverie; elle fit un mouvement, releva la plus jolie tête du monde avec une expression très-bienveillante; puis, au lieu de se livrer à des réflexions mélancoliques inutiles dans sa situation, elle se contenta, car elle était philosophe, de remplir son verre de gin, de l'avaler d'un trait et d'indiquer par un signe expressif et un mouvement de tête gracieux qu'elle s'attendait bien à voir l'étranger en faire autant. Jusqu'alors elle n'avait pas ouvert la bouche. Trueba, qui avait interprété sans peine l'élégante pantomime de sa partenaire, crut devoir rompre le silence.

— J'avoue, madame, lui dit-il, que je ne suis pas grand partisan de cette liqueur bleue; un verre de porter me suffit, et je boirai, si vous voulez, à notre meilleur sort.

La belle se contenta de prononcer d'un air d'un inexprimable dédain le monosyllabe ah! dont la modulation prolongée exprimait le peu de cas qu'elle faisait d'un homme qui préférait à une liqueur stimulante et généreuse le misérable porter. Dès lors les opinions de Trueba furent arrêtées : il vit que celle à qui le hasard l'avait associé ressemblait moins à une nymphe de la cour de Diane qu'aux bacchantes échevelées qui suivent le char de Bacchus. Heureusement ce tête-à-tête peu agréable fut interrompu par l'arrivée de deux jeunes filles élégamment vêtues et qui venaient rendre visite à la belle Sally, tel était son nom. Une conversation plus intéressante que délicate, plus amusante que morale, apprit à Trueba que la belle Sally appartenait à cette paroisse de Marylebone où Vénus a autant d'autels que dans Babylone antique, et qu'un mercier du même quartier, ne pouvant se faire payer par elle, avait choisi la voie la plus expéditive et la plus sûre pour obtenir justice, en la confiant aux soins paternels de M. Donaty jusqu'à ce que le banc du roi, Marshalsea, ou la prison de la flotte s'emparassent de la captive et la préparassent à paraître devant les tribunaux. Trueba fit bien des réflexions morales et philosofiques sur l'imprudence et la folie de ces lois qui, plaçant toujours l'honnête homme sur la même ligne que le coupable, confondant toutes les existences dans des prisons communes, jettent la lie de la population et le débiteur imprudent ou malheureux sous les verroux du même cachot. Il pensa avec raison que, pour la jeunesse qui reçoit aisément toutes les impressions, c'est là une source féconde de vices, de dépravation et de malheurs. Cependant les trois demoiselles, qui ne professaient pas la philosophie, avaient commencé une merveilleuse et bruyante galopade qui attira quelque temps l'attention de Trueba. Il leur porta envie et chercha de son mieux à imiter leur insouciance, dernier terme peut-être de la philosophie humaine.

Alors M. Donaty vint annoncer que l'on allait fermer les portes et donna le signal du départ. Les deux amies de Sally glissèrent dans la main de leur compagne persécutée une pièce de sept schellings que, dans l'argot des bas lieux, on appelle spangle, chargèrent la table des provisions qu'elles avaient apportées dans leurs cabas, payèrent son logement pour la nuit, vidèrent encore deux fois le verre rempli du gin tout-puissant et sortirent en promettant à Sally de venir la voir le lendemain à la même heure.

Trueba fut fort embarrassé lorsqu'il se trouva de nouveau en tête-à-tête avec la belle Sally. Elle était retombée dans son premier marasme. Plusieurs fois il essaya de donner à la conversation un tour quelconque. Il lui parla du beau temps, de la cause de son chagrin, et de son emprisonnement, des modes, du Ranelagh, de tout ce qui pouvait intéresser une femme. Hélas! il ne parlait plus la même langue qu'elle. Sally ne connaissait que l'argot, dialecte énergique et même poétique, mais dont il n'avait pas la clef. Effrayé de la stupidité de sa compagne, faute peut-être de pouvoir comprendre les choses spirituelles ou brillantes prononcées dans ce langage étranger à ses habitudes, Trueba s'ennuyait beaucoup. Enfin, Sally, comme pour approuver tacitement l'opinion que lui-même avait formée, s'endormit d'un profond sommeil, et dois-je le dire, ronfla comme un orgue. O Dryden! ô Milton! ô Jean-Jacques! que devenaient vos exclamations pathétiques, vos éloquentes tirades sur la destinée de la femme qui doit adoucir et tempérer les brutales passions du sexe fort! Quel auteur dramatique aurait imaginé cet incident! Trueba, homme délicat, et d'habitudes très-recherchées, resta pétrifié sur sa chaise.

Plusieurs jours se passèrent ainsi. Enfin à minuit un domestique vint prier Trueba de passer dans le parloir de M. Donaty. Ce fut avec grand plaisir qu'il se rendit à cette invitation. La situation devenait incommode et ennuyeuse. L'intérieur du parloir était, comme on dit en Angleterre, respectable; le grog [1] fumait sur la table. La muraille était couverte d'admirables esquisses dont Trueba, grand connaisseur de peinture, s'approcha après avoir fait honneur au grog de son hôte.

— De qui sont ces esquisses? demanda-t-il après avoir visité tous les coins de la chambre dont la tenture disparaissait sous les cadres nombreux qui la tapissaient de toutes parts.

[1] Mélange d'eau-de-vie, d'eau tiède et de sucre.

— De Georges Morland, répondit Donaty; il a été longtemps sous ma protection. Quelquefois je l'ai eu pendant deux ou trois mois ici. Il me donnait deux guinées par jour, me payait en tableaux et en dessins, et je ne laissais pas d'y trouver mon compte. Ses ouvrages avaient une grande vogue; et le dérangement de ses affaires ne venait que de son peu d'économie, de sa mauvaise administration et surtout de son état d'ivresse perpétuelle; je vendais facilement une de ses esquisses les moins achevées quatre fois ce qu'elle m'avait coûté et je ne m'en faisais aucun scrupule. Pourvu que Morland eût à boire, prison ou liberté, pauvreté ou richesse, gloire ou obscurité, tout lui était indifférent. Ce n'était pas un gourmet dans son genre; il buvait à peu près tout ce qui se présentait et n'avait horreur que de l'eau. Dès le matin on lui apportait un pot rempli de gin, car il ne pouvait travailler qu'après avoir été, comme il le disait lui-même, amorcé. Une fois dominé par l'ivresse que produit cette liqueur ardente, il s'asseyait devant son chevalet, travaillait avec une espèce de fureur et faisait des chefs-d'œuvre; sa facilité et l'audace de son pinceau redoublaient. Pendant les cinq années qui ont précédé sa mort, il n'a pas cessé un seul instant d'être complétement ivre.

Pendant une heure environ, Trueba causa de bonne amitié avec son gardien, qui finit par lui donner congé et par lui dire que, s'il voulait se retirer, le domestique le conduirait à son appartement. Trueba, assez spirituel pour oublier qu'il était homme du monde, fit raison à M. Donaty, avala d'un trait le grog qu'il n'aimait pas, et souhaita le bonsoir à son hôte qui lui avait donné le signal de la retraite. Si jamais, ce que je ne vous souhaite pas, ô mes chers amis, vous avez quelques rapports délicats avec ces instruments secondaires qui se chargent de l'exécution de la justice, soyez humbles, patients et soumis. Respectez l'huissier, pliez-vous aux habitudes et aux fantaisies du garde de commerce ; parlez humblement au concierge. Ce sont gens qui sans doute ne peuvent faire aucun bien, mais qui se trouvent dans le cas de faire beaucoup de mal.

En rentrant dans son appartement, Trueba le trouva inoccupé et s'en réjouit. Le pauvre petit lit qui était dans un coin de la chambre lui appartenait bien, à lui seul, à lui-même ; il s'y jeta et goûta pendant quelques heures un peu de ce repos nécessaire et troublé que l'auteur du *Paradis perdu* accorde à Satan sur le lac de feu. Le lendemain, sur les sept heures, son créancier inexorable vint lui demander le payement, non-seulement de la dette, mais des frais qui avaient été faits et qui en quadruplaient le montant; sur la réponse négative du débiteur, il le livra aux Philistins.

Après avoir déjeuné dans le parloir, au milieu des chefs-d'œuvre de Morland, Trueba partit, escorté d'un officier du shériff, garde du corps ordinaire des débiteurs insolvables, qui le conduisit à la prison de Marshalsea, dans le Borough.

Ici s'ouvre une nouvelle scène ; nous n'avons encore vu que l'avenue extérieure qui conduit à la prison. C'est bien assez sans doute de soumettre un homme qui, de son propre aveu, est hors d'état de payer sa dette à la rapacité d'un misérable gardien ; mais d'autres iniquités nous attendent. Quel pandémonium ! Quel réceptacle de bandits, de pirates et d'escrocs ! Quelle sensation doit-on éprouver en se trouvant mêlé à cette lie du vice et de la crapule ! Quelle dégradation injuste et insensée pour un homme qui n'a commis d'autre crime que de ne pas payer à l'échéance dix ou quinze livres sterling ! Toutes les régions de l'Europe partagent encore cette barbarie.

Marshalsea, une des plus anciennes prisons de Londres, est aussi l'une des plus dégradées que l'on connaisse. Ce ne sont que ruines sur ruines. Il y a peu de temps un vieux plafond s'est écroulé sur la tête des malheureux habitants de cet enfer. Les salles dépourvues, non-seulement de tout ornement, mais de toute propreté, l'aspect cadavéreux des prisonniers, la misère, le vice et la saleté qui règnent partout dans cette prison, frappèrent le pauvre Trueba de dégoût et d'horreur. Il fallut quelque temps pour qu'il s'accoutumât à cette situation nouvelle ; mais enfin il découvrit au milieu de tous ces misérables une habitante qui méritait un meilleur sort et que nos lecteurs s'étonneraient de voir figurer dans ces pages, si le respect et les égards qu'elle mérite ne nous empêchaient de citer son nom.

C'est une des romancières les plus connues de ces derniers temps ; une femme dont le talent a, sans doute, lecteur, concouru à charmer vos loisirs ; une dette de six livres sterling seulement (150 fr.) démesurément grossie par la chicane des avocats et l'avidité des huissiers et gens de même sorte, la retient encore aujourd'hui dans cette prison, sans aucun espoir d'en sortir jamais. Trueba la trouva cependant calme et résignée ; elle avait vécu dans le monde, elle avait été flattée, courtisée dans son temps. Elle subissait sans trop se plaindre la terrible punition que le sort lui infligeait, l'argent lui manquait totalement. Je l'ai vue, disait Trueba, se contenter pour dîner d'un passage du *Spectateur*, et pour déjeuner le lendemain, des contes des *Milles et une Nuits*. Le genre de romans analytiques et détaillés, dans lequel elle avait eu autrefois du succès, avait fait place au roman historique. Les libraires ne venaient plus à elle, et elle s'occupait dans sa solitude à composer un ouvrage qui avait peu de chance d'être acheté ou vendu : l'histoire de sa patrie. Misstriss L... avait une patrie qui lui appartenait, qui n'était ni l'Angleterre, ni l'Irlande, ni l'Ecosse, ni même le pays de Galles, c'était une patrie de trois ou quatre lieues de largeur, l'île de Man.

Moins un pays a d'importance réelle dans la liste des nations, plus il inspire d'attachement et d'amour à ses enfants. Le patriotisme est en proportion inverse de l'étendue des territoires. Quand Rome était le monde entier, le citoyen romain n'aurait pas sacrifié pour sa patrie une once de sang ou une poignée de sesterces. La Rome de Servius Tullius, une Rome de quelques lieues carrées, trouvait autant de victimes dévouées et de martyrs prêts à se sacrifier pour elle qu'elle avait d'habitants. La nationalité s'est conservée en Suisse qui est un petit pays ; elle n'est pas moins forte en Ecosse. Plus un peuple est insignifiant, plus il est fier. Les Ecossais, lorsqu'ils étaient pauvres, s'institulaient nation de rois.

L'Irlande, qui n'a pas fait de progrès vers la civilisation, est encore plus orgueilleuse que l'Ecosse ; quant aux Gallois, auxquels personne ne pense en Europe, seuls descendants des Druides, s'il faut les croire, ils sont plus vains encore que les Irlandais. D'après toutes les règles des mathématiques et la loi des proportions, le patriotisme de l'île de Man doit avoir quelque chose de plus ardent et de plus exclusif que celui du pays de Galles ; et c'est ce que nous prouva sans réplique l'enthousiasme de cette pauvre mistriss L... pour son pays natal. Les annales de ces deux ou trois villages devaient, selon la supputation de l'auteur, remplir quatre ou cinq volumes in-octavo, et c'était encore trop peu, disait-elle, car elle embrassait la géographie, l'histoire naturelle, la cosmographie et même la théologie de son île adorée. Comme le mot Man signifie homme en anglais et dans toutes les langues teutoniques, pourquoi l'île de l'Homme ne serait-elle pas le berceau de notre race, le centre du paradis? Elle consacrait un chapitre assez long à cette hypothèse probable.

Elle vivait isolée au milieu de cette république confuse ;

elle occupait une espèce de hutte, édifice assez misérable et qui ne ressemblait pas mal à une niche à chien, mais qui du moins, grâce à sa récente construction, avait le mérite d'être propre. Un jour que Trueba était assis au fond de la cour, sur un banc qui faisait face au palais de mistriss L..., et qu'il jetait un regard observateur sur les domaines du royaume inconnu qu'il habitait, mistress L... le remarqua, et la tournure élégante de cet étranger pensif, si peu semblable à ses compagnons d'infortune, attira l'attention de la romancière ; elle se dirigea de son côté. Trueba ne s'aperçut de sa présence que lorsqu'elle se trouva en face de lui ; il releva la tête et vit une petite femme vêtue de noir, assez bien faite et dont la tournure décente contrastait, ainsi que celle de Trueba, avec la tournure et la physionomie patibulaires des véritables indigènes. Les vêtements de l'interlocutrice étaient passés de mode, mais propres. Quant à Trueba, le fashionable le plus minutieux n'est pas habillé avec plus de soin et de fraîcheur qu'il ne l'était. Elle lui adressa la parole avec aisance, avec grâce.

— Je regrette, monsieur, lui dit-elle, pour vous et non pour moi, de trouver ici une personne dont l'extérieur est si peu en harmonie avec ce qui nous entoure. — Trueba se leva et répondit à ses politesses par des politesses. Une longue solitude, l'ennui, le défaut de société, firent valoir aux yeux de mistriss L... tous les mérites de Trueba, qui, pour une autre femme, eût été moins dangereux peut-être.

Romancière et romanesque, captive, accoutumée à la plus haute et à la plus exquise délicatesse de sentiments, elle fut si heureuse de trouver dans Trueba une sorte de parenté d'intelligence, que son exaltation ne connut plus de bornes. Hélas ! l'ingrat Trueba en fut embarrassé. Souvent il allait prendre le thé dans le cabinet obscur de mistriss L..., et le déluge de ses panégyriques, l'excès d'admiration qu'il inspirait, après avoir flatté quelque temps sa vanité, finirent par intimider sa modestie.

Le premier jour de sa liaison avec mistriss L..., M. Tasker, l'aubergiste chargé de désaltérer et de nourrir les habitants du lieu, vint interrrompre la conversation de nos héros et, avec une politesse digne du maître d'hôtel le plus accompli, mais sans cesser d'employer le dialecte d'argot qui seul a cours dans ces parages.

— Monsieur coupe-t-il avec ces gentilshommes?
— Que voulez-vous dire ? demanda Trueba.
— Voulez-vous dîner à table d'hôte ou seul ? Telle fut la traduction improvisée par la romancière déjà instruite de la langue du lieu.

— Ce n'est pas encore mon heure ordinaire, reprit Trueba, mais il faut s'habituer aux mœurs nouvelles. Je dînerai à table d'hôte.

— Daignez me suivre, répliqua l'aubergiste marchant d'un pas aussi grave, aussi solennel qu'un des chambellans de Georges IV introduisant auprès de son maître un ambassadeur étranger. Trueba s'assit gravement au milieu des notabilités les plus brillantes de Marshalsea. Le dîner était abondant; rien d'inutile, il est vrai; peu d'ornements, point de ragoûts français, mais d'excellentes côtelettes de veau avec des tranches de lard et des choux d'une fraîcheur remarquable; un gigot de mouton à la broche et des pommes de terre en abondance, le tout arrosé de bière et coûtant deux schellings seulement. L'aubergiste de Marshalsea est certes un des honnêtes gens de Londres, car, s'il le voulait, rien ne l'empêcherait de demander cinq schellings par tête à chacun de ses convives.

Tout cela, me direz-vous, n'est pas trop mauvais pour une prison. Sans doute, mais ce que je ne reproduirai pas dans son intégrité grossière, c'est le langage, ce sont les manières de ces messieurs, les aristocrates et les exclusifs de l'endroit. On ne parlait qu'un langage tout à fait spécial, langage dont M. Bulwer, dans l'un de ses moins bons romans, a donné quelques spécimens curieux. Je veux parler de l'argot. C'est dans ce dialecte que ces messieurs racontaient leurs exploits; langage expressif, mais inconnu des gens du monde, commun aux escrocs de la capitale et à tout le bas peuple de cette cité ; langage souvent métaphorique et poétique, mêlé de métaphysique et de calembours. Quand un filou veut parler d'argent, il emploie par exemple le mot huile des palmes ou huile de palmier; n'est-ce pas une manière de s'exprimer à la fois singulière et énergique? Trueba écoutait avec étonnement cette conversation nouvelle pour lui, et il apprenait que *tape* signifie dans cette langue le *gin*; que ruine-bleue est synonyme de ce mot; que tête d'escroc signifie le gibet; que le *bob* est un schelling, le *gind* une guinée; le *lag* est la transportation ; faire un *penny*, voler avec effraction ; que sous le nom de *flash* on comprend tous les dandys du métier ; que le *cove* est le chevalier d'industrie de bon ton; que le *prig* s'élève un peu plus haut; que le *toby-man* descend un peu plus bas ; et que le *blowen* est le genre féminin de cette population mystérieuse. Il eut bientôt à sa disposition, grâce à la complaisance de son voisin, jeune gentilhomme des grandes routes, un catalogue presque complet de ces expressions curieuses. Né dans le Devonshire, fils d'un aubergiste célèbre, très à la mode parmi les *blowens*, poli, galant, type bien conservé de l'ancien voleur anglais, Ned-Longue-Face tenait alors à Londres le haut bout de sa profession. Les dames du quartier de Sadler's lui vouaient une espèce de culte; personne ne donnait un *fad* (repas) plus complet, ni un saut, ou si l'on aime mieux, un bal (*hop*), d'un meilleur goût; son *luigo* (eau-de-vie) était de la meilleure qualité; et son tout-nu (*stark-naked*) vraiment admirable. Ce héros avait un *gig* et un cabriolet à lui, l'éclat (argent, *bustle*) ne lui manquait pas, et quand par hasard sa bourse se trouvait vide, il s'embarquait dans le *toby* (expédition de grande route), sauf à passer quelque temps sous la protection de la justice. Enfin, dans certaines sociétés demi-bourgeoises, on ne se doutait pas que ce fût un filou (*buzz-gloat*). Déjà vieux dans le métier, ancienne lime (*file*), comme disent les voleurs, il avait soin d'échapper aux poursuites les plus dangereuses de la justice, et de ne prêter que le moins possible le flanc à ses ennemis naturels, les juges et leurs suppôts. Combien de *peters* (portemanteaux), combien de *marmites* (poches de gilets), n'avait-il pas explorés en moins de deux heures! Trueba fut plus versé dans cet idiome et dans ces mœurs qu'il n'eût été instruit des mœurs romaines et de la langue latine après six ans de classe. L'on ne s'était pas informé des motifs de sa détention, et sur sa tournure élégante, on le prenait tout naturellement pour un *cove* à plumet (filou de bon ton). Aussi fut-ce avec grand plaisir qu'il échappa à l'importunité de ses honorables amis; et les laissant occupés à boire, il retourna prendre le thé chez mistriss L... Là, il eut à subir la lecture des premiers chapitres du panégyrique complet de l'île de Man, autrefois Mona.

C'est toujours une assez triste chose que d'être forcé d'écouter un auteur tenant en main son manuscrit, nous contraignant à l'obéissance passive, au silence, voire même à l'admiration. Trueba était captif, abattu, déconcerté; il se résigna et connut toutes les opinions des philosophes et des historiens sur l'antiquité de Mona, sur ses souvenirs traditionnels, sur le culte des druides et sur les troupes romaines qui y débarquèrent. Après quoi, déjà prêt à s'écrier comme ce malheureux philosophe admis à la table de Denis le Tyrau. « Que l'on me ramène aux carrières », il levait les yeux vers une horloge de bois suspendue dans un coin de la cabane, lorsqu'il vit entrer Lucile, sa femme, à laquelle il était marié depuis quatre ans et dont la physionomie douce se voila de mélancolie et peut-être même d'humeur à l'aspect de ce tête-à-tête inattendu. L'histoire de l'île de Man avait mal disposé Trueba qui salua sans trop de cérémonie mistriss L\*\*\*, et se promena longtemps dans la cour des détenus avec Lucile, plus affligée que lui, mais puisant dans sa tendresse la force de le consoler, de lui rendre l'espérance et la fermeté de l'âme.

A huit heures, un petit homme, à peu près bossu, tailleur de son métier et nommé André Thompson, vint officiellement et à la tête d'une députation, composée de deux ou trois individus de son espèce, prier Trueba d'assister, comme il l'avait promis, aux séances du club libre et joyeux, institué par les hauts bonnets de la prison. Le club libre et joyeux sous les verroux de Marshalsea ! La chose était curieuse et méritait d'être observée. Trueba les suivit et entra dans la salle à manger transformée en salle d'assemblée.

Le président était assis, les membres avaient pris leurs places ; c'était un majestueux spectacle. Il y avait là des haillons et du beau linge, de riches habits et pas de cravates, des tabliers de cuir et des figures de potence. Le président était un nègre nommé Jacob Read, tambour des gardes du corps, grand musicien, et dont les doigts, à force de s'exercer, comme ceux de Paganini sur le manche de sa pochette, avaient acquis une dextérité fatale à son bonheur et à sa liberté. Le petit tailleur André Thompson était un grand politique, toujours en mouvement comme l'agitateur O'Connell, les poches pleines de pétitions comme John Wilkes, doué d'une faconde intarissable comme notre ami Cobett. Parmi ces messieurs se trouvait encore Ned

Longue-Face, dont j'ai parlé, un marchand de fer, banqueroutier frauduleux; un pauvre intendant dont le maître avait examiné les comptes de trop près, et un malheureux capitaine de navire, que Trueba plaignit de toute son âme, car tout son crime avait été de faire naufrage, et les propriétaires du bâtiment, courroucés de la perte qu'ils avaient éprouvée, accusaient l'infortuné marin d'une négligence coupable qui, vraie ou fausse, était assez expiée par son emprisonnement préalable. Cet homme chantait à tue-tête toutes les chansons nationales en l'honneur de la Grande-Bretagne, de la marine et du service naval dont il avait bien droit de se plaindre. Le personnage le plus curieux de toute la congrégation était un ancien garde du commerce, arrêté pour crime de faux, et qui attendait son jugement. Le ciel est juste!

Un épais nuage de fumée remplissait la chambre et obscurcissait tous les objets. Chaque membre avait devant lui son pot de bière et sa pipe; à travers l'épais brouillard qui remplissait la caverne, on distinguait avec peine toutes ces figures réprouvées. Les voleurs de Gil Blas, les bandits de mistress Radcliffe, les bons vivants de l'opéra des gueux ne sont rien comparés aux membres du club libre et joyeux de Marshalsea; et le pauvre Trueba, croisant les bras, ne pouvait s'empêcher de se rappeler ce vers de Shakespeare :

J'étais Hamlet jadis ; que suis-je devenu!

Les membres du club étaient de grands politiques, la plupart libéraux renforcés; il fallait les entendre juger les ministres, apprécier les actes du gouvernement et surtout proclamer l'indépendance universelle. Le pauvre Trueba ne reconnut pas grande différence entre leurs discours, leur éloquence, leurs arguments, et ceux qui font la gloire de nos colonnes politiques, la renommée de nos orateurs. L'utopie allait son train, nos finances étaient réparées et établies sur une base plus solide; notre dette nationale se trouvait liquidée par des gens qui n'avaient pas un penny dans leur poche. Entremêlée de duos, de trios, de fragments d'airs d'opéras, la discussion, plus bruyante que profonde, comme il arrive si souvent à nos orateurs, fut suspendue par l'arrivée du porte-clefs qui, sans façon, sans scrupule, en homme qui connaît tous ses droits, préleva sur chaque pot de bière un tribut, à la grande satisfaction de ceux dont il diminuait ainsi la portion. Remarquez, s'il vous plaît, que plus on se rapproche de l'exécution matérielle et positive de la justice, plus on découvre d'iniquités flagrantes. Une prison est une serre-chaude de corruption, et, parmi tous les hommes que la loi choisit pour ses instruments, je ne sais s'il en est un seul dont les mains soient pures. On profita de l'empressement avec lequel le porte-clefs prélevait son impôt pour commencer à chanter ce chœur célèbre :

Non, l'Anglais ne peut être esclave !

Et déjà on commençait la seconde strophe, lorsque soulevant son énorme paquet de clefs, symbole de sa puissance, il prouva, en congédiant tout le monde, que l'Anglais peut être esclave et qu'il fallait obéir.

Toute la population de la prison s'évanouit comme un essaim de fantômes; chacun avait son asile assuré, sa retraite préparée. Truéba seul, errant dans cette région incommode, et ne connaissant pas les us et coutumes de ses nouveaux concitoyens, n'avait pas eu soin de se ménager une retraite nocturne. La politesse des prisons ne va guère jusqu'à s'occuper de ce qui regarde les autres, jusqu'à pourvoir à leurs besoins et prévenir leurs embarras; aussi, d'un commun accord, laissa-t-on le prisonnier maladroit seul et se livrant à ses rêveries dans la cour ou le préau de Marshalsea.

Minuit sonna enfin. Deux nouveaux prisonniers arrivèrent à cette heure indue, et Trueba, les rejoignant, trouva du moins des compagnons d'infortune et des gens intéressés comme lui à découvrir un moyen de ne point passer la nuit à la belle étoile. L'un d'eux était un marchand écossais fort civil, jargonnant d'une façon bizarre, et dont l'intelligence était obscurcie par les fumées du vin ; sans ce léger inconvénient, c'eût été un camarade fort aimable. L'autre, maître de danse, pâle et maigre, se trouvait dans le même état d'ivresse que l'Écossais, et si les règles de son art ne lui eussent pas appris à se tenir en équilibre, il aurait eu de la peine, sans doute, à conserver son centre de gravité. La faible étincelle de raison qui restait encore à ces deux personnages les éclairait assez pour qu'ils se rendissent aux observations de Trueba, qui leur montra une espèce de hangar fermé de tous côtés, dans lequel on distribuait du vin et des vivres, et les engagea à s'y retirer avec lui et à y attendre le lever du jour. Déjà, entre Trueba et ces deux hommes ivres qu'il n'avait jamais connus, il existait cette fraternité singulière et instinctive que le malheur établit toujours entre les hommes. Les planches de sapin dont se composait l'édifice étaient mal jointes ; l'air y pénétrait de tous côtés, et si la nuit n'avait pas été chaude, les trois exilés eussent beaucoup souffert. A peine entré dans cet asile temporaire, l'Écossais prit possession d'une grande table sur laquelle il s'étendit ; Trueba s'empara d'une vieille chaise à bras dégarnie de son tissu de paille, et le maître de danse prit position sur le banc. On peut bien croire que la conversation de nos trois prisonniers ne fut ni intéressante, ni longue, ni variée. La fatigue forçait Trueba au sommeil.

Dès cinq heures du matin, une voix de Stentor fit entendre, ou plutôt beugla à ses oreilles les mots suivants :

— Debout et aux armes!

Nos trois prisonniers furent aussitôt sur pied. Devant eux se tenait un Hercule à face rouge, qui, la main étendue, leur demandait son aumône quotidienne et matinale. C'était le watchman de la prison, accoutumé, comme tous les gardiens, geôliers, huissiers, recors et autres de même nature, à rançonner leurs pauvres serfs. Les captifs étaient tous trop bons politiques pour lui refuser ce qu'il demandait, et, étendant les bras, ils sortirent de la cahutte qui, parmi les prisonniers, portait le nom de la Rose, et firent quelques tours de promenade dans la cour.

En causant avec son compagnon, Trueba, dont l'esprit était observateur, recueillit des détails sur les acteurs les plus remarquables du théâtre au milieu duquel il se trouvait jeté. Il y avait là, comme partout, du malheur, de l'imprudence, du vice, de l'iniquité, de l'innocence; un capitaine Gérard, dont le crime n'était même pas désigné, qui se cachait à tous les yeux, beau, bien fait, de manières élégantes, souvent visité par sa mère et ses deux sœurs, mais inaccessible à tous les autres, qui ne le voyaient qu'avec dédain et avec dégoût. Un certain André Horpagne, faiseur de projets, inventeur de machines, déceveur de sots, vendant fort cher à la richesse niaise le secret de la quadrature du cercle et celui de la pierre philosophale, escroc mathématicien, qui, pendant trois ans, avait engagé un jeune lord à la recherche du mouvement perpétuel et créé un mécanisme ingénieux, qui faisait tomber toutes les guinées du seigneur dans la poche du mécanicien; homme fort remarquable, qui a fini, je crois, par aller exercer ses talents à Botany-Bay. Le capitaine Purvoise, condamné à la prison par un conseil de guerre, pour avoir fait une fausse manœuvre et échoué son vaisseau ; enfin, un mélange curieux de pauvres diables précipités dans ce triste abîme par une dette de quelques livres sterling, nourrie, grossie, gigantesquement étendue par l'habileté des gens de loi.

Mais quel fut l'étonnement de Trueba, quand, le soir, il vit pénétrer dans la caverne une jeune fille, jolie, mais échevelée, et que la main brutale du gardien lança sans ménagement au milieu de la cour. C'était cette pauvre Sally, avec laquelle il s'était déjà trouvé en contact presque immédiat, et que le maître du spunging-house, faute de pouvoir recouvrer la faible somme qu'il réclamait, livrait enfin aux bras séculiers des gardiens de Marshalsea. Son espérance, ainsi qu'il l'avait avoué à Sally, reposait sur les chances de secours que la beauté de sa prisonnière pouvait trouver dans la prison. O lois humaines ! si votre but avoué est de réparer les dommages que nos passions ou nos vices font à la moralité publique, vous atteignez bien mal votre but. L'huissier vole, l'avocat trompe, le geôlier corrompt ; la prison, qui devrait être un asile de pénitence, n'est qu'une école de vices.

La narration de Sally, la longue histoire qu'elle fit à Trueba, la seule personne de la prison qu'elle eût jamais entrevue, pourrait servir de texte, non-seulement à un roman plein d'intérêt, mais à un roman philosophique. On me permettra de ne pas en rapporter tous les détails, qui ont à la fois quelque chose de vulgaire et de repoussant. Qu'il me suffise de dire que la pauvre Sally, fille d'un fermier des environs de Londres, après avoir subi quelque temps les mauvais traitements de sa famille, qui s'opposait à son mariage avec un jeune soldat, vint chercher un refuge à Londres chez une de ses sœurs qui servait comme domestique chez un juge. Cet homme (il m'est impossible de lui donner ici une désignation plus polie), assez semblable du reste à ce vieux duc de Queensbury, ami de Georges IV, et

qui se vantait d'avoir perdu plus de jeunes filles qu'il n'avait de cheveux sur la tête, séduisit la jeune fille et la perdit. C'était chose curieuse de voir Trueba, homme du monde, voyageur et écrivain assez en renom, occupé à consoler cette pauvre fille qui, partout ailleurs, aurait à peine obtenu de lui un regard de pitié, et qui, dans leur entrevue du spunging-house, avait montré tant de mépris pour la sobriété, la politesse et la froideur de Trueba. Il fit assez bien l'office d'un confesseur ; il employa son éloquence à lui rappeler le souvenir de sa famille, et l'engagea vivement à réclamer son secours. Mais elle secouait la tête et répétait que cette pensée lui était plus pénible que toutes les autres ; que jamais elle n'aurait le courage de soutenir la présence et les regards de son père ; que c'en était fait d'elle à jamais, que tout moyen de rentrer dans une vie plus honnête lui était enlevé. Surtout elle insistait sur les railleries amères dont elle serait l'objet et qu'il lui serait impossible de supporter. Les hommes qui, au lieu d'écrire de beaux traités *ex-professo* sur la philanthropie et la politique, partagent les sentiments humains et généreux des Franklin et des Howard, doivent réfléchir sur un sujet pénible que nous touchons à peine, dont notre plume effleure la souillure, mais qui, à travers toute l'Europe chrétienne, est quelque chose de si universel, de si profond, de si terrible. Déjà, en 1788, un écrivain dont la pathétique simple ne prétendait ni à l'imitation classique, ni au romantisme allemand, Goldsmith, avait peint la situation de cette pauvre fille qui, « perdue pour le monde entier,
» pour la vertu, pour ses amies, vient poser sa tête sur le
» seuil de la porte de l'homme qui l'a ruinée ; le froid la
» saisit, la pluie la pénètre, et son cœur chargé d'angoisses
» déplore en vain le moment fatal où une paresse étourdie,
» une ambition vaine, le désir de voir la ville, lui ont fait
» quitter sa quenouille champêtre et sa robe grise. »

Une autre scène déchirante attendait Trueba : car où trouver des scènes dramatiques, sinon dans ces asiles de la misère humaine ? Je sais que les gens frivoles dédaignent ces détails, mais les esprits qui pensent et les cœurs qui sentent ne seront pas du même avis. Un jeune homme qui avait, pendant quelque temps, fait avec succès le commerce des draps, s'était vu enveloppé dans la banqueroute de plusieurs maisons de banque sur lesquelles il comptait; sa femme, qui lui était fort attachée, venait le voir tous les jours. Le premier objet qui avait frappé ses yeux dans la première cour de la prison, c'était une pancarte contenant le règlement du lieu, détaillé avec beaucoup d'exactitude et imprimé en lettres rouges majuscules; entre autres clauses menaçantes, ce règlement portait que toute personne venant de l'extérieur serait fouillée, et que si l'on trouvait sur elle de l'eau-de-vie, elle serait mise au secret pendant un mois la première fois, pendant deux mois si elle récidivait, et pendant trois mois si elle répétait le même délit. Le secret, en Angleterre, est une punition affreuse; on jette le prisonnier dans un caveau, où il n'a pour nourriture et pour breuvage que de l'eau et du pain ; il est défendu de lui donner un lit.

Malgré ces terribles injonctions, la femme du marchand de draps, qui était enceinte et fort avancée dans sa grossesse, cacha sous son tablier une bouteille d'eau-de-vie. La recherche eut lieu et la fraude fut découverte. Le geôlier, maître d'exécuter lui-même la loi dont il est le gardien, n'adoucit jamais la sévérité de ces règlements favorables à son commerce et qui forcent les prisonniers à lui demander les aliments et les liqueurs dont ils ont besoin. La jeune femme venait d'être saisie par un alguazil de la justice inférieure, lorsque l'on avertit son mari de ce qui venait d'arriver. Jamais, m'a dit Trueba, je n'ai vu de douleur plus violente; il poussa un cri de rage, s'élança, renversa deux porte-clefs, et se frayant un passage par force, il parvint enfin jusqu'à l'extrémité du parloir, dont il ébranla la grille, en poussant de longs gémissements; de l'autre côté de la grille était sa femme éperdue entre les mains de ces hommes sans âme, qui, pour la moitié d'un schelling, vous arracheraient la vie, et qui cherchaient à l'entraîner. Le mari, reconnaissant son impuissance, laissa retomber ses bras et pleura comme un enfant. On emmena la femme. Alors le malheureux, accablé de son émotion, tomba sur un banc et resta immobile, l'œil fixe, la physionomie contractée. Les prisonniers qui l'avaient suivi furent si émus et leur compassion suscita en quelques minutes, à travers toute la population de Marshalsea, un mouvement si rapidement électrique, que tout le monde se réunit dans la grande cour, et que, séance tenante, on rédigea une pétition fort simple, mais que je regrette de n'avoir pas conservée. Dictée par un des escrocs les plus fieffés de la compagnie, elle était pleine d'éloquence et d'énergie. Elle priait M. Jenkins, geôlier en chef de la prison, de se relâcher une fois de la sévérité que la loi l'autorisait à exercer, l'assurant de la reconnaissance de tous les prisonniers dont les signatures nombreuses étaient jointes à la supplique. Une députation, dont Trueba fit partie (le seul emploi politique qu'il ait jamais rempli), présenta la pétition à Jenkins qui fit grâce à la coupable. Le malheureux jeune homme était encore dans la même posture, assis sur le banc du parloir, lorsque nos acclamations triomphales l'éveillèrent.

Depuis trois jours, Trueba visitait ce pays inconnu qui a, comme on le voit, ses tragédies et ses romans en action, lorsque l'évasion du contrebandier Brekell mit tout ce petit monde en mouvement. Je ne m'étendrai pas sur les exploits préliminaires de Brekell, et je ne dirai pas, comme tant de romanciers, qu'il avait le courage de César, la prudence d'Annibal et l'habileté de Sertorius; ses prouesses se réduisaient à quelques escarmouches de tirailleur contre les douaniers de la côte, je crois même que son mousquet avait abattu une ou deux têtes dans cette petite guerre. Quoi qu'il en soit, il y allait de sa vie. Dans la prison de Marshalsea, on le traitait comme prisonnier d'Etat, et les geôliers avaient reçu ordre de le tenir sous bonne et sûre garde. Brekelt, que son métier périlleux avait enrichi, menait joyeuse vie dans la prison, et l'or qu'il versait à pleines mains endormait un peu la surveillance des agents ; on le croyait tout occupé à noyer dans le vin et les plaisirs les soucis de sa position, pendant qu'il tramait le complot singulier, mais aussi habile que simple, auquel il dut sa liberté.

Brekelt, après avoir affecté beaucoup d'insouciance, de gaieté, d'indifférence pour la vie ou pour la mort, commanda un repas magnifique, dont lui-même fit les apprêts. Il se donna beaucoup de mouvement pour tout disposer ; la plupart des subalternes, porte-clefs et geôliers de l'endroit se trouvaient métamorphosés en domestiques ; Brekelt allait lui-même recevoir ses convives, et avec une politesse exquise, il les conduisait à leur place. Déjà la plupart d'entre eux entouraient la table et l'on allait servir, lorsque Brekelt, qui avait étudié les lieux, traversa le parloir, plaça un pistolet sur la gorge du seul homme chargé d'y faire sentinelle, il lui cria : Ouvre ou tu es mort ! Il ouvrit lui-même la porte et trouva, comme il s'y attendait, deux chevaux sellés et bridés à l'extérieur ; il en monta un, piqua des deux, galopa du côté de Battersea et ne rencontra aucun obstacle. Ses amis, avec lesquels il avait comploté sa fuite, avaient eu soin de payer d'avance les receveurs de péages et de les prévenir que trois gentilshommes passeraient à telle heure précise et qu'il s'agissait d'un pari.

Rien ne manqua ; les cris même que l'on poussa favorisèrent l'évasion et passèrent pour les exclamations du peuple témoin et admirateur de cette course au clocher. Enfin, parvenus à Battersea, nos fugitifs y trouvèrent un relai qu'ils avaient eu soin de se faire préparer, un costume complet de dandys qui les attendait, et, montés sur leurs nouveaux coursiers, déguisés par une fausse chevelure et des moustaches bien ajustées, ils retournèrent sur leurs pas, reprirent paisiblement la route de Londres à Kensington, se mêlèrent à cette procession de cavaliers à la mode qui font, dans les beaux jours, l'admiration des promeneurs de Hyde-Park, et passèrent une heure ou deux à gagner de l'appétit en caracolant parmi les lords et les fashionables. De là, la cavalcade descendit la rue de Piccadilly, et nos héros allèrent se perdre dans quelques-unes de ces tavernes mystérieuses où les brigands de Londres trouvent un abri assuré. Un repas joyeux les dédommagea de tant de fatigues, couronnées, il est vrai, du plus beau succès. Ils passèrent la soirée à rire de leurs ennemis et à porter de nouveaux toasts aux entreprises aventureuses qu'ils se promettaient bien d'ajouter à leurs anciens exploits.

Tout le faubourg de Southwark, tous les environs de Marshalsea étaient en rumeur ; les officiers de police se répandaient sur toutes les routes, les côtes étaient peuplées d'espions ; le signalement des fugitifs, placardé en grosses lettres et accompagné de l'offre d'une récompense pour qui les saisirait, couvrait tous les coins des rues de Londres; tout était en mouvement ; cependant Brekelt, fort expert dans l'art de se déguiser, allait au spectacle, au café, fréquentait Drury-Lane et ne craignait rien. En effet, il échappa à toutes les recherches, et dès que la première ardeur des poursuites se fut amortie, il s'embarqua pour la Hollande et s'établit à Flessingue.

Telles étaient les aventures et les annales de la prison, que Trueba, faute d'une occupation plus digne de lui, se plaisait à recueillir, lorsqu'on lui annonça que deux jeunes gens le demandaient ; il trouva, en effet, dans le parloir, deux personnes qui, sans vouloir ni dire leurs noms, ni avouer de quelle part elles venaient, le prièrent d'accepter cinquante livres sterling, somme que lui envoyait, à ce que disaient ces messieurs, un ancien camarade d'études qui voulait garder l'anonyme. Trueba fit de vains efforts pour soulever le voile dont cette générosité peu commune se plaisait à s'envelopper ; il soupçonna spécialement l'excellent et érudit Sharon Turner, qu'il avait connu en Espagne et dont la vie, aussi modeste que glorieuse, est semée de beaucoup d'actions semblables. Les cinquante livres sterling, sans fournir à Trueba les moyens de mettre ordre à toutes ses affaires, lui donnèrent au moins la liberté d'échanger la prison de Marshalsea contre une geôle moins affreuse. Adieu à ces murs crevassés, à ces appartements en ruine, à ces solives tremblantes, à cette boue, à cette poussière dont Marshalsea était le réceptacle ; adieu à tous ces pauvres débiteurs sans ressources, à ces banqueroutiers frauduleux, à ces dignes compagnes de la pauvre Sally, que l'on jetait là en dépôt et qui coûtent au gouvernement mille fois plus qu'ils ne valent ! Trueba, muni d'un passe-port signé d'un juge séant à Old-Bailey, alla chercher un asile dans la prison aristocratique de Fleet-street, où peut-être nos lecteurs le retrouveront quelque jour.

## V

## LA SECONDE VUE

Un soir du mémorable mois de juin 1815, il y avait nombreuse et brillante société dans une maison située dans un faubourg éloigné de Londres ; femmes jeunes et belles, personnages de distinction, éclat des lumières, charme de la musique et de la danse, tout cela, joint à l'animation qui régnait alors dans le pays entier, grâce aux succès que nous obtenions sur le continent, tout cela, dis-je, contribuait à donner de l'entrain à la joyeuse réunion. La maîtresse de la maison était enchantée de la gaieté de sa soirée et de l'empressement avec lequel chacun payait de sa personne.

Cependant, une jeune dame, de la tournure la plus gracieuse, avait déjà été priée à diverses reprises de se mettre au piano pour chanter la ballade écossaise : *les Rives de l'Allan Water*, et elle avait réussi à se soustraire aux sollicitations de la compagnie en alléguant son état de fatigue et de malaise : elle avait, en effet, l'air souffrant et paraissait n'être venue qu'à regret à cette soirée. Les jeunes filles de la réunion se racontaient tout bas que sa tristesse venait de l'absence de son fiancé, un des plus braves officiers de l'armée, qu'elle devait épouser à son retour du continent, si toutefois les hasards de la guerre lui permettaient de venir « réclamer sa rougissante fiancée. »

De fait, les affectueuses importunités des parents de la jeune dame avaient pu seules l'obliger à paraître à cette fête; si on l'eût laissée libre, elle eût préféré la solitude, pour pleurer à son aise et implorer « celui entre les mains de qui sont les résultats des batailles. »

Cependant, comme miss *** avait une magnifique voix de contralto et qu'il n'était bruit que de son remarquable talent, la société ne voulut pas accepter d'excuses, et la pauvre jeune fille fut forcée de s'asseoir au piano. Alors elle se mit à préluder par quelques accords mélancoliques qui éveillèrent les sympathies des auditeurs, puis elle attaqua les premières notes de la touchante ballade écossaise : *les Rives de l'Allan Water*. Chacun était sous le charme de ses accents mélodieux, et elle arrivait à ces vers :

> Un soldat la chercha pour femme,
> Et il avait une voix enchanteresse.

quand, à la surprise générale, elle cessa tout à coup de chanter sans retirer ses mains de l'instrument; elle resta ainsi quelques moments, pâle comme une morte, les yeux fixés dans le vide et n'ayant plus conscience de ce qui se passait autour d'elle.

Sa sœur aînée se leva tout effrayée, mit sa main sur son épaule et s'efforça de la faire revenir à elle. — Anna, ma sœur!... qu'est-ce?... qu'avez-vous?... lui dit-elle d'une voix entrecoupée. Miss *** ne répondit pas, mais un instant après, elle poussa un cri perçant qui jeta la consternation dans l'assemblée... — Anna! ma chère Anna!... vous sentez-vous malade? s'écriait sa sœur en tremblant et en tâchant de lui faire reprendre ses sens... Mais en vain !... ses yeux fixes regardaient toujours devant elle... Enfin, peu à peu ils s'ouvrirent d'une façon effrayante et semblèrent exprimer un profond sentiment d'horreur.

Toutes les personnes présentes étaient confondues, et aucune d'elles n'osait intervenir. On entendait chuchoter :—Elle se trouve mal ; — elle a une attaque ; — courez chercher de l'eau ;—mon Dieu ! que c'est étrange !—quel cri perçant ! etc. A la fin les lèvres de miss *** s'agitèrent... Ce fut d'abord un murmure inintelligible... mais bientôt ceux qui se trouvaient auprès d'elle purent distinguer ces mots :—Là !—ils sont là ! — ils cherchent avec leurs lanternes ; — ils retournent des monceaux de cadavres ; — voyez ! voyez !... ils les retournent un par un. — Là ! — il est là !... — Oh !!!... horreur !— droit à travers le cœur !!!... Et, poussant un long gémissement, elle tomba sans connaissance dans les bras de sa sœur saisie d'effroi. Tout n'était que confusion et épouvante !... Chacun frémissait en entendant les paroles mystérieuses de la jeune fille... Tous ceux dont les voitures étaient déjà arrivées eurent l'attention de se retirer immédiatement, pour ne pas augmenter, par leur présence, les embarras de la famille. Bientôt le salon se trouva presque vide, il n'y resta plus que ceux qui donnaient leurs soins à la pauvre miss ***.

On m'envoya chercher bien vite par un domestique à cheval. Je trouvai miss *** au lit (c'était chez sa belle-sœur que la soirée avait eu lieu); depuis qu'on l'avait couchée, elle avait eu plusieurs évanouissements, et elle était sans connaissance au moment où j'entrai dans sa chambre. Elle n'avait pas prononcé une syllabe depuis les paroles singulières que nous avons rapportées, elle avait le corps froid et roide, et semblait paralysée comme par un choc violent. Sous l'influence des stimulants que nous employâmes, elle ouvrit les yeux et regarda d'un air effaré ceux qui se tenaient autour de son lit. Pâle comme la mort, couverte d'une sueur froide, on l'eût crue inanimée, sans les profonds soupirs qui, de temps en temps, soulevaient sa poitrine. Hélas ! je le vis plus tard!... il eût mieux valu ne pas l'avoir arrachée à cet état de torpeur dans lequel elle était plongée!...

— Oh! malheureuse! malheureuse fille! murmura-t-elle enfin, pourquoi ai-je vécu jusqu'à ce jour?... Pourquoi ne m'avez-vous pas laissée mourir?... Il m'appelait... je le suivais... et vous n'avez pas voulu!... Mais... je le suivrai... oui... oui...

— Anna! ma chère Anna! pourquoi parler ainsi? Charles n'est pas parti pour toujours... il reviendra bientôt... il reviendra certainement, sanglotait sa sœur.

— Oh! jamais, jamais!... Vous ne pouvez pas voir ce que j'ai vu, Jeanne!...—Elle frissonna.—Oh! c'était affreux!!!... Comme ils marchaient à travers les monceaux de cadavres!... comme ils les dépouillaient!... Horreur! horreur!

— Ma chère miss ***, vous rêvez!... vous extravaguez, disje en prenant sa main dans la mienne. Allons! allons! il ne faut pas vous abandonner à ces idées lugubres et déraisonnables... en vérité, il ne le faut pas!... Vous effrayez vos amis pour rien!...

— Je vous dis ce qui est, répliqua-t-elle en me regardant en face. Hélas! Charles est mort!... je le sais... je l'ai vu... la balle lui a traversé le cœur!... Ils le dépouillaient quand...

Et poussant trois ou quatre sanglots convulsifs, elle s'évanouit de nouveau. Mistress ***, la dame de la maison (la belle-sœur de miss ***, comme je crois l'avoir déjà dit), fut incapable de résister davantage à ce spectacle navrant; son mari l'emporta sans connaissance. Nous réussîmes, mais non sans peine, à rappeler encore une fois miss *** à la conscience d'elle-même; la fréquence et la durée des rechutes commençait à m'alarmer sérieusement; elle pouvait ainsi nous passer entre les mains sans qu'on s'en aperçût. Naturellement, j'eus recours à tous les remèdes que pouvaient me suggérer mon expérience et la connaissance de ma profession. Enfin, après avoir assuré que, si un changement en mal se produisait dans l'état de miss ***, je m'empresserais de venir passer la nuit auprès d'elle, je me retirai, promettant toutefois de revenir le lendemain de bonne heure.

Avant mon départ, miss *** m'avait appris ce que je viens de raconter. Tout en chevauchant vers la maison, je sentais s'élever en moi une vive curiosité mêlée à une profonde sympathie pour la malheureuse jeune fille. Je me demandais si l'événement allait justifier ses pressentiments surnaturels, et si l'avenir devait nous dévoiler un de ces faits extraordinaires qui parfois « fondent sur l'homme comme un nuage d'été.... »

Le lendemain matin, vers neuf heures, j'étais au chevet de miss ***; elle était à peu près dans le même état que la veille ; seulement je la trouvai plus faible encore et plus abattue. Elle semblait terrassée et étourdie par un choc terrible, mais invisible pour tout autre qu'elle. A peine pouvait-elle parler ; elle ne faisait entendre, par intervalles, que quelques mots entrecoupés comme : — Oui... bientôt, Charles, bientôt!... demain !!!... Il était impossible de la faire revenir à elle; elle ne reconnaissait personne et ne voulait répondre à aucune question.

Alors je demandai une consultation, et le soir même je me rendis chez elle avec deux confrères éminents. Nous arrivâmes à cette conclusion, que la malade baissait à vue d'œil, et qu'à moins d'un miracle elle n'avait plus que quelques jours à vivre. Après le départ de mes confrères, je restai dans la chambre de miss *** et m'assis à son chevet. Je me sentais vivement touché de l'étrange situation de la pauvre jeune fille, dont les traits pâlis avaient une expression tantôt de douceur angélique, tantôt d'angoisse désespérée. Personne n'aurait pu la voir sans être ému et même effrayé de cette mystérieuse intuition que les Écossais appellent la seconde vue.

Parti!... parti!... murmurait-elle en fermant les yeux tandis que je la regardais silencieusement; parti... couvert de gloire.... Je verrai le jeune vainqueur!... je le verrai!... Comme il m'aimera !... Ah! je me souviens! continua-t-elle après une pause : les cruels!... ils me faisaient chanter les *Rives de l'Allan Water,* et je sentais mon cœur se briser !... A quel vers en étais-je quand je le vis?... et elle frissonna. Oh! je chantais cette stance :

> Un soldat la rechercha pour femme,
> Et il avait une voix enchanteresse...
> Sur les rives de l'Allan Water,
> Pas une n'était aussi joyeuse qu'elle...
> Mais le soldat fut parjure...

Oh! non! non! jamais!... Charles!!! mon fiancé !...: jamais!!!...

Elle ne dit plus rien de toute la nuit et resta sourde à toutes les paroles que nous lui adressâmes, murmurant quelquefois d'une voix faible :— Oh ! laissez-moi... laissez-moi en paix!...

Pendant les deux jours qui suivirent, elle continua à aller en s'affaiblissant graduellement. Nous ne remarquâmes rien de nouveau, si ce n'est qu'une fois elle sortit ses mains du lit, et les agita comme si elle eût touché du piano. A ce moment, une rougeur soudaine empourpra son visage, ses yeux brillèrent d'un éclat sinistre, elle sembla contempler quelque chose dans l'espace, et dit d'une voix tremblante : «Là!!!» Puis elle retomba immédiatement dans l'engourdissement primitif.

Maintenant, croira-t-on que le quatrième jour de la maladie de miss\*\*\*, sa famille reçut une lettre scellée de noir?... Cette lettre, écrite par le colonel du régiment de Charles, annonçait la mort du jeune officier. Au moment où il chargeait à la tête de sa compagnie, à la bataille de Waterloo, un cavalier français avait fait feu sur lui : la balle lui avait traversé le cœur !...

On ne saurait exprimer la désolation de toute la famille à cette triste nouvelle. L'événement répondait si bien au fatal pressentiment de miss ***, que tout le monde fut frappé de stupéfaction. Mais devait-on lui apprendre ce malheur, ou était-il plus prudent de le lui taire?... C'est la question qu'on agita. Enfin, la famille se décida à lui annoncer la triste vérité, et ce fut moi qu'on chargea de cette pénible mission. Le soir même, je m'installai seul à son chevet. Elle n'avait pas pris de nourriture depuis la soirée dont nous avons parlé; son pouls ne battait presque plus, elle respirait à peine, ses extrémités étaient glacées; tout cela me donnait la conviction que les souffrances de la pauvre fille touchaient à leur terme.

Je restai longtemps sans oser rompre ce silence qui m'oppressait. Enfin, remarquant que ses yeux affaiblis s'étaient fixés sur moi, je voulus les attirer, comme par hasard, sur la fatale lettre que je tenais à ma main. Au bout de quelques instants, en effet, elle la remarqua et sembla la dévorer du regard; la vue de cette lettre opéra sur elle comme un choc électrique.

Elle s'efforçait de parler, mais en vain. Que je regrettai alors de m'être chargé de la mission qu'on m'avait imposée. Je la regardai en face, et lui dis avec autant de calme que me le permettait mon agitation :

— Ma chère enfant, si vous n'avez pas de courage, je ne pourrai pas vous apprendre ce que contient cette lettre....

Elle frissonna et sembla revenir à elle; ses yeux étincelèrent, ses lèvres s'agitèrent, l'anxiété se peignit sur son visage. Je continuai

— On a reçu cette lettre aujourd'hui ; elle est du colonel***, qui annonce la... la...—Ici la voix me manqua.—La mort de mon Charles, je le sais. Ne vous l'ai-je pas annoncée? dit miss.*** en m'interrompant d'une voix plus claire et plus distincte qu'elle ne l'avait jamais eue. J'étais confondu!... La lucidité de son esprit et le retour de ses facultés devaient-ils nous faire espérer le rétablissement de sa santé?...

Lecteur! avez-vous jamais remarqué une lampe au moment où elle va s'éteindre?... Vous la voyez jeter soudain une vive flamme, une lueur éclatante... puis, tout est fini!

Il en fut de même de la pauvre miss ***. Elle avait réuni et concentré dans un dernier effort toute la puissance de son âme expirante pour se convaincre de la vérité de son pressentiment et de la réalité de sa vision ; et maintenant, elle allait,

>Comme un lis languissant,
>Courber sa tête et mourir...

Elle me pria d'une voix faible de lui lire la lettre, qu'elle écouta les yeux fermés et sans faire une seule remarque. — Ma chère miss, m'écriai-je après un long silence, Dieu soit loué d'avoir permis que vous receviez cette affreuse nouvelle avec tant de fermeté!... — Oh!... docteur! si je pouvais pleurer, murmura-t-elle, comme cela me soulagerait! Il me semble que j'ai une montagne sur la poitrine!... Je pris sa main dans la mienne, et la suppliai de se calmer en lui faisant espérer que son oppression ne tarderait pas à disparaître. Elle laissa encore échapper quelques paroles que je ne pus saisir ; mais en approchant mon oreille de sa bouche, je distinguai quelques mots confus et entrecoupés : — Jeanne... ma sœur... appelez-la!...

Hélas! je ne comprenais que trop! Je fis aussitôt appeler

la famille. Sa sœur Jeanne entra la première, à moitié suffoquée par les efforts qu'elle faisait pour contenir son désespoir.

— Oh! mon Anna! ma sœur bien-aimée!..., s'écria-t-elle en sanglotant et en s'agenouillant à ses côtés. Puis, lui passant les bras autour du cou : Anna! ma chère Anna! ne me reconnaissez-vous pas? disait-elle en lui baisant les joues et la bouche.

Tous ceux qui étaient présents se tenaient autour du lit en sanglotant; de mon côté, je ne pouvais retenir mes larmes. Je tâtai le pouls de la mourante; il avait entièrement cessé de battre...

— Parlez-moi!... parlez-moi! je suis votre sœur Jeanne! s'écriait la pauvre fille plus morte que vive, tout en continuant à couvrir de baisers les lèvres déjà froides de miss ***.

Tout à coup elle poussa un cri déchirant : — Elle est morte!!!... et tomba sans connaissance. Hélas! il n'était que trop vrai... misère et bonheur... tout était fini pour la pauvre miss ***.

## V

### LE PÈRE ET LA FILLE

#### I

Une pluie violente battait les toits et bondissait sur le pavé de Londres; c'était vers le milieu du mois de mars 1827. J'attendais dans mon cabinet plusieurs consultations; mais personne ne venait. Sans doute les plus souffrants de mes malades n'avaient pas le courage de s'aventurer dans ces rues inondées, et de compromettre de nouveau les dernières lueurs de leur santé chancelante. J'étais encore un jeune médecin. Le calus de l'habitude ne s'était pas formé sur mon cœur; je savais encore sentir et souffrir pour mes semblables. Seul dans mon cabinet d'étude, le coude appuyé sur le manteau de la cheminée, les yeux fixés sur le ciel, d'où s'échappaient des torrents de pluie, je réfléchissais tristement à l'impuissance de la médecine comme à celle de la législation, quand elles veulent guérir radicalement les maux du corps et ceux de l'âme.

Il y avait surtout, dans la liste de mes malades, un pauvre maçon, qui m'amenait ordinairement chaque matin un enfant scrofuleux et dont la femme tombait du haut mal; cette misérable famille me faisait grand'pitié.—Une visite à lui rendre, me disais-je, ne me coûtera rien, quelques tours de roues de plus.! Et je me disposais à faire cette bonne action et à visiter le triste asile de ces souffrances obscures. Mon cabriolet m'attendait à la porte, et la pluie continuait à tomber avec plus de fureur que jamais, lorsque je vis entrer une jeune personne d'environ vingt ans, dont la physionomie révélait une grande agitation, et dont la tournure annonçait des habitudes distinguées. Elle était mince, svelte, d'une taille bien prise ; sa démarche avait de la grâce, et les plis de sa robe, humectés par la pluie, dessinaient des formes élégantes.

— Je vous retiendrai peu de temps, monsieur, me dit-elle : je vois que vous allez sortir.

— Madame, veuillez vous asseoir.

Et je la conduisis vers un fauteuil, sur lequel elle se laissa tomber.

— Jean, ranimez le feu... Cette pluie, madame, vous a traversée : quelques gouttes de vin de Bordeaux vous feraient du bien ; approchez-vous de la cheminée, nous causerons un peu, bien que mes moments, je dois vous en avertir, soient comptés aujourd'hui.

—Oh ! monsieur, je n'abuserai pas de vos instants, je chaufferai seulement mes pieds... Il ne ne s'agit pas de moi, mais d'une amie qui m'est bien chère et sur la santé de laquelle j'ai des renseignements les plus précis à vous demander. Elle est malade ; elle craint qu'on ne la trompe sur sa situation réelle, et elle m'écrit de la campagne pour me prier de consulter un médecin habile. Vous me direz, j'espère toute la vérité ?

— Mais, madame, sans avoir vu la malade, cela est bien difficile. Le meilleur médecin ne peut, dans ce cas, donner ses observations que pour des conjectures.

— Je vous communiquerai, monsieur, toutes les particularités nécessaires, je la connais beaucoup : il y a très-peu de temps que je l'ai quittée.

— Fort bien, madame, je suis à vous ; je vous écoute.

Et je m'assis devant elle en jetant sur ma montre, que je tenais à la main, un de ces regards avertisseurs, dont le médecin et l'avocat font un si fréquent usage.

— La personne dont je veux vous parler, monsieur, a quelques années de plus que moi : trente ans ou à peu près. Des chagrins récents et cruels l'ont fort agitée et ont contribué à déranger complétement sa santé. Elle a vraiment bien souffert.

— Votre amie, madame, aura sans doute été déçue dans quelques espérances qui lui étaient chères. Je crois deviner, des peines de cœur, peut-être?

— C'est à peu près cela... En effet, mon amie avait un attachement très-tendre, assez ancien... et fort honorable... elle devait se marier ; plusieurs obstacles qu'il paraissait difficile de surmonter s'opposaient à l'accomplissement de ses désirs. Que vous dirai-je? cette histoire est longue et je ne voudrais pas sacrifier notre entrevue à un récit touchant mais romanesque... ma pauvre amie a senti sa poitrine s'embarrasser. On craignit que la consomption ne s'annonçât... Enfin le plus affreux accident vint compliquer la situation.

Je m'étais levé d'abord et j'étais resté debout devant la cheminée, la montre à la main, croyant qu'il s'agissait de l'une de ces consultations pour rire auxquelles les jeunes femmes exposent souvent les médecins et qui leur enlèvent le temps précieux réclamé par de véritables maladies. Mais, à ce mot accident, je commençai à croire qu'il s'agissait de quelque chose de réel, que je pourrais être utile, et je m'assis. L'embarras de la jeune personne m'étonnait. Il y avait cependant peu de suite dans sa narration, et l'intérêt avec lequel elle me parlait de la malade me semblait bien tendre et bien profond pour une amie.

— Quel accident, madame ? lui demandai-je.

— Une chute, après laquelle la personne dont je parle est restée étendue sur le pavé. Un cabriolet a passé sur sa poitrine, on la crut morte pendant quelques heures.

— Les côtes ont-elles été endommagées ?

— Non, monsieur le docteur, mais elle a beaucoup souffert.

— Crache-t-elle le sang ?

— Oui, je le crois, du moins...

Elle eut l'air de chercher une lettre dans laquelle se trouvaient des détails plus circonstanciés ; mais en l'observant plus attentivement, je vis que les larmes obscurcissaient ses yeux. J'avais peine à concilier une émotion si vive avec les premières paroles prononcées par la jeune personne.

— Permettez-moi, lui demandai-je, de jeter un coup d'œil sur la lettre où se trouvent les renseignements qui vous sont envoyés sur la santé de votre amie.

— Pardon, monsieur, reprit-elle, quelques affaires particulières s'y trouvent consignées. Je l'ai vue assez récemment, et je puis vous rendre un compte exact de sa situation.

— Sent-elle une douleur à la poitrine ?

— Oui, du côté droit.

— Éprouve-t-elle un mouvement de fièvre, la nuit et le matin ?

— Oui, monsieur le docteur, ses mains sont très-chaudes alors. Elle éprouve de la gêne et une inquiétude générale.

— Est-elle incommodée par une transpiration abondante ?

— Oui, la nuit surtout.

— Et elle tousse ?

— D'une manière très-douloureuse, à ce qu'elle dit.

— Depuis combien de temps a-t-elle cette toux ? avant ou après l'accident ?

— Mais... si je me le rappelle bien, c'était un an après son mariage.

— Son mariage ? m'écriai-je.

Elle avait oublié qu'elle m'avait présenté son amie comme n'ayant pas pu se marier selon ses désirs. Elle s'aperçut qu'elle venait de « se couper, » comme dit le peuple, et une vive rougeur colora son pâle visage.

— Je me suis trompée... j'ai voulu dire : un an après l'époque où ce mariage devait avoir lieu.

— De quelle nature est la toux ? une toux sèche fréquemment répétée ?

— D'abord cela n'a pas été très-pénible, mais ensuite elle a horriblement souffert.

Je voyais la pâleur de la jeune personne augmenter à chaque instant ; un soupçon traversa mon esprit, comme l'éclair traverse le ciel.

— Allons, un peu de franchise, madame ! Est-ce que cette amie ne serait pas vous, par hasard ? Vous semblez réellement indisposée. Répondez-moi, je vous en supplie.

Tout son corps frissonnait, et son embarras augmentait d'une manière visible. Elle essaya de me cacher ce trouble, et balbutia même une nouvelle question qui n'avait pas trop le sens commun.

Bientôt la voix lui manqua ; elle tenta de dérober son trouble à mes regards, ou du moins d'en déguiser la cause.

— Si vous saviez, me dit-elle, combien sa situation me fait de peine et m'inspire de crainte ! Ah ! monsieur ! des qualités si rares ! une personne si distinguée ! et si je vous disais combien je l'aime !...

— Calmez-vous, madame ! reprenez vos sens, continuez de me donner des explications qui puissent m'aider à servir d'une manière efficace la personne qui vous intéresse ! Voyons, un peu de courage.

— Eh bien! reprit-elle, et sa voix tremblait encore, veuillez me dire franchement, docteur, ce que vous pensez : avez-vous des espérances? est-ce sans remède?

— Tous les symptômes que vous venez de développer sont graves et dangereux.

— Il n'y a pas d'espoir? demanda-t-elle d'une voix si faible qu'à peine pouvais-je l'entendre.

— Je ne puis vous répondre sans l'avoir vue, sans lui parler, sans l'interroger sur mille petits faits significatifs. Sans doute, elle a un médecin?

— Elle en a un... sans doute...

Son hésitation durait toujours, et je l'attribuais à cette difficulté de prononcer et de soutenir le mensonge, qui est inhérente aux natures bonnes et généreuses.

— Son état de fortune lui permet-il de voyager, madame, de visiter l'Italie ou le midi de la France? Ce serait là le conseil le plus utile à lui donner.

— Je crains bien que des circonstances particulières ne s'y opposent.

— Mais sa famille pourrait-elle lui être utile?

— Sa famille ne fera rien... rien pour la sauver.

Alors une convulsion assez vive agita ses membres; elle voulut se relever de son siége, y retomba et s'écria en pleurant :

— Je le vois bien, nous sommes perdus! nous sommes perdus! O mon pauvre mari! tout est donc fini, plus d'espoir!

La contraction de ses traits augmenta, et après quelques spasmes violents ses yeux se fermèrent; elle tomba dans un évanouissement dont j'eus peine à la faire sortir. Je compris alors l'innocent artifice employé par elle pour s'assurer de la situation véritable où son mari se trouvait;

Elle ne revint à elle-même que pour verser des larmes et pousser des gémissements dont mon cœur était brisé.

— Pardon, monsieur, pardon, me dit-elle, je vous ai trompé. Je ne suis pas accoutumée au mensonge, voyez-vous, mais ayez pitié de moi; je suis si malheureuse! Pourquoi, folle que je suis, vous ai-je demandé tous ces détails? J'aurais mieux fait de conserver mon ignorance qui me laissait un vague espoir. O mon Dieu! mon Dieu! tout est donc perdu! Mon mari! mon mari!

Les convulsions recommencèrent, et comme elle se débattait entre les bras de mon domestique, qui était accouru au bruit, son mouchoir tomba par terre, et une guinée proprement enveloppée de papier roula sur le plancher. Quelques détails de sa toilette, quelques reprises dans son mouchoir, quelques paroles de sa conversation m'avaient laissé entrevoir une pauvreté réelle, cachée sous une apparence élégante. Je rattachai dans un coin du mouchoir cette guinée, qui était évidemment le prix destiné à la consultation médicale, prix arraché peut-être aux longues et douloureuses économies de la jeune femme. Je la priai de monter dans mon cabriolet et de me conduire chez elle à l'instant même. Elle s'y refusa. Elle craignait, disait-elle, que l'apparition d'un médecin ne fût dangereuse pour son mari, qui se faisait encore illusion sur son état. Fort ému de cette scène, je lui fis promettre au moins de venir bientôt me voir, et je la priai de remettre à une autre fois le payement de ma consultation, qu'elle voulait absolument me payer.

— Allons, me dis-je en fermant la porte sur la jeune femme qui se retirait d'un pas chancelant, voici encore une page sombre que la vie humaine va ouvrir devant moi : la douleur du corps et de l'âme unie au dévouement inutile et à la vertu ignorée. Toujours la continuation du grand chapitre social; toujours les mêmes misères et la même injustice, passées en coutume et en loi.

Quelque temps après, une de ces grandes averses qui occupèrent tout le mois de mars de cette année me surprit aux environs de Chancery-Lane. Une carte de visite, tombée du mouchoir de la jeune femme, étant restée chez moi, m'avait appris qu'elle se nommait madame Elliot et qu'elle habitait le n° 4 de Took's-court, petite rue qui débouche dans Chancery-Lane. Je n'avais pas de cabriolet; la violence de l'ondée commençait à traverser tous mes habits. Je pensai à me réfugier dans une boutique, où peut-être pourrais-je obtenir quelques renseignements sur la situation d'une personne qui m'avait intéressé, et qui devait être connue dans le voisinage. Un grand écriteau rouge chargé de lettres noires attira mes regards et m'apprit que William S'arren avait patente pour vendre à peu près tous les objets de commerce, depuis le taffetas jusqu'à la ficelle inclusivement. Je poussai la porte de la petite boutique obscure, encombrée d'objets d'épicerie singulièrement rangés, et dont le maître, petit homme au pied boiteux, à la face narquoise et ridée, achevait de ficeler soigneusement quelques paquets. Il aurait été impossible de distinguer le tabac de la bougie, qui se coudoyaient dans ce réceptacle ténébreux, si deux chandelles posées sur le comptoir ne l'avaient éclairé en l'enfumant. Mon homme avait tout à fait l'air d'un vieux rat enfoui au milieu de ses provisions souterraines. Je lui demandai la permission de m'asseoir sur un petit banc qui se trouvait là, jusqu'à ce que la pluie fût passée. Il y consentit poliment. Il était causeur et ne tarissait point sur ses voisins et voisines, pourvu qu'on lui permît de faire l'article à toutes les phrases et de développer l'excellence de ses bougies et la qualité supérieure de ses cafés. Quand je l'eus mis sur le chapitre des Elliot:

— Ah! me dit-il, je les connais : Took's-court, n₀ 4 ; il n'y a que deux ou trois mois qu'ils sont là. Le mari n'est pas d'une bonne santé, et celle de la petite femme ne vaut guère mieux.

— Savez-vous ce qu'ils font et quel est leur état?

— Pour cela, reprit le vieil épicier, en ramassant sa lèvre inférieure et reportant ses lunettes sur la sommité de son front chauve, comme s'il eût voulu éclaircir sa pensée, je ne saurais trop vous le dire exactement. Le jeune homme a été dans le commerce, je crois ; il a aussi enseigné la musique, et sa femme travaille à l'aiguille.

Dans ma poche se trouvait la carte de visite sur laquelle Mᵐᵉ Elliot avait tracé son nom. C'était une de ces petites écritures menues et élégantes dont le trait le plus léger annonce une éducation soignée. Que la main qui avait formé ces caractères fût celle d'une ouvrière en linge ou brodeuse, rien n'aurait pu m'étonner davantage.

— Ils ne sont pas heureux, à ce qu'il paraît, repris-je ; ils ont de mauvaises affaires ?

— Monsieur est homme de loi? reprit le vieillard, en clignant de l'œil et en trahissant par l'inflexion de sa voix l'horreur involontaire qu'inspire l'huissier, même à l'avare qui l'emploie.

— Non, vraiment ; c'est par intérêt pour les Elliot que je vous adresse ces questions. Je les connais fort peu ; ne disiez-vous pas qu'ils étaient gênés?

— Je ne les crois pas à leur aise, à vous dire la vérité... Bonne paye... jamais de crédit... il faut leur rendre justice. Mais ce qu'ils dépensent est bien peu de chose, bien peu de chose! Autrefois, une demi-once de thé, troisième qualité, et une livre de sucre tous les deux jours ; maintenant, tous les quatre jours seulement et de qualité inférieure... mais ils payent comptant... et j'aime mieux cela. D'ailleurs, ma dernière qualité de thé vaut les qualités supérieures : permettez-moi de vous en faire juge.

Le petit homme, avec une dextérité étonnante pour un boiteux, mais naturelle pour un épicier, sauta sur un escabeau, déplaça une petite boîte vernie, dont le couvercle disparut sous son index expérimenté, et fit tomber dans le creux de sa main gauche un détestable mélange de feuilles de vigne et de prunelles sauvages qui simulaient du thé. Cette qualité supérieure de thé me sembla digne d'un brevet d'invention, et je laissai l'honorable fabricant la transvaser dans la boîte, tout en continuant ses commentaires sur les propriétés médicales de cette étrange composition.

— Mes prix sont si raisonnables, continua-t-il, que je ne comprends pas que M$^{me}$ Elliot ne vienne pas plus souvent se fournir chez moi ; il faut que l'homme et la femme vivent bien économiquement, bien économiquement! monsieur.

Parbleu! continua-t-il, voici une demi-heure que la pauvre petite femme était ici. Il fallait un peu de tapioca et de sagou pour son mari, et malheureusement il ne m'en restait pas un grain. Je fais un grand débit, monsieur, très-grand, malgré la petitesse de ma boutique ; mes riz sont d'une espèce particulièrement *utile à la santé*. Je vous montrerai mon riz première qualité.

— Tout à l'heure. A propos, ne m'avez-vous pas dit que M. Elliot avait donné des leçons de musique?

— Oui, il est assez fort sur la flûte ; j'ai même eu la complaisance de recevoir ses lettres, quand il se faisait annoncer dans les journaux. J'ai eu cette bonté-là. C'était une annonce pour ma maison, ajouta l'épicier, en se rengorgeant et se redressant. Je ne lui ai jamais connu qu'un seul écolier.

— Et maintenant?

— L'écolier est parti, monsieur, et la flûte aussi ; une belle flûte noire avec des clefs d'argent. La pareille existe, ma foi, si ce n'est pas la même, chez M. Broking, le prêteur sur gages et le revendeur, en tournant la rue à main gauche. Cent contre un à parier que c'est la même dont le jeune homme aura obtenu cinq pour cent peut-être; mauvaises affaires que ces prêts sur gages!

— Oui, vous avez raison, mauvaises affaires!

— Au surplus, continua l'épicier babillard, la perte n'est pas grande; la flûte mine la poitrine, comme monsieur le sait bien, et le jeune homme n'est pas vigoureux, tant s'en faut! La jeune femme lui disait avec sa petite voix douce : Mon cher Eugène, ne jouez plus de cette maudite flûte! n'en jouez plus! M$^{me}$ Elliot a la voix d'une duchesse ou d'une cantatrice qui joue les grands rôles à Drury-Lane. J'ai toujours envie de voir si sa voiture l'attend à la porte; chose impossible, car elle achète un sou de ficelle elle-même!

L'entrée d'un nouveau chaland attira bientôt toute l'attention du vieil épicier qui rejeta ses lunettes sur la courbe osseuse de son nez. Enfin la pluie cessa et je pris congé de lui, en le remerciant de l'abri que sa boutique m'avait offert. Il se passa une semaine avant que j'entendisse parler de M$^{me}$ Elliot. Un vendredi soir, en rentrant, je trouvai sur ma table un billet qu'elle avait tracé à la hâte sur le dos d'une ancienne lettre; elle me priait de vouloir bien passer chez elle, Took's-court, n° 4, et de ne pas dire à son mari qu'elle fût venue me consulter une première fois. Ce fut ma première visite, le lendemain.

Une boutique de mercier occupait le rez-de-chaussée; un escalier fort étroit conduisait au second étage, occupé par M. Elliot; arrivé sur le palier, je trouvai la porte ouverte et je m'arrêtai quelques moments.

Presque en face de la porte, devant une table chargée de gros registres verts à fermoirs de cuivre, un homme encore jeune était assis et endormi: la plume qui venait de s'échapper de ses doigts faibles et amaigris se trouvait par terre ; on voyait que cette arme, destinée à combattre la misère, ne l'avait quitté qu'à la dernière extrémité, et que la fatigue du travail même la lui avait arrachée. Sur la table, en face de lui, entre deux énormes cahiers, un jeune enfant en blouse verte jouait avec une autre plume qui occupait toute son attention. Le jeune homme endormi pouvait avoir trente ans: c'était une de ces têtes expressives dont la beauté physique est éclipsée par une beauté morale et intérieure, qui fait naître l'intérêt sans qu'on puisse s'en expliquer la cause. Ses joues étaient caves et pour ainsi dire transparentes ; ses cheveux noirs, rejetés sur le côté, laissaient paraître dans tout son développement un front large et élevé; le bras qui avait laissé tomber la plume touchait presque à terre. Malgré la rigueur de la saison, il n'y avait pas de feu dans la chambre. M. Elliot (ce ne pouvait être que lui) avait boutonné son habit noir jusqu'au menton, apparemment pour se garantir du froid. La chambre n'était garnie que des meubles absolument nécessaires, très-propres et en bois blanc. Le bruit que je fis en entrant frappa le petit enfant, qui se retourna et qui éveilla son père.

— Veuillez entrer..., me dit-il encore assoupi ; je n'ai pas complétement terminé..., la balance du compte est assez longue à établir... Je n'ai cependant pas perdu de temps ; j'ai travaillé presque toute la journée...

— Je suis le docteur W.., lui dis-je en l'interrompant.

— Ah! pardon, pardon, monsieur, soyez assis, je vous prie. Ma femme vient de sortir : je regrette infiniment qu'elle ne soit pas ici.

— J'aurais été charmé de la voir. Mais c'est à vous, monsieur, que s'adressait ma visite. Votre santé n'est pas bonne, m'a-t-on dit ; me voici prêt à vous donner tous les conseils et tous les secours que mes études peuvent me fournir.

— En effet, je souffre, monsieur; il y a déjà longtemps que je ne me sens pas bien; mais la tendresse de ma femme exagère sans doute le danger que je cours.

Ses réponses à mes questions médicales furent exprimées avec une précision, une netteté, une simplicité qui faisaient honneur à son esprit, et même, il faut le dire, à son courage. Une maladie de foie s'était déclarée depuis longtemps et une vie trop sédentaire et trop laborieuse n'avait fait qu'aggraver le péril. Il me raconta l'accident dont M^me Elliot m'avait parlé et dont il me donna tous les détails. Hélas! le malheureux jeune homme marchait d'un pas rapide vers la phthisie hépathique, et quoique sa situation de fortune semblât devoir rendre impossible, ou du moins très-difficile l'exécution de l'avis que je donnais, je lui conseillai le le changement d'air et les voyages comme le seul remède vraiment applicable dans sa situation.

Alors M^me Elliot rentra.

— Voyager en Italie! s'écria-t-elle.

Le mari et la femme se regardèrent, et la femme changea de couleur. Dans ce double regard, je lisais toute l'amertume de leur situation, tout ce qu'ils souffraient l'un pour l'autre, tout ce que leur causait d'angoisses la cruelle nécessité, la maladie et la pénurie. Ce qui me touchait le plus, c'était la pudeur souffrante du malheureux jeune homme, qui voulait encore déguiser sa pauvreté; la pauvreté! le plus grand des crimes parmi nous! Ce petit enfant blond et riant qui arrêtait sur moi ses grands yeux noirs; cet enfant, le seul objet de consolation et d'avenir, jeté dans une vie sombre et sans espoir; ces deux destinées hors de leur place, chose commune, hélas! à cette époque; cette vertu perdue, à laquelle personne ne faisait attention; ce dévouement que la puissance ignore; cette grandeur plus belle et plus courageuse que celle du champ de bataille ; cette tragédie domestique sans larmes, presque sans paroles, dont les acteurs étaient une femme aimante, patiente, douce, un enfant qui sourit et un jeune homme malade ! la fierté pauvre, mais sans orgueil. La mort s'avançait terrible au milieu de la pauvreté ; tout cela composait un spectacle affreux pour l'âme : scène paisible, sans cris, sans violences. Comment aurais-je accepté le payement de ma visite ? Mais comment aussi le refuser ? Rien de plus fier que l'honnêteté malheureuse. Fallait-il les blesser par un refus ? N'était-il pas doublement cruel d'offenser la délicatesse et la susceptibilité de l'honneur ? La veille même, un homme fort riche du canton d'Essex m'avait presque mendié la guinée qu'il me devait. Il l'avait laissée glisser dans mes mains, comme si c'eût été une goutte de sang tombée de son cœur.

J'avais été honteux pour cet homme ; aujourd'hui, j'étais embarrassé de repousser l'argent d'Elliot. Je craignais d'avoir l'air de lui faire l'aumône. Heureusement, le petit enfant vint à moi en jouant : je le pris sur mes genoux et je plaçai dans sa petite main, que je refermai, la guinée brillante dont il s'amusa. M. Elliot pâlit et voulut parler ; une larme vint mouiller les yeux de sa femme. Je partis plus brusquement que je ne l'aurais fait dans toute autre circonstance : elle me suivit du regard. Annales de la pauvreté, annales de la douleur, qui vous écrira jamais comme vous méritez d'être écrites ?

Mes visites devinrent assez fréquentes. J'eus de la peine, toutefois, à faire sortir M. Elliot et sa femme de la réserve qu'ils s'étaient imposée. Un travail constant minait la santé du jeune homme, travail qui ne me semblait pas recevoir une récompense équivalente. Devais-je lui recommander le repos ? C'était le condamner à mort. Travailler ou mourir,

voilà pour lui le dilemme de la vie. Souvent je voyais
M^me Elliot, sa femme, s'occuper avec un zèle et une assiduité extrêmes à des ouvrages de broderie beaucoup trop
riches pour qu'elle pût les destiner à son propre usage.

Un jour qu'elle était ainsi occupée, je lui dis :

— Dans les premières années de notre mariage, ma
femme travaillait aussi comme vous, madame !

Elle releva la tête, quitta son aiguille, fixa sur moi, pendant quelques moments, un regard étonné, puis fondit en
larmes. Notre intimité n'était pas encore assez familière pour
qu'elle me laissât pénétrer dans le détail de ses malheurs.
Au bout d'un mois seulement, lorsque la santé de son mari
déclina visiblement, j'obtins d'elle, ou plutôt je surpris les
aveux que l'on trouvera dans le récit suivant. Ne les lisez
pas, qui que vous soyez, si vous méprisez les minuties de la
vie privée, les chagrins de tous les jours, les petites misères,
qui sont, hélas ! les grandes misères de l'humanité.

Les fautes des pères écrasent la destinée des enfants. C'est
une injustice du destin, mais une injustice éternelle, inévitable. M. Henri Elliot, colonel de cavalerie, homme brave,
distingué, mais joueur de profession, se suicida, en 1812,
après avoir fait une perte considérable. Le seul héritage que
recueillit son fils, Eugène Elliot, élevé à Cambridge, se composait de dettes énormes et d'un nom flétri. Sa mère était
morte dans un grenier, six mois avant le suicide. Eugène
ressemblait à sa mère, dont il avait la délicatesse, la résignation, la distinction et cette force d'âme pleine de douceur que les hommes prennent pour de la timidité. A vingt
ans, il lui fallut vendre ses livres, renoncer à ses études,
quitter ses compagnons de classe, abdiquer ses habitudes
élégantes pour entrer, en qualité de commis d'écritures, dans
la maison de Frédéric Hallory et Compagnie, près de Eudgate. Des recommandations assez puissantes furent néces-

6

saires pour lui procurer cette pauvre place, qui ne lui laissait, dans toute la journée, qu'une heure de repos, consacrée à ses repas. Une vaste correspondance à soulever, des livres de comptes à tenir, de nombreuses courses à faire, soixante guinées par an ; une petite chambre au troisième étage dans un faubourg ; des repas d'ouvrier ; point d'amis, car il était pauvre ; une santé qui, toujours faible, s'altérait encore par le nombre et la fatigue de ses travaux; cette misérable tyrannie, qui, descendant des hauteurs de la société, accumule sa vitesse et son poids par le nombre des degrés qu'elle parcourt ; le dédain, l'indifférence, le mépris de tous les employés de la maison de commerce pour un nouveau venu, qui avait été élevé pour le monde et qui apportait parmi eux d'autres habitudes et d'autres mœurs : telle fut pendant un an l'existence d'Elliot. Il ne se découragea pas ; il essaya de vaincre l'indifférence par le travail et la haine par la bienveillance. En effet, comme il était plus utile qu'un autre, on le paya un peu davantage : c'est ainsi qu'on nourrit mieux un cheval dont le labeur profite au maître. Son salaire augmenta progressivement et finit par être porté à quatre-vingt-dix livres sterling, somme qu'il ne dépassa plus.

M. Hallory, le maître de la banque, n'était pas assez sot pour s'intéresser à qui que ce fût. C'était une de ces bonnes têtes commerciales, pour qui les hommes ne sont pas des hommes, mais des ressorts qu'il s'agit de faire jouer au moins de frais possible. Aussi n'avait-il pas donné un moment d'attention à Eugène Elliot. Le portrait de M. Hallory est celui de toute une race. Imaginez un gros corps carré par les extrémités, rond et proéminent par la ceinture, au cheveux crépus et blancs, au front bas et arrondi ; une tête osseuse, sur laquelle on lisait, écrit en gros caractères: *Le Gain*. Il n'était pas sans mérite comme négociant. Il savait attendre, choisir et exploiter. Il savait être insolent dans le succès, souple dans l'adversité, flatteur pour ceux dont il avait besoin, tyrannique pour ceux qui avaient besoin de lui. D'abord garçon de courses, puis garçon de caisse, sa prudence entreprenante n'avait pas tardé à le mettre hors ligne. Devenu capitaliste, il avait fini par épouser la veuve de son patron, et cette veuve, en mourant, lui avait laissé une fille unique fort intéressante. Sa prétention était d'exploiter encore cette fille unique en faveur de son orgueil, et de la marier à un membre de l'aristocratie, qui apporterait dans la famille des Hallory le majorat de la pairie et l'illustration des aïeux. Aussi avait-il donné beaucoup de soin à l'éducation de Marie.

Un jour, ce grand homme, objet d'envie pour tous, descendait de sa voiture, en face de la Bourse; son pied portant à faux, il tomba sur le pavé et reçut plusieurs blessures graves. Les médecins le condamnèrent à garder le lit pendant plus de neuf mois : grand supplice pour un homme actif, ardent, âpre à la curée, incapable d'étude ou de rêveries, qui craignait de se voir dépasser dans la route du lucre par ses compétiteurs, et de laisser aux employés de sa maison l'occasion de se relâcher dans leurs devoirs, ou celle de le voler impunément. Sa fille lui servit de garde-malade. Elliot, le plus actif et le plus laborieux des commis, fut chargé de venir prendre les ordres du maître, tous les matins, à huit heures, de faire ses commissions dans la cité, et de lui rapporter son livre de banque, dûment enveloppé. C'était doubler la fatigue du jeune homme sans augmenter son bénéfice. Il s'exposait aussi de plus près à l'irascible âpreté du malade, que sa situation irritait et qui ne voyait aucun motif pour ménager un homme qui dépendait entièrement de lui, qui gagnait quatre-vingt-dix malheureuses livres sterling par an.

Par un hasard étrange, le jeune homme et la jeune

personne s'étaient connus à une époque où Eugène devait tenir un rang dans le monde et où le bonheur et la fortune l'attendaient. Quelques fêtes de campagne avaient vu Eugène être l'un des danseurs les plus assidus de la jeune Marie. Il ne lui rappela pas cette circonstance; il savait que la fortune et la pauvreté sont séparées par un gouffre infranchissable. Mais Marie le reconnut. Le ton brusque, dur et impérieux du négociant envers son commis firent naître chez la jeune personne une commisération naturelle. C'est un des sentiments des femmes que cette vive révolte qu'elles éprouvent contre les iniquités que le monde respecte.

Ce pauvre commis, maigre, pâle, exténué, se tenant debout en face du grand seigneur pécuniaire, tourmenté par mille questions, en butte à ses insolences, silencieux sous le feu de ses brutalités, parut d'autant plus digne d'intérêt à Marie qu'il avait été destiné à un rang plus élevé. Infiniment supérieur à son bourreau, par l'éducation et les qualités de l'âme, il avait la figure la plus noble et s'armait d'une résignation héroïque. Marie s'en aperçut.

Comme le père ne voulait être servi que par sa fille, elle était toujours là quand il donnait ses ordres au commis, et le traitement qu'il lui faisait subir frappait le cœur de Marie. Elle n'avait plus de mère; une vieille tante, chargée autrefois des affaires de la maison, était tombée en paralysie. Non-seulement M. Hallory se montrait dur envers elle comme envers tout le monde, mais elle sentait qu'elle n'avait pas droit à son estime; triste et douloureux instinct du mépris filial, affreux sentiment, qui, la privant d'affections légitimes et la condamnant au simple devoir, augmentait la tendresse naturelle d'un cœur qui demandait un aliment et un appui. La jeune fille n'avait pas lu de romans, elle allait rarement au théâtre; elle ne savait pas que son cœur s'attachait à son insu; ce jeune homme qu'elle croyait plaindre et estimer, elle l'aimait déjà. Avec ses sentiments grossiers, sa volonté de fer et la conscience de la force brute que donne l'argent, Hallory était parfaitement aveugle. L'espèce de danger qu'il faisait courir aux jeunes gens lui était inconnu. Il fallait que sa fille restât là, toujours là, pour entendre les rapports modestes du commis, sa voix douce et mâle, les imprécations du père, enfin pour mesurer toute la distance qui séparait l'un de l'autre. Elliot ne soupçonnait pas que Marie pût s'intéresser à lui, encore moins l'aimer ; mais une entrevue de deux heures par jour rapprochait ces deux personnes, aussi semblables par le caractère et l'éducation qu'éloignées par la fortune et le sort, et le père n'avait pas calculé les résultats d'un tel rapprochement.

Un jour, Elliot apportait à son patron des lettres que Hallory lui arracha des mains. Le jeune homme resta debout devant lui, soldat à son poste, le visage pâle, les jambes fatiguées et chancelantes.

— Vraiment, mon père, dit Marie, M. Elliot a l'air très-souffrant ! puis-je lui offrir un peu de vin ?

— Oui, dit machinalement Hallory, qui dévorait des yeux une lettre dont l'intérêt était pour lui puissant et douloureux ; il s'agissait de l'arrivée d'une forte partie de gomme arabique qui détruisait un monopole lucratif et préparé par lui à grands frais. Une trentaine de mille livres sterling de plus ou de moins dépendaient de cette circonstance. Le verre de vin que sa fille offrait d'une main tremblante à Eugène Elliot ne causa pas une distraction au père. Elliot se pencha pour prendre le verre en saluant la jeune fille. Alors, des yeux bleus de Marie jaillit l'éclair magnétique qui décida de toute leur vie : deux destinées furent fixées. Marie baissa les yeux, effrayée elle-même. Elle alla se placer devant la fenêtre, en tournant le dos à Eugène. Elliot resta perdu dans ses rêveries : le trouble de l'un, l'étonnement de l'autre, échappèrent également à M. Hallory, menacé dans le sang de ses veines, dans la pléthore de sa caisse, dans une partie de ses gains. Il s'écria d'une voix tonnante :

— Mon pupitre, Marie, mon pupitre ?

— Mais, mon père, vous ne m'avez pas dit...

Marie ne savait ce qu'elle disait ; du sein des nuages où elle était plongée, elle n'avait pas compris la demande fort simple de son père.

— Etes-vous folle ? êtes-vous sourde ? hurla le vieux Hallory. Mon pupitre ? vous dis-je.

Il ne se doutait pas que ces cinq minutes, pendant lesquelles son esprit s'était occupé de livres sterling, de primes et de monopole, avaient commencé un drame qui engageait toute sa vie et renversait ses desseins. Il écrivit rapidement plusieurs lettres, se pencha à l'oreille d'Elliot, le chargea d'un nombre de commissions qu'il était difficile d'accomplir en un seul jour et le poussa par les épaules, en lui recommandant la promptitude et le menaçant de sa colère, en cas d'oubli ou de lenteur.

Lorsque les médecins permirent à M. Hallory de ne plus garder la chambre, le mal était fait. La timidité et la pudeur naturelle de la jeune fille avaient été vaincues par l'intérêt profond que lui inspirait la situation du jeune homme.

Ce ne fut point, à vrai dire, une intrigue amoureuse ; il n'y eut ni séduction de la part d'Elliot, ni entraînement romanesque du côté de Marie. Chaque jour, la position même où tous les deux se trouvaient, l'isolement de Marie, l'intimité à laquelle l'imprudence de M. Hallory les exposait, les rendaient plus nécessaires l'un à l'autre : leur vie se trouvait mystérieusement enchaînée. Victimes de la même dureté, associés dans les souffrances qu'un caractère impérieux inflige à ce qui l'entoure, voisins à l'église, lorsque

M. Hallory, se retirant sous les ombrages de sa campagne d'Hounpsteat, laissait sa fille à Londres, chargée de régler quelques comptes et de tenir la maison, ils cédèrent insensiblement, involontairement à la fatalité qui les unissait. Il naquit de cette circonstance un de ces liens énergiques, indissolubles, que le sort ne peut détruire et que la volonté des hommes n'a pas créés. Un dimanche, Eugène Elliot voyant M^lle Hallory sortir seule de l'église, s'approcha d'elle, lui offrit le bras, la reconduisit jusque chez son père, qui, certes, aurait fait gronder le tonnerre de son courroux, si un tel spectacle eût frappé ses yeux; leurs cœurs, depuis longtemps complices, s'entendaient enfin. Ce ne fut pas sans combats, sans reproches intérieurs, sans crainte et sans repentir, que les deux jeunes gens se livrèrent à la fatalité qui les poussait. Un an s'était écoulé. Les rapports journaliers de Marie et d'Eugène se trouvant tout à coup rompus par la convalescence du père, l'amertume de cet éloignement subit précipita les confidences mutuelles qui, jusqu'alors, avaient été incomplètes ou timides. Enfin, avant que M. Hallory ait conçu le moindre soupçon, une correspondance s'était établie entre les jeunes gens Un mardi soir, le repas du gros M. Hallory était prêt, il semblait moins sourcilleux qu'à l'ordinaire, la grimace d'un sourire joyeux se dessinait sur ses lèvres. Il s'assit à table, près de sa fille, d'un air rayonnant. De temps à autre, son œil faux et louche clignotait en la regardant avec amour. Toute cette pantomime n'échappait point à Marie, qui l'expliquait en supposant quelque heureuse spéculation, accomplie selon les désirs de l'avide marchand. Mais au dessert, comme la jeune fille allait se retirer, le père, tenant élevée près de ses lèvres une rasade de vin de Porto :

— J'ai une fameuse nouvelle, Marie, fameuse ! Il a été question de toi à la bourse.

La rasade fut engloutie, et les lèvres de l'heureux commerçant résonnèrent, comme si la double saveur du vin et de la nouvelle dont il voulait parler l'eussent pénétré d'une joie indicible.

— Parlé de moi à la bourse ? répliqua Marie... qu'ai-je de commun avec la bourse, mon père ?

— Qu'ai-je de commun ? qu'ai-je de commun ? répéta le père, en faisant la petite voix... Être jeune fille et prendre mari, c'est très-commun, je crois ; c'est très-naturel, j'espère.

— Vous aimez bien à plaisanter, mon père ! s'écria Marie qui, sans trop savoir ce qu'elle faisait, porta le verre à ses lèvres et le but d'un seul trait.

— Plaisanter ! parbleu, non ! l'affaire est trop engagée pour que je m'amuse à te la cacher.

— Trop engagée ?

— Eh oui ! engagée, conclue, finie, terminée. Un marché est un marché, une parole est une parole ; il n'y a pas à se dédire. Vous êtes ma fille ou vous ne l'êtes pas ! Depuis longtemps je cherche pour vous un bon mariage. Le voilà trouvé, ma foi, un excellent parti, je t'assure !... Tu seras vicomtesse, Marie, Marie !... et le jour où je verrai des armes briller sur les panneaux de ta voiture, je ferme boutique ; adieu au négoce, c'est fini, je me repose. Eh ! qu'en dis-tu ?

— Ce que j'en dis ? répéta machinalement la jeune fille, dont les doigts tremblants jouaient depuis trois minutes avec les coins de son mouchoir de batiste.

Sa figure était blanche comme la neige, elle frissonnait de tout son corps.

— Eh bien ! eh bien ! qu'est-ce que cela ? si pâle ! si épouvantée ! pourquoi as-tu peur ? J'ai peut-être été un peu trop brusque, comme le disait feu ta mère. J'aurai dit trop rondement la chose ; mais l'affaire est faite, il n'y a plus à y revenir.

Marie essaya de se lever de sa chaise, mais elle était si faible, qu'elle retomba en pâlissant davantage. Le père approcha la sienne, et passant une main sous le menton de Marie, de l'autre prenant les petites mains de sa fille :

—Eh mais ! comme tes mains sont froides ! allons donc ! quel enfantillage !... Marie, c'est absurde ! Eh bien ! tu ne réponds pas ?... Allons donc, petite sotte ! est-ce qu'on s'effraye ainsi d'une plaisanterie ? Peut-être la mienne a-t-elle été trop loin !

— Ah ! mon cher père !... c'est donc une plaisanterie ? s'écria la jeune fille en se levant et arrêtant sur lui un regard fixe qui étincelait.

Puis, se laissant aller sur son siége, elle subit un évanouissement complet. La voix forte du père retentit dans la maison ; une armée de domestiques accourut à ses cris, on emporta la jeune fille dans sa chambre, et le père prit à sa santé d'autant plus d'intérêt, qu'il voyait en elle une vicomtesse future. Au fond, cependant, il regardait toutes ces simagrées comme fort inutiles, et intérieurement il envoyait au diable toutes les grimaces des petites filles. Avait-il le droit ou non de placer sa fille au plus fort intérêt possible? Cette question ne s'était pas offerte à sa pensée ; autant aurait valu lui demander s'il avait le droit de tirer à vue sur son banquier de Lombard-Street.

Toute la nuit Marie Hallory fut fort agitée ; elle ne parut pas à déjeuner ; à dîner elle ne mangea pas. Elle avait trouvé le moyen d'écrire à Elliot une lettre fort incohérente, mais qui contenait à peu près le récit de ce qui lui était arrivé la veille. L'humeur du père, déjà fort âpre le matin, n'avait fait que s'aigrir pendant le jour.

— Ah çà ! qu'est-ce que tout cela veut dire ? s'écria-t-il

vers la fin du dessert ? que signifie tout cet embarras que vous faites ? qu'avez-vous depuis hier ?

— Vous savez, mon père, répondit-elle en tremblant, que vous m'avez dit hier des choses qui m'ont bien étonnée.

— Etonnée ! allons donc ! Vous allez vous marier ; une fille n'est faite que pour cela. Voyons, causons un peu, continua-t-il d'un ton plus doux, et résolu à employer cette fois une tactique savante.

— Cela m'a étonnée, mon père, en vérité ; je suis si heureuse auprès de vous.

La pauvre fille faisait à son tour un peu d'innocente diplomatie.

— On ne vit pas toujours, ma chère ; il faut s'établir : un mariage, c'est un règlement de comptes en partie double. Qu'aurais-tu à m'opposer, quand même j'aurais parlé sérieusement l'autre jour ?

— Mais, mon père...

— Mais, mon père ! mais, mon père ! Je n'entends rien à toutes ces grimaces-là ; je ne veux pas que vous fassiez la mijaurée.

Il s'arrêta et but lentement un verre de vin de Madère avant de reprendre la parole.

— Avez-vous entendu parler du vicomte Geraldin Scamplett ?

— J'ai lu son nom une ou deux fois dans les journaux ; un joueur déterminé, n'est-ce pas ?

Cette question de la diplomate était accompagnée du regard le plus fixe et le plus calme ; elle porta coup.

— Allons donc ! reprit le père furieux, en faisant rouler entre son index et son pouce les breloques de sa montre. C'est un mensonge, un mensonge infâme ! Les journaux ne font que mentir ! Lord Scamplett est un homme du monde ;

un jeune homme de bonne famille ; un charmant garçon, qui dîne chez moi dimanche prochain.

— Chez vous ?

— Oui, chez moi ! Est-ce que je ne suis pas libre d'inviter un vicomte à ma table, si cela me convient... et d'en acheter une demi-douzaine, si je veux ? ajouta-t-il en mettant ses mains dans ses poches, comme s'il avait dû y trouver tous les vicomtes de l'univers.

— Encore faudrait-il, mon cher père, répondit la jeune personne en se levant, s'appuyant sur son épaule et le baisant, encore faudrait-il qu'ils valussent la peine d'être achetés. Tenez, j'aimerais mieux un négociant estimé que cent vicomtes méprisés et qui nous méprisent... nous autres, pauvres gens de gens de comptoir.

— Pauvres gens de comptoir ! pauvres gens de comptoir ! c'est vrai. Après tout, la petite n'a pas tort !

Et le marchand, en achevant son verre de vin de Madère, avait l'air aussi magnifique et aussi solennel que s'il eût été doge de Venise.

Tout l'adresse diplomatique de la jeune fille alla se briser contre la résolution de son père : il fallut que Jenny, la femme de chambre, s'occupât sérieusement de la parure de Marie, et la fît aussi belle que possible.

— Prouvons, disait le père, que nous avons aussi de jolies filles, nous autres gens de comptoir !

Le vicomte Scamplett, noble ruiné par la roulette et l'écarté, avait résolu la conquête de Marie ; il trouvait fort commode d'acquérir, avec une personne bien élevée et jolie, cent mille livres sterling comptant, destinées à soutenir ses trente-deux ans perdus de vices, sa pénurie actuelle et ses dettes anciennes ; aussi fut-il exact au rendez-vous. Il fit la cour à Marie comme on fait une affaire, comme on s'acquitte d'une formalité. Le dîner du dimanche se passa tristement; aux galanteries fades qui tombaient de ses lèvres, la jeune fille répondait par le plus froid silence; à ses politesses maniérées, par une indifférence impassible. Le vicomte séducteur, l'homme du monde fut complétement battu dans cette joute par une petite fille de bourgeois. L'espoir d'une haute conquête pécuniaire put seul mitiger l'ennui que lui causait la défaite de son amour-propre. Son courage fut héroïque; il continua sans broncher ses assiduités inutiles, bravant le mépris dont un léger voile de politesse transparente lui cachait à peine l'outrage. Il ne se découragea pas. Le père, que cette tactique de sa fille embarrassait et qui craignait avant tout de voir la couronne vicomtale échapper à ses désirs, se mettait en frais énormes auprès de lord Scamplett pour lui dérober une partie de la vérité. Il lui prouvait de son mieux que sa fille était fort timide et que « c'étaient là des niaiseries de demoiselles auxquelles il ne fallait pas s'arrêter. » De guerre lasse, la pauvre Marie allait finir par avouer à son père la vérité entière afin d'échapper à la torture que le vicomte lui faisait éprouver, lorsqu'un événement bien autrement dramatique lui épargna cette confidence.

Sur les midi, au moment où Marie, accompagnée de femmes de chambre choisissait des étoffes dans un magasin de Holborn, M. Hallory, escorté de son avoué, M. Jeffrey, homme grave et honorable, rentra chez lui à l'improviste. Jamais on ne l'avait vu, à une telle heure, quitter l'enceinte de la Cité. Il était furieux, son sourcil abaissé, son front contracté, ses lèvres tordues par la colère. Il marcha droit à la chambre de sa fille, y prit un pupitre, le porta chez lui, le brisa, et remit à l'avoué un paquet de lettres qui s'y trouvait. M. Jeffrey mit ses lunettes, parcourut ce paquet de papiers et lut gravement, avec le ton posé d'un homme de loi, la correspondance intime des deux amants, car c'était là le secret que le père de Marie avait découvert. M. Hallory l'écoutait les poings fermés, les nerfs tendus, les cheveux hérissés, l'œil fixe. La porte s'ouvre, c'est Marie qui rentre. Il l'aperçoit, et tremblant de fureur, mais sans ouvrir les lèvres, il lui montre les papiers répandus sur la table et le pupitre qui les avait contenus. La jeune fille poussa un grand cri et tomba sur le parquet. L'avoué Jeffrey était humain ; il secourut Marie et la calma de son mieux ; on l'emporta. Mais il ne put apaiser le courroux du père.

Comment le secret de la correspondance d'Elliot et de Marie avait-il été découvert? Toutes les conjectures des jeunes gens furent inutiles; ce qu'il y avait de plus probable, c'est que la femme de chambre qui avait protégé les amours d'Elliot trouva bon de se mettre à couvert elle-même en trahissant ceux qu'elle avait servis. Le lendemain Elliot reçu l'ordre de se présenter chez son patron à midi précis. Il ne soupçonnait pas ce qu'il l'attendait. Cependant l'air sombre et farouche du concierge, l'accueil glacé du domestique, lui semblèrent de mauvais augure. Ces gens-là sont des télégraphes véridiques et vous annoncent la bienveillance ou la malveillance du maître. Introduit dans le cabinet de M. Hallory, il y vit ce respectable personnage assis devant une grande table couverte de papiers. Près de lui se trouvait l'avoué.

— Ah! s'écria le marchand, en fixant sur Elliot un œil enflammé; vos artifices sont découverts; vos perfidies sont connues !

— Perfidies ! s'écria Elliot qui pâlit.

— Oui, misérable !... oui...; et de son poing fermé il menaçait Elliot.

— Au nom du ciel, calmez-vous! lui dit tout bas Jeffrey; puis, se tournant vers Elliot, d'un ton sévère:

— Vous n'ignorez pas, monsieur, le motif trop juste du trouble qui se manifeste chez M. Hallory?

Elliot baissa la tête sans répondre et parut attendre une explication.

— Oh! l'infâme! oh! le brigand! continuait Hallory. Ton père était un scélérat! il s'est tué; fais de même.

La pâleur d'Elliot devint cadavéreuse; sa prunelle se dilata; puis, dirigeant son regard sur Jeffrey, il sembla lui demander en grâce que ce supplice atroce eût un terme. En effet, l'avoué murmura quelques paroles à l'oreille de M. Hallory qui se tut, comme effrayé lui-même des paroles qu'il venait de prononcer.

— Voulez-vous vous asseoir, monsieur Elliot? reprit Jeffrey avec douceur.

Elliot, dont les deux mains tenaient son chapeau serré avec une étreinte convulsive, resta debout.

— Veuillez ne pas oublier, monsieur, reprit l'avoué, que monsieur Hallory se trouve dans une situation toute spéciale, et que c'est vous, monsieur, vous, qui l'y avez placé!

— Ah! tu as osé penser que ma fille serait pour toi! pour toi! reprit M. Hallory, en se soulevant sur son fauteuil. Bien, bien! mais, mille tonnerres! je suis là pour gâter vos plaisirs et déranger vos affaires.

— Vous ne pouvez penser sérieusement, monsieur, reprit l'avoué avec la même gravité calme, que Mlle Hallory puisse et doive s'allier à vous; cela tombe sous le sens.

— Que signifient toutes ces questions et la manière extraordinaire dont on les prononce? Qu'ai-je dit qui puisse autoriser?...

— Oh! épargnez-vous la peine de déguiser la vérité, monsieur! Voici des lettres de votre main, qui expriment vos sentiments beaucoup mieux que vous ne pourriez le faire. Tout est connu.

— Eh bien! monsieur, ces lettres, je le suppose du moins, sont écrites par moi et s'adressent à Mlle Hallory. Quelle que soit la malheureuse situation où je me trouve, et bien que j'avoue ne pas devoir prétendre à la main de cette jeune personne, j'ai voué à Mlle Hallory un attachement qui ne finira qu'avec ma vie.

— Ah! l'entendez-vous? le monstre! l'infâme!

M. Hallory se leva. Puis, se promenant entre la table et le jeune homme d'un pas rapide et furieux, il se mit à lancer une volée d'exécrations et d'imprécations dont la grossièreté ne peut trouver place ici. L'avoué, se penchant à son oreille, lui adressa avec fermeté quelques mots qui le forcèrent à retomber sur son siége. Alors il se croisa les bras et, murmurant je ne sais quelles imprécations sourdes et profondes, il resta comme immobile.

— Vous voyez, monsieur, reprit Jeffrey, à quelle misère et à quelle douleur est condamné mon client par votre conduite plus qu'étourdie et que je ne qualifie pas autrement. Je désire qu'il soit temps encore d'abandonner vos projets insensés. Nous avons lieu de craindre, d'après les expressions contenues dans vos lettres, que la fille de monsieur n'ait écouté avec quelque complaisance les expressions d'un amour présomptueux, et d'une espérance que rien ne justifie; non, rien, monsieur, vous devez en convenir, ni votre âge, ni votre position, ni votre fortune, ni votre avenir, ni votre éducation, ni votre naissance.

— Supprimez ces deux derniers mots! interrompit avec force Elliot.

— Ah!... s'écria le père, qui ne put se contenir alors. Vous! mon salarié! vous, à mes gages! mon valet! vous, mendiant!

Elliot se tut. L'avoué, un peu piqué peut-être par le sang-froid extrême et le calme presque insultant du jeune homme, reprit avec un peu d'aigreur :

— Ne disputons pas sur les mots. L'affaire qui nous intéresse est trop grave pour admettre ce genre d'altercation. Le bon sens et l'honneur vous défendent, monsieur, de continuer une entreprise condamnable, injuste, folle, ridicule sous tous les rapports et impossible à mener à fin. De toute manière, M. Hallory est déterminé, résolu à ce que les choses n'aillent pas plus loin.

— Certes ! certes ! j'y suis déterminé, j'en jure Dieu !

M. Hallory dévorait du regard le jeune homme. M. Jeffrey contemplait avec étonnement la fermeté calme dont il s'armait.

— Eh bien ! dit ce dernier ; parlez ! que voulez-vous que je fasse ?

— Renoncez immédiatement et absolument à toute espèce de prétentions. Remettez à M$^{lle}$ Hallory les lettres qu'elle vous a écrites ; engagez-vous à cesser toute correspondance et à n'avoir plus aucun rapport avec elle. Nous vous offrons une place à l'étranger, place excellente, assurée, et de plus cinq cents livres sterling de rente de l'État.

— C'est vrai, reprit le père ; c'est cela ! je le promets !

Et quelque chose de suppliant se mêlait à sa vive colère. Mais comme Elliot ne bougeait pas, ne desserrait pas les lèvres, l'avoué, avec plus d'adresse encore, fit valoir à ses yeux la situation précaire où se trouvait M$^{lle}$ Hallory, dans le cas d'un mariage avec Eugène : l'insuffisance de ses ressources personnelles qui ne s'élevaient pas à plus de six cents livres sterling en tout ; l'affreuse perspective de misère qui s'offrait à tous deux, comme châtiment de l'ingratitude de la fille et de l'audace du jeune homme ; enfin, la ruine certaine de l'un et de l'autre.

Elliot, après une de ces aspirations profondes qui semblent destinées à réparer les forces vitales et à donner à l'homme toute l'énergie dont il est susceptible, prit la parole d'un ton triste et résolu. M. Hallory se pencha vers lui, la bouche béante, le cou tendu, pour saisir au passage toutes les paroles qui lui échapperaient.

— J'ai peu de choses à répondre, dit-il, à toutes vos imputations. De quelque manière que vous puissiez interpréter mon caractère et noircir ma conduite, quelle que soit la défaveur que ces circonstances jettent sur moi, jamais pensée déshonorante n'est entrée dans mon cœur. Je suis votre ennemi, cela est vrai. Mon père a été malheureux, cela est vrai encore... trop vrai!...

Il s'arrêta quelques moments; les gouttes de sueur ruisselaient sur le front de M. Hallory, et les larmes des yeux d'Elliot. Après s'être armé d'un nouveau courage, le jeune homme reprit :

— Peu importe ! vos reproches amers, je les mérite; vous ne mes les avez pas épargnés. J'ai longtemps combattu, mais en vain, la passion m'absorbait. M<sup>lle</sup> Hallory connaissait mon dénûment, elle savait qui j'étais; elle a pu m'observer avec attention. Elle s'est intéressée à moi, avec imprudence, sans doute, mais avec noblesse. Ses sentiments, je les ai partagés. J'ai mal fait, j'ai eu tort, je le sais, je le sens. Accusez-moi, blâmez-moi, je me soumets. Si elle me retire son affection, je me soumets encore. Mais si elle me juge digne de son amour (et son œil étincela), je ne suis pas assez lâche, monsieur, ni assez vil, pour sacrifier cet amour à un intérêt quelconque, et je ne manquerai pas à la parole que je lui ai donnée.

— Voilà ! voilà ! hurla le père.

Un paroxysme de colère suivit cette exclamation. Les malédictions les plus affreuses retentirent pendant dix minutes sur la tête du jeune homme. Le vieillard, pantelant, à peine capable de prononcer les mots que lui dictait la rage, s'arrêtait de seconde en seconde, faute de pouvoir respirer. Dans ses phrases brisées, toutes les épithètes et toutes les images odieuses s'entassaient; toutes les malédictions que renferme le dictionnaire de la vengeance s'y pressaient confusément.

— Ah! dit-il, enfin, misérable!... infâme!... faire la cour!... la cour à ma fille !... l'épouser!... la tuer! la voler!.... Bravez-moi tous les deux, et mon avoué va rédiger mon testament, mes dernières volontés... Et si tu me prends ma fille, si tu me la prends, vous mourrez à l'hôpital ou sur la borne. Rien pour elle, rien pour vos enfants! Vous n'aurez pas le quart d'un penny dans ma succession... Tu verras, tu verras, misérable !

Et riant d'un rire convulsif, laissant jouer avec un bruit ironique le pouce et l'index de sa main, qui retentissaient comme un fouet de poste!... Va-t'en? va-t'en! et, si tu veux, épouse-la, je te le conseille !

Le pauvre Elliot, atterré, sortit sans savoir où il allait, et fut presque renversé par le cabriolet de lord Scamplett. On ne le renvoya pas comme il s'y attendait : il ne perdit pas sa place; mais quinze jours après, une somme de quinze livres sterling, appartenant à la maison Hallory, disparut de la caisse. Tous les commis furent en rumeur, toutes les portes furent fermées; la justice appelée, on chercha dans les pupitres des commis. Celui d'Eugène Elliot renfermait les quinze livres sterling. Accusé de vol domestique et de fraude, le malheureux fut conduit d'abord devant le magistrat, qui l'interrogea, et ensuite en prison.

Nous le retrouverons à Newgate, au milieu des rebuts de la société, compagnon de tous les vices incurables et de tous les crimes vieillis dans la débauche et l'opprobre.

## II

Eugène Elliot venait de prendre son modeste repas dans une taverne au coin de Bihopsgate, et rentrait tristement chez son patron. Chemin faisant, il s'étonnait qu'on ne l'eût pas renvoyé; il pensait au chagrin de Marie, exposée aux brutalités paternelles et aux assiduités de lord Scamplett. Sa tête de jeune homme et son cœur amoureux se perdaient dans un labyrinthe de conjectures douloureuses; il s'assit devant son pupitre, et lorsqu'il leva la tête pour déposer son chapeau, il vit que tous ses confrères arrêtaient sur lui des regards curieux et mornes. Cela l'étonna. Il adressa la parole à ses voisins, qui lui tournèrent le dos sans lui répondre.

— Monsieur, cria un domestique qui ouvrit la porte, monsieur Elliot, M. Hallory vous fait demander!

Il se leva et suivit le domestique. A peine entré dans le cabinet du négociant, il vit quelqu'un refermer la porte.

M. Hallory s'écria :

— Messieurs, messieurs, emparez-vous de lui!

Des hommes vêtus de noir le prirent au collet et fouillèdans toutes ses poches. Dans la même chambre se trouvait un avoué, le premier commis, les associés de la maison de vente et quelques gens de justice. Elliot recula. Sa figure devint pâle. Il allait tomber, et ses lèvres blanchissaient quand M. Poner, l'un des associés, eut pitié du jeune homme.

— Donnez-lui un verre d'eau ! s'écria-t-il.

Un des officiers de justice allait accomplir cet acte de charité. Eugène repoussa le bras qui le lui offrait. Puis d'une voix ferme :

— Que signifie cela? Pourquoi attentez-vous à ma liberté? De quoi m'accuse-t-on?

— De vol domestique, répondit l'avoué.

— De vol!

La terreur muette d'Elliot, ses inutiles efforts pour parler, sa stupeur profonde, suivie d'exclamations presque insensées, ne pourraient se décrire. On l'emporta. Il était en proie à une convulsion violente. Déposé au bureau de police, il y resta comme anéanti pendant une heure. Alors arrivaient le patron, l'avoué Fleming et deux autres commis qui se portaient accusateurs de leur camarade. Pâle, mais résolu, l'œil fixe et attaché sur Hallory, Elliot se tint debout à la barre de ce tribunal préliminaire. Il écouta, immobile, et sans donner le moindre signe d'indignation ou d'étonnement, les griefs développés contre lui. On s'était aperçu que des bank-notes appartenant à la maison avaient été dérobées par un employé. Après beaucoup de recherches, des soupçons s'étaient arrêtés sur Eugène. On l'avait surveillé; sa liaison avec un autre commis qui se trouvait à Newgate, sous le poids d'une accusation de vol, avait été remarquée. Ses démarches annonçaient du mystère et une certaine crainte. Enfin, pour s'assurer des faits, on avait chargé de diverses commissions tous les employés, et pendant leur sortie, on avait ouvert leurs pupitres. Celui d'Elliot renfermait un portefeuille dans lequel se trouvaient trois bank-notes, que l'on avait eu soin d'écorner d'avance. Le vol était prouvé : on livrait le coupable à la justice.

— Eh! monsieur, dit l'un des magistrats à Elliot, que répondez-vous à cette grave accusation?

— Ce que je réponds? et vous pouvez y ajouter foi?

— Vous niez le fait? reprit le magistrat froidement.

— Oui, certes, je le nie ! je le nie, je le repousse avec horreur. Moi, voleur ! ils savent bien le contraire ! ils le savent bien !

— Pouvez-vous prouver que le fait est faux ? Quels sont vos moyens de défense ? Comment expliquez-vous les dépositions des témoins ? Je suis loin de vous engager à vous inculper vous-même par des paroles imprudentes. Vous n'êtes peut-être pas préparé ; je remettrai l'affaire à huitaine. Avant d'aller en prison, vous avez toute une semaine.

— En prison ! en prison ! dit Elliot. Mais je suis aussi innocent que vous !

— Eh ! bien, monsieur, dans ce cas, vous n'aurez pas de peine à nous expliquer comment ces quinze livres sterling sont entrées dans votre pupitre ?

— Ces quinze livres sterling ? Je nie le fait, je nie le fait absolument. On n'a pas pu trouver ces billets de banque dans mon pupitre : je ne possède au monde que quatre livres sterling et quelque menue monnaie.

— Les témoins ont déposé contre vous, sous la foi du serment : que leur opposez-vous ? interrogez-les si vous voulez, c'est votre droit.

— Les témoins de M. Hallory ont déposé ? m'ont inculpé ?... bien !... ah ! je vois tout ! je suis au fait ! c'est une trame qui tend à ma ruine !

Alors, se tournant vers Hallory et se baissant vers lui :

— Vous, lui dit-il à voix basse, vous êtes un infâme !

Il se retourna vers les magistrats :

— Je prends Dieu à témoin que je suis innocent de ce crime et de cette bassesse. Je suis victime d'un complot. Envoyez-moi en prison, et le plus tôt possible. Je place ma confiance en Dieu, père de celui qui n'a pas de père.

Les magistrats furent émus de cette simplicité. Un délai

de huit jours fut accordé au jeune homme, et M. Hallory, sans oser arrêter ses regards sur Elliot, témoigna aux juges l'hypocrite désir qu'il éprouvait, disait-il, de voir le jeune homme se disculper, et le regret que lui et ses associés ressentaient d'avoir été forcés de commencer de telles poursuites dans l'intérêt de la morale publique.

Huit jours s'écoulèrent. Eugène Elliot fut incarcéré à Newgate. Tous les journaux retentirent de son nom, de son crime. C'est une des misères de la publicité, de jeter à l'improviste, dans les familles, les nouvelles les plus terribles, souvent les plus controuvées. Le soir même de la publication de cette nouvelle, un des journaux qui la contenaient se trouva déposé, sans doute par la femme de chambre de Marie, sur la cheminée de sa chambre. Au moment où elle allait s'habiller, elle prit le journal, le lut, repoussa la femme de chambre qui voulait l'arrêter, et tenant toujours la fatale feuille, se précipita hors de son appartement, descendit les escaliers d'un seul bond et pénétra dans la salle à manger, où son père, assis auprès du feu, les mains croisées sur son abdomen, se livrait paisiblement aux méditations et aux délices d'une digestion prolongée.

— Mon père! s'écria-t-elle d'une voix tremblante, Eugène Elliot vous a volé! Eugène en prison! lui, un voleur!

Et du doigt elle indiquait le paragraphe du journal qui contenait le récit relatif à Elliot.

— Vous l'accusez, vous! Oh! non, cela n'est pas possible.

Il y avait un sourire sur ses lèvres pâles, un sourire presque insensé. Sa fureur et sa douleur la grandissaient, et comme il arrive aux femmes très-nerveuses, elle semblait plus forte et plus terrible qu'un homme en courroux. D'un pas rapide et solennel, elle se mit à se promener dans la chambre devant son père, répétant toujours, d'une voix qui, par l'intensité de l'intonation, semblait annoncer les approches de la folie:

— Non, non, non, cela ne peut être! Honte sur vous, mon père! honte sur vous! Il n'a plus rien, lui, plus de mère, plus de père; personne qui le défende, personne qui le comprenne! eh! bien, ce sera moi!... moi!

Et elle se prit à rire d'une manière si étrange que la démence semblait s'être emparée de sa proie. Le père effrayé de cet éclat, après lui avoir fait donner les premiers soins et fait atteler ses chevaux, se rendit en toute hâte chez un homme de loi, nommé Newington, qu'il avait chargé de la partie la plus difficile de ses affaires contentieuses, dans la Cité. Il lui fit part du désir de faire mettre en liberté, à l'instant même, le jeune homme qu'il avait livré à la justice.

— Le roi ne pourrait rien pour lui, au point où nous en sommes, répondit Newington. Il faut qu'il attende encore un mois dans sa cellule; qu'il soit conduit devant les magistrats et qu'un jugement le condamne ou l'absolve. Vous pouvez bien vous abstenir de paraître et abandonner ainsi l'accusation, ou bien avouer votre erreur, et convenir qu'une méprise a causé la mise en accusation d'Elliot. Dans les deux hypothèses, Elliot, s'il est réellement innocent, ne manquera pas de réclamer des dommages-intérêts contre vous, dommages-intérêts proportionnés à l'étendue du danger qu'il a couru et de la tache imprimée à son nom. S'il veut se venger d'une manière complète, il peut vous accuser à son tour, vous et vos associés, comme coupables d'une coalition contre lui et de faux témoignages dans cette affaire.

L'effroi d'Hallory était à son comble.

— Non, s'écria-t-il, je ne veux pas attendre que l'action soit formée contre moi en dommages et intérêts. Je payerai tout ce qu'il faudra, tout ce que vous voudrez. Voyons, conseillez-moi, parlez.

— Je ne comprends pas, demanda l'avoué, votre empressement et votre terreur? Pourquoi?...

— Un incident nouveau, imprévu, change l'état de la question. Les choses ne peuvent rester dans la situation actuelle; j'ai mes raisons, les raisons les plus fortes, vous dis-je. Je ferai peu d'attention à la somme nécessaire pour assoupir tout cela. Il faut en finir.

— Moi, si j'étais à la place du jeune homme et que j'eusse le sentiment de mon innocence, je voudrais, avant tout, que cette innocence soit prouvée et les faits éclaircis en plein tribunal; je sommerais l'accusateur de prouver l'accusation, et, dans le cas contraire, je l'accuserais en calomnie.

— Ah! vous m'attaqueriez? murmura sourdement M. Hallay, sur le front duquel roulaient des gouttes de sueur.

— Pas le moindre doute ; mais je ne vois pas...

— Qu'il aille à tous les diables! s'écria M. Hallory en se levant avec violence. A son aise! Je le défie...

Puis il murmura des paroles confuses, et ses explications entortillées laissèrent chez l'avoué la persuasion intime que le vrai coupable était son client. Mais les affaires de Hallory étaient importantes, et le revenu qu'elles laissaient chaque année entre les mains de Newington ne lui permettait guère de rompre avec un personnage aussi utile.

Elliot, que l'accusation de son patron frappait dans tout son avenir, attendait avec résignation le jour du jugement. N'avoir avec la jeune Marie aucune espèce de communication, lutter bravement contre le sort, telle était sa résolution. Il n'avait ni appui ni conseil. Tout son courage lui venait de lui-même; il n'attendait de secours que de Dieu. Marie, après huit jours de fièvre lente, fut de nouveau forcée de subir les visites de lord Scamplett, persécution qui ne la découragea pas. Elle repoussa ses avances et sa demande avec un dédain glacial, lorsqu'au jour convenu avec le père, il vint offrir à la jeune fille d'une manière formelle et positive sa main et son cœur.

Souvent, pour éprouver sa fille, le père prononçait devant elle le nom d'Elliot, ce nom qu'elle portait écrit dans les profonds replis de son âme : soit qu'il voulût sonder par lui-même la blessure qu'il avait faite, soit qu'il ne pût s'empêcher de prononcer le nom d'un homme envers lequel il était si coupable.

Ainsi s'enflammait, par toutes les circonstances, l'ardente passion de Marie; tout irritait les sentiments d'indignation et de désespoir que son père avait si vivement excités.

Enfin sonna le jour fatal. Ce ne fut pas sans un tressaillement de crainte et de remords que M. Hallory fit monter dans sa voiture l'honorable vicomte Scamplett, son complice et son ami. L'extrême pâleur du banquier frappa tous les assistants. Son visage parut bleuir et se contracter lorsqu'il jeta les yeux sur la figure amaigrie, sur les sourcils froncés, sur la bouche serrée du jeune Elliot. Il parut vouloir continuer avec lord Scamplett une conversation légère et gaie; ses paroles embarrassées et ses gestes précipités trahissaient sa souffrance et sa crainte. Ame coupable et grossière, qui s'abaissait et tremblait en présence de l'âme innocente et pure qu'elle avait sacrifiée!

La cause se plaida. Point d'avocat de part ni d'autre. Personne ne soutint l'accusation; personne ne la repoussa. La cour n'eut qu'à examiner les témoins et apprécier leurs témoignages. Le tour de M. Hallory étant venu, son tremblement, son hésitation, révélèrent l'agitation de sa pensée. Le président lui dit de se remettre : sa déposition fut incohérente. Cinquante minutes ne s'était pas écoulées, que la sentence était rendue, et le jury, sur l'instigation du magistrat, non-seulement acquitta Elliot, mais déclara que l'accusation intentée contre lui lui paraissait à la fois dénuée de fondement et dictée par la malveillance la plus odieuse.

— Ainsi, s'écria Elliot après le prononcé de l'arrêt, aucune espèce de tache ne flétrit mon nom... aucune ?

— Pas la moindre, répondit le président du tribunal.

— Et si je veux, je puis poursuivre à mon tour et livrer à la rigueur des lois ceux dont le complot atroce m'a jeté en prison et exposé à ce procès ?

— Assurément. Prouvez que la calomnie vous a lésé dans vos biens et dans votre honneur; la loi vous protégera.

Elliot fit tomber sur Hallory un regard de plomb, un regard si prolongé, si ardent, si rempli de mépris et de pardon, qu'un sang rapide, se portant au visage du coupable, le colora d'une ardente rougeur.

— Allons, dit le geôlier à Elliot, en lui ouvrant la porte grillée et hérissée de fer qui sépare les citoyens libres des esclaves du châtiment de la prévention, allons, j'espère que nous ne nous reverrons pas.

— Je l'espère ! s'écria Eugène en s'élançant dans la rue.

On sait que l'air libre produit le bruit de l'ivresse sur l'homme qui sort d'un cachot obscur. Elliot chancelait et s'appuyait en marchant contre les murailles, ne sachant ni quel asile le recevrait, ni ce qu'il allait faire de sa vie, lorsqu'il se trouva en face d'une personne voilée.

— Eugène ! cher Eugène ! s'écria-t-elle.

C'était Marie. Elle tendit les mains vers lui, et continua d'une voix à demi étouffée :

— Ah ! vous voilà libre ! Ils n'ont donc pas pu vous perdre ! Dieu soit loué ! Dieu soit loué ! Oh ! mon Dieu ! quelles épreuves nous avons subies ! Elliot ! Elliot ! mais pourquoi ne pas me parler ? pourquoi ne pas me répondre ? La fille n'est pas coupable du crime de son père.

Eugène la regardait, muet, étonné. Il croyait que ses regards le trompaient.

— Vous ! mademoiselle Hallory.

— Oui, c'est moi, c'est moi, Eugène ! C'est Marie ! Mais que vous êtes pâle, que vous êtes changé ! Il m'est impossible de vous voir ainsi ! vous me faites mal !

Elle couvrit sa figure de ses deux mains, et les larmes s'échappèrent entre ses doigts.

— Je puis à peine croire que ce soit vous, mademoiselle, vous, la fille de M. Hallory ! Que dira votre père ? Et ne savez-vous pas qui je suis, moi, accusé de vol, de vol domestique, moi qui sort de Newgate ? N'avez-vous pas honte de causer avec moi ?

— Honte ! Ah ! Elliot ! que je suis malheureuse !

Elliot la pressa sur son sein avec une étreinte convulsive. La jeune fille planait au-dessus de toutes les craintes et de toutes les timidités de son sexe.

— Allons le trouver, allons ensemble. Demandez-lui justice, exigez réparation, Eugène ! je serai près de vous, moi ! je vous appuierai. Il nous chassera tous deux ensemble. Cette maison paternelle, voyez-vous, me devient odieuse. Ma mère y est morte de chagrin. Qu'il nous chasse, qu'il nous chasse !

Elliot repoussa ces propositions violentes. Il refusa la bourse que la jeune fille voulait placer dans ses mains, puis il appela un fiacre, l'y fit monter, lui fit de tendres adieux et la quitta.

Quand Marie rentra, tout était en rumeur chez son père ; On ne savait ce qu'elle était devenue. Elle se présenta tout à coup à ses yeux. Fatigué de la séance judiciaire, M. Hallory avait noyé son chagrin dans le vin de Madère.

— Eh bien ! lui dit Marie, votre victime vous échappe ?

— Ah ! te voilà ! répondit le père, dont le vin avait obscurci les idées, te voilà, ma petite Marie ? Et d'où viens-tu donc comme cela ? Qu'as-tu pu faire si longtemps dehors ?

— Je viens de Newgate, monsieur, répondit-elle, en reculant devant son père qui voulait l'embrasser.

— De Newgate! Ce mot parut dissiper la demi-ivresse de M. Hallory. Sa respiration forte et précipitée trahit sa violente émotion, et il reprit :

— Ah! de Newgate! C'est de là que vous venez! de Newgate.

— Oui, mon père! Est-il possible que je sois forcée de vous donner ce nom! à vous, monsieur, si coupable, si criminel, si cruel! Vous avez voulu la ruine d'un innocent, monsieur! Vous l'avez tramée de sang-froid! Si vous aviez réussi, vous me verriez aujourd'hui étendue morte sur ce parquet! Vous dites que vous m'aimez, vous, et que vous êtes mon père!

D'une de ses mains tremblantes, elle pressait son front brûlant. Bientôt le premier paroxysme de la colère étant passé, elle sentit la force terrible de ses paroles; elle comprit sa situation : elle eut peur.

Le père, que cette violence imprévue de sa fille avait rendu à la raison et au calme, se leva et alla fermer la porte. Il montra du doigt à Marie un canapé placé entre les deux croisées, et lui dit :

— Asseyez-vous là !

Elle lui obéit et pleura.

— Eh bien! reprit-il, restant debout devant elle, est-ce fini ? Qu'avez-vous ? Avez-vous perdu l'usage de la raison ? D'où venez-vous ? répondez-moi! que venez-vous de faire ?

A ces questions prononcées avec une fureur sourde, Marie ne répondait qu'en cachant sa tête entre ses mains et en versant d'abondantes larmes.

— Tout ceci me rendra folle! s'écria-t-elle.

— Vous pleurez donc, maintenant! vous pleurez! Vous m'insultiez tout à l'heure! Qu'est devenue cette grande colère? où est toute cette audace? — Pleurez, pleurez à votre aise, demandez-moi pardon à genoux! c'est ce que vous avez à faire de mieux. Et dites-moi un peu, mademoiselle, les paroles que vous avez prononcées, quels sens ont-elles, je vous prie? Elliot, ma victime, Elliot m'a échappé... Ah! vous êtes ingrate! ah!.. vous êtes rebelle! ah! vous espérez m'épouvanter! vous pensez me faire consentir à votre mariage absurde! Vous voulez épouser un voleur; un homme de rien, sans fortune comme sans avenir. Je vous connais... Je sais de quoi vous êtes capable... C'est ma vie que vous voulez... Vous vous êtes liguée avec cet homme... contre moi qui suis votre père!...

Les larmes de Marie la suffoquaient; l'autorité et la puissance paternelles accablèrent tout à coup son âme timide: elle se leva et se précipita aux genoux de M. Hallory.

— Pourquoi donc vous êtes-vous conduite ainsi, Marie? lui demanda-t-il, d'un ton plus doux. Je n'ai plus que vous... vous seule... J'ai perdu votre pauvre mère... voulez-vous me tuer? Voulez-vous réduire ma vieillesse à la folie, aux soins des mercenaires et aux misères d'une maison de santé? Cela arrivera certainement, si vous me désespérez ainsi!... Allons, ma fille, soyez sage... un peu de raison! Promettez-moi d'en finir, renoncez à ce malheureux homme qu'un mauvais génie a jeté sur notre route. Il est mon ennemi personnel, il me déteste. C'est notre ennemi à tous: je le sais, j'en suis sûr... Je ne vous force pas d'épouser lord Scamplett si vous avez de l'éloignement pour lui. Ne l'épousez pas, j'y consens. J'aurais désiré le mariage, moi; il y a longtemps que je pense à une alliance honorable;

mais je renonce au vicomte; renoncez aussi à cet homme qui vous perd. Il est indigne de vous, indigne de moi. Qu'est-ce que sa famille ? Un père joueur, perdu de dettes, et qui s'est tué !... Vous, avec votre éducation, votre fortune, vos espérances, riche de l'or que j'ai amassé pour vous seule, aller vous jeter dans les bras de cet homme que la potence attend tôt ou tard !

Elle regarda fixement son père.

— Vous savez bien que cela est faux... vous savez qu'il est innocent, vous ne l'avez jamais ignoré.

M. Hallory se mordit les lèvres; ses traits contractés révélèrent tout le désappointement qu'il éprouvait; il avait espéré vaincre la résolution de sa fille; l'inutilité de ses efforts lui était prouvée.

Les bras de Marie cherchaient à l'embrasser. Il se dégagea vivement et sonna :

— Faites venir la femme de chambre de mademoiselle et qu'on la reconduise chez elle.

Pendant deux mois, la cruelle scène que je viens de décrire se reproduisit chaque jour sous des formes diverses. La santé de Marie y succombait; mais l'orgueil de la femme, le sentiment de l'injustice, son estime pour Elliot, tout précipitait le dénoûment. Tantôt son père la traînait de spectacle en spectacle, de plaisirs en plaisirs, espérant la distraire et l'arracher à sa pensée dominante ; tantôt il la condamnait à une solitude qui ressemblait à une prison. Elle finit par subir avec apathie cette alternative de mauvais traitements et de distractions qui 'obsédaient. M. Hallory la fit voyager en Ecosse; elle revint plus triste, plus affaissée, plus désespérée que jamais. Aux caresses intéressées de son père succédaient des orages violents qui épuisaient les forces et non le courage de Marie; elle était résignée à tout.

Cependant Elliot, sans ressources, sans place, sans amis,

traînait une existence misérable. M. Hallory ne voulait lui donner ni attestation ni certificat de moralité. Toutes les portes lui étaient fermées. Une vie si monotone par la douleur et si variée par la diversité des angoisses finit par harasser la jeune fille à qui le père avait annoncé son intention de voyager sur le continent. Elle recula devant cette nouvelle épreuve, et, quittant un soir la maison paternelle, se réfugia chez une ancienne domestique de la maison. Son père apprit cette nouvelle sans colère. Il s'y attendait.

— Comme elle a fait son lit, dit-il, qu'elle se couche.

Les bans du mariage avec Elliot furent publiés.

Le père ne s'opposa point à cette union ; il n'approcha plus du lieu habité par sa fille, et quand il fallut signer l'acte officiel nécessaire pour mettre M$^{lle}$ Hallory en possession des six cents livres sterling qui composaient toute sa fortune, il ne fit pas une seule observation ; il apposa froidement sa signature. Evidemment un mur d'airain venait de s'élever entre eux pour toujours.

Ce fut sous d'aussi tristes auspices que ce couple, d'avance promis au malheur, devint mari et femme; non pas que la joie ne chantât dans leur cœur; mais pour toute pompe et tout faste, ils n'eurent que l'épanouissement de leur amour.

Elliot avait intenté à M. Hallory une action en dommages-intérêts pour le préjudice que celui-ci lui avait causé. Il avait devant lui la certitude du succès, et de faire condamner son méchant beau-père à lui payer une forte indemnité,—ce qui, dans la circonstance présente, devait être pour les nouveaux mariés une petite fortune. — Cependant il arrêta le procès, cédant aux prières de sa femme, qui n'avait pas perdu dans le mariage ses sentiments de fille respectueuse, même envers un père dénaturé. Elliot, pour informer M. Hallory de son renoncement à toute poursuite contre lui, lui écrivit la lettre suivante :

« Monsieur,

» J'ai malheureusement le regret de vous avoir affligé. Vos desseins sur votre fille ont été contrariés, vos espérances trompées.

» Je m'explique trop bien l'exaspération que j'ai dû faire naître chez vous; vous avez pu, vous avez dû peut-être voir en moi un intrigant méprisable, abusant avec lâcheté d'un ascendant facile à prendre sur le cœur et la faiblesse candide d'une jeune fille, dans des vues d'intérêt personnel. Cela n'est pas : toute ma conduite le prouve; vous vous êtes trompé. L'irritation que vous avez ressentie vous a fait désirer de me perdre ; vous m'avez calomnié, monsieur, je vous le pardonne. On me conseille de vous poursuivre ; on m'assure (et je n'en doute pas) que ces poursuites, outre la déconsidération extrême qu'elles jetteraient sur vous, seraient couronnées de succès et auraient un résultat pécuniaire qui doublerait ma vengeance. En vérité, monsieur, je ne puis m'y résoudre, je ne puis attaquer le père de Marie. Permettez-moi d'oublier le passé; permettez-moi d'espérer que vous l'oublierez aussi, que vous reconnaîtrez la parfaite droiture de mes intentions, et que quelque jour vous rendrez à Marie, je ne dis pas une fortune dont vous avez tout droit de disposer, mais l'affection dont elle est si digne, mais les sentiments paternels qu'elle regrette tant d'avoir perdus.

» J'ai l'honneur d'être, etc.

» EUGÈNE ELLIOT. »

Cette lettre, lacérée par le père avec fureur, fut renvoyée sous enveloppe par la petite poste à l'adresse des jeunes gens, et deux jours après, Marie reçut de l'avoué Jeffrey la communication suivante :

« Madame,

» Je suis désolé d'avoir à vous apprendre que M. Hallory a pris la résolution de rompre toute espèce de communication avec vous et avec monsieur votre mari : raison trop justifiée, dit-il, par ce qu'il appelle l'ingratitude de votre conduite. Veuillez me demander quels articles ou quels effets à votre usage vous pouvez réclamer de monsieur votre père ; ces articles vous seront adressés directement et à l'instant même. Veuillez m'épargner le chagrin d'une réclamation ou d'une entrevue qui seraient absolument inutiles, et croire à la sincérité du regret que j'éprouve en me voyant forcé d'être aujourd'hui l'interprète des volontés de monsieur votre père.

» J'ai l'honneur d'être, etc.

» JONATHAN JEFFREY. »

Tout était donc fini ; plus d'espoir ! D'une main tremblante, Marie écrivit la liste des objets en petit nombre qu'elle pouvait réclamer. Entre autres, elle désirait obtenir son petit chien Brisquet, animal favori, que son père avait fait tuer le lendemain du jour où il avait appris le départ de Marie. Ce dernier événement, puéril en lui-même, la fit beaucoup pleurer ; elle crut perdre le dernier ami qui lui fût resté chez son père. Ce pauvre Brisquet était venu si souvent s'asseoir sur ses genoux lorsque tout le monde la délaissait ! il l'avait presque égayée par ses caresses lorsqu'elle pleurait seule dans sa chambre après avoir reçu la visite du vicomte Scamplett. La jeune femme dont Elliot avait involontairement causé la ruine était pour lui l'objet d'une parfaite idolâtrie. L'immense sacrifice qu'elle venait d'accomplir était toujours présent à la pensée du jeune homme. Il ne songeait qu'à l'entourer de ses tendres soins, et de cette affection délicate qui pallient, s'ils ne la font pas oublier les maux réels de la vie. Il loua un petit logement commode dans le faubourg Southwartk ; et après beaucoup de recherches, de courses et de sollicitations il obtint une place de commis dans une maison de banque, qui lui donna quatre-vingt-dix livres sterling par an. C'était peu de chose ; les plus poignantes angoises de la misère se trouvèrent seulement adoucies par ce faible salaire. Les jeunes gens respirèrent plus librement. Je ne dirai pas, comme les romanciers, qu'ils furent heureux et que leur amour dut leur suffire. Les mille inquiétudes de la pauvreté nous frappent deux fois, quand cette pauvreté, partagée avec un être aimé, nous fait trembler, non-seulement pour nous-mêmes, mais pour l'être sur lequel nos affections se concentrent.

Des félicités parfaites sans l'aisance ! le monde réel ne les offre pas, et les écrivains en parlent bien à leur aise. L'amère douleur à laquelle M. Hallory avait condamné sa fille se changea d'abord en une mélancolie habituelle qui fit place à une résignation pensive. On vit cette jeune femme se mouvoir dans sa modeste sphère, et accomplir ses nouveaux devoirs avec une simplicité et une activité qui auraient pu faire croire que son éducation l'avait préparée aux travaux d'une situation obscure. Le soir, lorsque le mari avait quitté son bureau, il y avait dans ce petit intérieur, dans cette chambre sans dorures et sans meubles de prix, au coin d'un humble foyer, des heures de joie profondément senties ; il lisait, elle s'occupait des travaux d'aiguille. Ils aimaient beaucoup cette petite chambre solitaire, et la comparaient, presque joyeux, aux beaux appartements dont les ornements splendides n'avaient pas protégé Marie contre les chagrins les plus cuisants, et à la geôle de Newgate, où le père avait envoyé son jeune et malheureux employé. Quelques gouttes de bonheur tombaient dans leur coupe d'amertume. Toute leur félicité, ils l'attendaient l'un de l'autre : et dans ce profond isolement, dans ce délaissement de tout l'univers, ils se faisaient une vie spéciale, une vie à deux qu'ils pouvaient seuls comprendre et sentir. Une promenade au pas, après les travaux de la journée, leur semblait un délassement délicieux. Quelquefois Marie rencontrait là son père, emporté par les vigoureux chevaux de cette calèche, où, si souvent, le pauvre Brisquet, sur les genoux de sa maîtresse, avait attiré par ses jappements aigus l'attention des promeneurs. Mais, hélas ! auprès de ses jouissances, que de tristes jours mis en réserve !

A la naissance du premier enfant, les jeunes gens essayèrent de fléchir l'humeur terrible de M. Hallory. La lettre qu'ils lui adressèrent fut renvoyée sans avoir été ouverte, il avait reconnu l'écriture de sa fille, et changeant l'adresse de sa propre main, il l'avait fait jeter à la poste à l'instant même par un domestique. Un de ses gens, qui s'avisa de lui apprendre que Mme Elliot lui avait donné un petit-fils, fut congédié sans forme de procès. Marie ne se découragea point, elle alla se présenter chez son père et remit une nouvelle lettre au concierge, lettre qui fut renvoyée comme la première. Elle ne se plaignit pas ; mais de temps à autre Elliot apercevait une larme de la mère qui tombait sur la joue du petit Henri.

Vers le milieu du mois de juin, comme elle venait de sevrer son enfant, elle attendait Eugène, qui rentrait ordinairement à six heures pour dîner. Sept heures sonnèrent, puis huit heures, il ne revenait pas. Le cœur de la pauvre femme battait horriblement ; et de la fenêtre à la porte, puis de là à la petite cuisine où elle préparait elle-même le repas, vous l'eussiez vue courir, avec une agitation inquiète, tantôt ouvrant la croisée, tantôt entre-baillant la porte et écoutant sur l'escalier, attente prolongée qui devenait un supplice. A neuf heures l'enfant était endormi, quand un fiacre s'arrêta devant le n° 14 : un homme vêtu de noir en sortit, puis un second. M^me Elliot, effrayée, descendit précipitamment et vit son mari que deux personnes portaient entre leurs bras, en faisant signe à M^me Elliot de garder le silence.

— Ce n'est rien, disait l'un d'eux, presque rien, un de ces accidents qui arrivent tous les jours à Londres.

On porta Elliot sur son lit : l'un de ces messieurs courut chercher un chirurgien, et ce dernier, sans vouloir toutefois épouvanter M^me Elliot, répondit, après avoir examiné le malade et s'être fait donner les renseignements nécessaires, que le cas était grave, et plus dangereux peut-être pour l'avenir que par l'importance des symptômes actuels.

Eugène, en sortant de son bureau, heureux d'aller retrouver sa femme, s'était imprudemment élancé pour traverser le carrefour qui termine Holborn-Hill lorsqu'une chaise de poste passant au galop, la pointe du timon atteignit le jeune homme à la poitrine et le renversa. Avant que le postillon eût pu arrêter les chevaux, ils avaient déjà franchi le corps d'Eugène. Deux passants le relevèrent. L'un d'eux était membre de la chambre des communes, l'autre médecin. Émus de pitié, ils appelèrent un fiacre, y placèrent le blessé, et comme il était évanoui, ils le firent transporter chez l'un de ces messieurs, où il reprit enfin l'usage de ses sens. On obtint de lui son adresse, et deux heures après cet accident il fut reconduit chez sa femme.

La prédiction du chirurgien se vérifia. Trois mois s'écoulèrent et Eugène était encore retenu au lit. Au bout de ce temps, les chefs de la maison où il était employé lui adressèrent une lettre fort polie, dans laquelle ils lui mandaient qu'ils prenaient beaucoup de part au malheur qui lui était arrivé, qu'ils déploraient cet accident, mais qu'ils se trouvaient dans la nécessité de le remplacer puisqu'il n'avaient pas même l'espérance de le voir reprendre bientôt ses fonctions : ils joignaient à cette lettre l'arrérage des émoluments qui avaient couru depuis les trois mois pendant lesquels il avait gardé le lit, et par surérogation un autre trimestre. Ce fut un coup fatal pour les jeunes gens. Le chirurgien augmenta encore leur peine en leur annonçant que la maladie d'Elliot s'aggraverait beaucoup s'il reprenait trop tôt le travail de son bureau. Courageuse comme les femmes le sont souvent dans ces grandes circonstances, M$^{me}$ Elliot prit un fiacre et partit pour la banque, où elle s'empressa de vendre cinquante livres sterling de son mince patrimoine qu'elle avait placé dans les fonds publics. C'était, hélas ! le premier pas vers leur ruine totale. Il fallut payer quelques mémoires relatifs à la maladie d'Elliot, mémoires qui absorbèrent près de trente livres sterling sur les cinquante. Alors, étouffant sa peine et sa crainte, elle ne s'occupa plus que de le soigner. Elle savait que s'il lisait dans son cœur il serait doublement malheureux ; elle étouffait ses larmes ; elle paraissait sinon gaie, du moins calme et résolue. Pour éviter l'abîme de la dette et ne pas aller puiser sans cesse dans ce médiocre capital, facile à tarir, la plus stricte économie devint nécessaire. Combien de fois il la gronda, lorsqu'elle rentrait portant dans son panier quelques mets délicats, ou des vins fins dont le médecin avait recommandé l'usage et qu'elle ne voulait pas partager avec lui ! Elliot se rétablit par degrés ; mais comme le médecin affirmait qu'en reprenant ses anciennes occupations il ne pourrait échapper à une rechute fatale, il se décida à entreprendre chez lui quelques écritures ; le prix modique qu'il demandait et l'exactitude avec laquelle il s'acquittait de ce labeur lui procurèrent quelques pratiques ; mais, hélas ! un seul mois de travail le rendit incapable de toute application pendant un an.

Le désespoir pénétra chez les malheureux jeunes gens. Marie renouvela ses inutiles démarches auprès de son père. Plusieurs fois elle l'attendit, soit à sa porte, soit à la porte de la cité ; quand elle approchait de lui, il se détournait et la fuyait comme une mendiante qu l'eût obsédé. Depuis le départ de Marie, le caractère de M. Hallory, naturellement détestable, s'était encore aigri. La tante paralytique avait perdu l'usage de la raison ; et un nouveau personnage, une cousine de M. Hallory était venue prendre les rênes de ce petit gouvernement.

C'était une femme sèche et pointue, d'un égoïsme rusé et heureux, comme on le pense bien, de s'attacher à ce riche Hallory, dans l'espoir d'une exploitation fructueuse. Miss Gubbley ne redoutait rien tant que la réconciliation de Marie et de son père.

Elle commença par tenir sous sa dépendance et sous la terreur de sa dénonciation tous les domestiques du maître; puis, par un espionnage infatigable, exagérant les ordres donnés par M. Hallory pour que l'on ne reçût aucune lettre de sa fille, et qu'elle-même ne pénétrât pas dans la maison; elle traça autour du négociant un mur de circonvallation que Marie ne put jamais franchir. C'était cette miss Gubbley qui augmentait l'irritation du père, en lui rapportant tous les bruits du quartier relatifs à la mauvaise conduite de sa fille. C'était elle qui mettait la tête à la fenêtre, dès qu'elle entendait frapper à la porte, qui descendait précipitamment et chassait Marie, ajoutant à cette mission de fureur une violence d'imprécations que M. Hallory ne lui avait pas recommandée.

Marie finit par se décourager, et un jour que miss Gubbley avait augmenté la dose de sa violence ordinaire, la pauvre femme rentra, prit son enfant, le baisa mille fois, et se promit de ne jamais se soumettre à une humiliation aussi poignante. Les petits doigts de l'enfant errants sur la figure de la mère et sur ses joues humectées de larmes les firent tarir tout à coup; elle crut retrouver le bonheur perdu.

Chaque jour cependant, la pauvreté la plus dure resserrait le cercle dans lequel ils devaient périr. Il fallut d'abord renoncer à ce banc d'église qui leur était cher, où souvent ils avaient prié ensemble; se retirer sur les bancs communs disposés pour le peuple dans les bas côtés; puis louer un appartement moins cher, se priver de thé pendant les jours froids de l'hiver, ne plus lire le soir afin d'économiser la lumière. Le chirurgien exigea une somme considérable comme récompense de ses soins. On vendit encore quarante livres sterling de ce petit capital qui allait toujours en diminuant et dont rien ne réparait les brèches; du second logement on passa à un troisième, plus triste, moins éclairé et plus malsain. La jeune femme continuait son œuvre et ne se plaignait pas.

Ils en étaient là, toujours luttant contre cette mer dont les vagues les gagnaient, toujours simples, sublimes, ignorés, lorsque je les connus. Elliot était devenu, si je puis le dire, l'homme de fatigue d'un courtier de commerce qui le chargeait de toutes les besognes difficiles et le payait fort mal; sa santé empirait; l'un et l'autre était si activement occupés, le mari à ses livres, la femme à ses broderies, qu'à peine avaient-ils le temps de se parler. C'était un bonheur peut-être que ce silence! Qu'auraient-ils pu se dire? Quel passé à parcourir et à méditer! et quel avenir à prévoir! Quel était leur crime à ces infortunés si maltraités du sort? Le père cependant, à la tête d'un grand commerce, maître de plusieurs millions, recevait de toutes parts les témoignages d'estime que la fortune obtient toujours, lui si bas! et eux si nobles!

Un mois après ma première visite chez ces malheureux et nobles êtres, il leur restait un peu moins de quarante livres sterling pour subvenir aux nécessités de la vie : la seconde grossesse de la femme était fort avancée. J'étais si touché de cette situation que je résolus de tenter au moins un effort en faveur de ceux que j'admirais en les plaignant. Un de mes confrères soignait la paralytique, sœur de M. Hallory; il partit pour la campagne, et me pria de le remplacer après m'avoir annoncé à M. Hallory et avoir obtenu son consentement. L'éloge qu'il fit de moi me donna quelque importance aux yeux du négociant, dont j'étudiai le caractère, dans l'espoir d'employer cette étude au profit des jeunes gens. C'était bien l'homme dont on m'avait parlé; une âme grossière, un esprit calculateur, un égoïsme qui dominait tout le reste. Il avait acquis l'argent, son idole; il lui manquait tout le reste.

— Eh bien! me dit-il un jour (je le vois encore, les mains enfoncées dans ses poches, regardant d'un air ennuyé les pavés de la rue), la pauvre femme? Qu'en pensez-vous? C'est fini ou à peu près, n'est-ce pas, monsieur le docteur?

— Je crains bien, monsieur Hallory, que sa fin n'approche.

Il m'offrit un de ses magnifiques fauteuils d'ébène sculptés, dont son salon était garni, et se jeta sur un canapé.

— Diable! s'écria-t-il, elle s'en va donc! Elle était bonne et complaisante. Mais on a beau avoir de l'argent, la mort est la plus forte, plus forte que vous et moi, monsieur le docteur.

Il se leva et marcha dans la chambre d'un air ennuyé.

— Cela est vrai, répondis-je; mais l'or bien employé prolonge la vie, et rend moins pénible nos derniers moments.

Ainsi, monsieur, l'emploi généreux de votre belle fortune aura du moins adouci l'agonie de votre pauvre sœur.

— Ma foi, je ne l'ai pas épargné, l'argent, comme vous savez. Il est assez heureux pour elle de m'avoir rencontré dans la vie ; quand on est pauvre et malade, les choses ne vont guère bien.

Il s'assit en se rengorgeant, et sa vanité flattée rayonnait sur ses traits durs ; l'occasion me sembla favorable. L'amour-propre était la seule route qui pût conduire jusqu'à ce cœur d'airain.

— Oui, monsieur, repris-je, cette bonne action vous laissera d'heureux et consolants souvenirs, et ce que vous dites est parfaitement vrai ; la misère et la maladie, deux fléaux cruels quand ils sont isolés, deviennent atroces quand ils s'unissent. Le hasard m'a donné, il y peu de jours, un exemple de cette alliance. C'étaient des gens bien nés et qui ne devaient pas s'attendre à tomber dans ce profond dénûment, aggravé par une maladie incurable et une situation à peu près sans espoir.

— Ah ! toujours des gens bien nés ! On compte par milliers à Londres les gentilshommes ruinés ; si cela continue, notre fortune appartiendra tout entière à ces messieurs. A propos, docteur, connaissez-vous la souscription pour les familles dans l'indigence ? Ma foi, c'est une belle entreprise ! Avec mes dix livres sterling une fois données, j'épargne... voyons... deux cents livres sterling par an que vous autres, messieurs les gens charitables, vous me faisiez débourser. J'ai, au surplus, l'intention de faire parler de moi après ma mort : un hôpital, une fondation de bienfaisance, quelque chose dans ce genre-là. Avec une fondation de cette espèce, je m'acquitterai du présent, du passé et de l'avenir. Qu'en dites-vous ?... L'hôpital Hallory... en lettres d'or sur une tablette de marbre noir ! Cela ne serait pas mal?

— J'approuve beaucoup cette noble et philanthropique ambition; il y a tant de misères dans ce monde et tant de gens riches qui ont l'air de l'ignorer. Il se dépense dans les greniers et les mansardes du pauvre tant d'héroïsme sans récompense! Ce matin, par exemple, les gens dont je vais parler tout à l'heure m'ont ému jusqu'aux larmes !

— Ma famille dira ce qu'elle voudra, répliqua le marchand qui commençait à penser que j'allais faire un appel à sa bourse et qui était bien aise de détourner la conversation, l'hôpital sera construit et la donation sera belle...

— J'aime à vous voir ces sentiments, ils m'encouragent et me rassurent; ils me persuadent que la demande que j'ai à vous faire sera bien accueillie. Car c'est un solliciteur que vous voyez devant vous.

— Ah ! l'aumône ! c'est l'aumône que vous demandez, docteur?. Je me suis fait une règle : c'est de cacher au monde entier le bien que je peux faire ; je n'en dépars pas; celui à qui je donne et moi, nous sommes les seuls qui nous en doutions; ainsi, docteur, votre démarche est fort inutile... Cependant, cependant, ajouta-t-il, en voyant mon sourcil se froncer et ma main qui s'étendait vers mon chapeau placé sur une table, si vous vous portez garant de la légitimité de l'aumône, si vous connaissez bien ces gens-là, je ferai un effort en votre faveur, une exception à ma règle de conduite. Dès que vous vous êtes présentés à quelques grands personnages, vous autres docteurs, vous ne manquez jamais de nous mettre à contribution, n'est-ce pas?

— C'est vrai, monsieur; il faut que je me fie à la haute position sociale et à la noblesse d'âme de celui que je sollicite.

— Je ne peux m'empêcher d'être flatté, docteur; on ne

saurait résister à vos arguments, et vous me permettrez, puisqu'il en est ainsi, de vous offrir à l'instant même ce que je leur destine. Je ne refuserai pas.

Il tira lentement une guinée de la poche de son gilet et me la remit. Je repris :

— Je dois réclamer de vous une seconde grâce; vous me permettrez, n'est-ce pas, de révéler aux malheureux que je protége le nom de leur généreux bienfaiteur?

— Comme vous voudrez, s'écria-t-il, oubliant tout à fait le profond silence dans lequel il voulait ensevelir sa générosité. Et quelles sont ces personnes-là? Où demeurent-elles? D'où viennent-elles?

— Elles demeurent actuellement dans Took's-Court; mais je crois que bientôt elles seront forcées de déménager; le propriétaire les tourmente beaucoup.

— Vieille histoire que celle-là ! Un propriétaire qui tourmente. Tous ces petits propriétaires n'en font pas d'autre. Ah çà, est-ce que vos protégés ne peuvent pas travailler? Sont-ce des grands seigneurs?

— Le jeune homme est fort laborieux, mais un accident l'a rendu presque incapable de travail, il a été écrasé par une voiture, il est marié depuis peu de temps.

— A une femme sans fortune?

— Hélas! oui.

— Stupidité!

— Je ne connais dans toute leur vie qu'une seule imprudence et une faute grave peut-être, mais dont ils sont bien punis.

Au mot mariage, je ne sais quelle pensée agita l'âme de M. Hallory : il se leva et se mit à se promener à grands pas.

— Quelle faute? Quelle faute? s'écria-t-il.

— Un mariage imprudent, contracté malgré l'opposition paternelle.

Le front du négociant s'assombrissait.

— Aujourd'hui, continuai-je, leur famille qui les délaisse ne sait pas quels sont leur conduite, leur héroïsme, leur misère!

Hallory ne disait rien; sa lèvre supérieure était devenue pâle, il marchait d'un pas précipité à travers la chambre. Je crus devoir frapper un dernier coup.

— Si leur famille, repris-je, pouvait les voir, si elle consentait à les entendre, si elle était témoin de leur repentir, de leurs souffrances, je pense qu'elle leur pardonnerait une faute dont le châtiment a été horrible.

Hallory s'arrêta en face de moi, penchant le cou, arrondissant les épaules, abaissant sa tête presque au niveau de la mienne, et fixant sur mes yeux un regard perçant, âpre et prolongé.

— Comment s'appellent vos protégés? me demanda-t-il violemment.

— Elliot.

— Je m'en doutais, s'écria-t-il en secouant la tête d'où tombaient des gouttes de sueur. Il y a longtemps que j'ai vu où vous vouliez en venir, oui, oui, je m'en suis douté, vous êtes venu ici pour m'insulter, monsieur.

— Pardonnez-moi : je vous assure...

— Je ne vous écoute plus. Pas un mot de vous. Je sais qui vous êtes maintenant.

Il ne m'épargna ni menaces ni exécrations. Je conservai de mon mieux le sang-froid nécessaire et je lui dis :

— Vous vous trompez, monsieur Hallory, sur mes intentions. Et vous aussi, vous vous êtes trompé, cruellement trompé, je le jure.

— Si vous connaissez ces gens-là, si vous êtes leur protecteur, leur patron, soyez-le à votre aise, je ne vous en empêche pas.

— Si j'ai eu le malheur de vous blesser, monsieur...

— Blessé ! je le crois bien ; vous m'insultez chez moi, est-ce me blesser?

— Vous parlez d'une insulte prétendue ; je vous demande à mon tour l'explication de ces expressions étranges.

— Je n'ai pas besoin de les expliquer ; vous les connaissez de reste! Ma guinée est dans votre poche; regardez-vous comme payé, et que cette visite soit la dernière, entendez-vous! s'écria-t-il en balbutiant de fureur.

L'indignation m'emporta. Je lançai la guinée sur le parquet, où elle retentit. Je me levai, et, mettant froidement mes gants, je le regardai d'un œil fixe en lui disant :

— Adieu, monsieur Hallory : Dieu serait injuste, si votre lit de mort était tranquille.

Je le vis, pâle, chercher en vain quelques paroles pour me répondre, et je me hâtai de sortir. Mon indignation était si vive que je formais, en rentrant chez moi, mille plans de vengeance. Je songeais à employer contre le monstre l'arme de la publicité, à révéler sa turpitude par la voix des journaux, à écrire un mémoire sur la situation d'Elliot et de sa femme. Des réflexions plus calmes me firent comprendre que mes devoirs de médecin s'opposaient impérieusement à toutes ces démarches, et que ma première obligation était de garder le secret sur les crimes mêmes que son exercice me révélait.

### III

J'avoue que j'ai peine à continuer cette histoire d'une longue souffrance sans compensation. L'assiduité du pauvre Elliot commençait à affaiblir chez elles organes de la vue.

Il se plaignait de douleurs aiguës dans les orbites. Des étincelles voltigeaient devant ses prunelles fatiguées; des spectres violets entouraient la lumière de la lampe qui l'éclairait. Forcé de travailler la nuit et d'arrêter ses regards sur le blanc et le noir des manuscrits, Eugène était sur le point de perdre la vue. Je crus nécessaire de l'en avertir. Il reçut cette nouvelle avec un véritable désespoir.

— O mon Dieu ! s'écria-t-il, épargnez ma vue ! La misère, j'y étais fait : c'était mon lot : je ne l'ignore pas. Mais être aveugle, mon Dieu !

— Je ne puis et ne dois pas vous tromper : une application soutenue telle que celle à laquelle vous vous livrez depuis que je vous connais vous ferait infailliblement perdre les yeux.

— Mais, docteur, reprit-il d'un ton plein d'amertume, cela vous est bien facile à dire. Comment ferai-je ? je vous prie. Vous m'ordonnez de me reposer : mais comment vivre ? Comment nourrir ma femme et mes enfants ? L'argent me tombera-t-il du ciel ? Que deviendrons-nous, mon Dieu, et dans un moment comme celui-ci, lorsque ma femme est sur le point d'accoucher ? Quelles ressources ? quelles espérances ? Que devenir ? Dieu merci, ma femme ne sait pas ce que vous venez de me dire : n'allez pas le lui apprendre, docteur ; je vous le défends. Je regrette aujourd'hui qu'Hallory ne m'ait pas fait pendre ou exporter... Marie et moi, nous aurions été moins malheureux. Maintenant, hélas ! si je mourais, quel bien cela lui ferait-il ?...

Sa tête retomba entre ses mains, et ses larmes coulèrent.

Nous entendîmes alors le pas fatigué de M^me Elliot, qui remontait : elle s'assit près de moi et me regarda d'un air triste et morne. Son mari me fit signe de me taire ; les yeux de la pauvre femme s'arrêtaient toujours sur moi, comme si elle eût deviné quelque nouveau malheur. Je me contentai de lui dire qu'il était à désirer que son mari travaillât le moins possible pendant la nuit, parce que, ajoutai-je, les meilleurs yeux résistent difficilement à l'effet combiné de la flamme vacillante, du papier blanc et de l'encre noire.

Pendant les huit jours qui suivirent cette entrevue, M. Hallory fit plusieurs pertes, si l'on peut appeler pertes la mort d'un parent pour un tel homme. La vieille tante que j'avais soignée mourut; un de ses frères, capitaine de vaisseau, périt dans un naufrage, et, ce qui dut toucher Hallory, une cargaison fort précieuse, appartenant aux deux frères, fut engloutie. Lord Scamplett, devenu son ami intime, fut arrêté pour dettes et jeté dans la prison de la Flotte, où il se suicida. J'appris que ces divers événements, singulièrement groupés par le hasard, avaient produit une impression profonde sur l'homme cruel que je n'avais pu émouvoir. Je causai longtemps à ce sujet avec Mme Elliot, qui avait pris, comme je l'ai dit, la résolution de ne plus s'exposer aux brutalités de son père. Mais il me semblait que si jamais circonstance favorable pouvait se présenter, c'était celle-ci. Hallory restait seul dans le monde, peut-être un remords viendrait-il à naître dans son cœur. La grossesse de Mme Elliot avançait, la santé d'Eugène baissait toujours; il ne fallait négliger aucun moyen de salut. Elle y consentit en pleurant. Son mari pensa comme moi; lui donna le bras jusqu'à l'église de la Toussaint, et l'attendit auprès de cette église. Elle quitta son bras sans rien dire et s'avança, le cœur palpitant, du côté de cette maison redoutée, dont les fenêtres, donnant sur le square, étaient fermées depuis la mort de la tante, et dont le seul aspect la faisait trembler. Marie s'appuya sur la grille de fer dont les maisons de Londres sont entourées. Là, sa mère était morte; là, elle avait longtemps souffert; là, demeurait son père implacable et mortellement offensé. Elle essaya vainement de reprendre courage, et ne pouvant vaincre son trouble, elle fit signe à son mari; qui revint lui donner son bras, et qui lui fit faire lentement le tour du square. Elle se calma un peu et s'arrêta devant ce portique fatal, devant cette porte qui lui semblait inexorable et terrible comme son père ; enfin sa main tremblante souleva le marteau.

— Que voulez-vous ? lui demanda de la cuisine un domestique qui, à son costume, la prenait pour une femme du peuple.

— Je voudrais parler à Joseph.

Joseph était un vieux concierge qui avait vu naître Marie : il se montra.

— Joseph, Joseph, lui dit-elle, je me sens bien mal, voulez-vous me permettre de m'asseoir?

Joseph jeta les yeux autour de lui, derrière lui.

— Ah! mon Dieu, ma jeune maîtresse !

Et comme elle était prête à s'évanouir, il la soutint, puis il la fit entrer et s'asseoir dans son grand fauteuil et lui offrit un verre d'eau, dont il mouilla d'abord ses tempes, et qui lui rendit l'usage de ses sens.

— Remettez-vous, mademoiselle.... madame, reprit-il. Restez.... reposez-vous ; je crois qu'il n'y a pas de danger : tous les domestiques sont occupés maintenant. Je ne crains que miss Gubbley. Vous savez, madame, quel malheur est arrivé ?...

Marie fit un signe que oui et sanglota.

— Ma pauvre tante m'aimait..., elle !... Et mon père! ajouta-t-elle d'un ton si bas que Joseph devina ce mot plutôt qu'il ne l'entendit.

— Votre père se porte assez bien, le premier moment de chagrin est passé.

— Et s'il savait que je suis ici ?...

— Ah! madame pouvez-vous me faire cette question ! Si

vous saviez combien il est devenu sévère. Il nous a dit que le premier qui vous laisserait entrer ici serait chassé à l'instant. Nous avons été bien affligés, mademoiselle : tout le monde vous pleurait. Vous feriez peut-être bien d'entrer chez la femme de charge, qui aurait plaisir à vous revoir : s'il arrivait quelque chose, vous pourriez vous esquiver sans que personne ne vous vît par la porte de derrière.

— Non, mon bon Joseph, reprit-elle, je ne veux pas que l'on se compromette pour moi. J'attendrai dans la rue la réponse à cette lettre.

Il prit la lettre avec une certaine hésitation et secoua la tête.

— Oh ! je vous en prie, Joseph, prenez cette lettre, portez-la : je demande seulement à mon père l'argent nécessaire pour porter le deuil, car je n'ai pas d'argent.

— Ma pauvre jeune maîtresse ! j'y sacrifierai ma place ! oui, oui, je la porterai... Ce n'est pas du vieillard que j'ai peur, continua-t-il en baissant la voix ; c'est de cette mauvaise miss Gubbley, qui fait marcher toute la maison comme elle veut. Ne sortez pas, attendez-moi ; mais vous ouvrirez la porte et vous vous en irez, si vous m'entendez tousser sur l'escalier.

Joseph disparut et monta les marches d'un pas rapide. Le nom de miss Gubbley avait laissé dans l'esprit de Marie une impression de dégoût et presque d'horreur. Les pulsations du cœur de la pauvre jeune femme devenaient rapides et insupportables ; enfin Joseph redescendit.

— Impossible, mademoiselle, lui dit-il, de pénétrer jusqu'à monsieur votre père. J'ai rencontré cette odieuse miss Gubbley dans la galerie qui conduit à son cabinet. Elle m'a arraché la lettre des mains et m'a dit que si cela m'arrivait jamais, j'étais chassé. Elle m'a traité d'audacieux, d'insolent, de misérable. Quand elle a su que vous étiez en bas, elle a secoué la tête en disant : — C'est bien digne d'elle ! Elle n'a rien à faire ici : son père ne veut pas la voir. Il n'y a pas trois jours, il répétait encore à propos d'elle son mot ordinaire : — Comme elle a fait son lit, qu'elle se couche ! D'ailleurs c'est sa faute, et qu'elle compte bien que son père ne lui pardonnera jamais.

Voilà ses paroles, madame ; elle vous envoie en même temps ces deux guinées, à condition que vous ne reparaîtrez plus ici.

Il y avait trois guinées dans la main du pauvre Joseph, qui en avait ajouté une et qui essayait de les glisser ensemble dans la main de sa jeune maîtresse. Pendant que Joseph parlait, Marie n'avait ni bougé ni remué les lèvres.

— Joseph, lui dit-elle enfin d'un ton lent, posé, presque solennel, merci ! Je vous demande encore un service. Je suis bien faible, je ne peux pas bouger de ce fauteuil. Aidez-moi, soulevez-moi.

Il la souleva. A peine debout, elle retomba à genoux; mais Joseph, qui sentait la débilité de la pauvre femme, la soutenait encore. Elle ramena doucement ses deux mains croisées sur sa poitrine et pria pendant quelques minutes, les yeux levés vers le ciel, pendant que Joseph (que l'émotion avait gagné) mêlait ses pleurs et ses prières à celles de Marie. Elle se leva doucement et en silence et se dirigea vers la porte, après avoir déposé sur une petite table les trois guinées. Il voulut la guider et la soutenir encore.

— Non, lui dit-elle, je vais mieux ; M. Elliot m'attend dans la rue.

— Pauvre monsieur ! s'écria Joseph en secouant la tête pour faire tomber une larme. Et il essayait de placer de force dans la main de la jeune femme les trois guinées enveloppées dans du papier.

— Non ! non ! s'écria Marie, ce qui est à vous, je ne puis

vous le prendre, et ce qui est à elle, je ne veux pas le recevoir. Dieu ne permettra pas que je meure de faim !

Elle ouvrit la porte et marcha d'un pas plus ferme que lorsqu'elle était entrée ; son mari l'attendait deux ou trois portes plus loin. Il la sentit toute tremblante en lui donnant le bras et la soutint jusque chez elle.

— Eh bien ? lui demanda-t-il d'une voix inquiète et étouffée.

Elle montra du doigt la maison de son père et répondit :

— De ce côté, pas d'espoir pour nous.

Le malheureux ne put s'empêcher de murmurer une sourde malédiction.

— L'espoir ne peut nous venir que de Dieu, reprit-elle ; Dieu seul est pour nous, il ne nous laissera pas périr. Mais dépêchons-nous un peu, Henri doit s'ennuyer.

Le jeune homme ne parla plus. Son sourcil qui s'abaissait, les rides de son front plissé annonçaient qu'il ne partageait pas la douce et profonde résignation que sa femme devait à je ne sais quelle grâce d'en haut. Il y a dans l'existence morale des hommes une situation affreuse qui est à leur santé intérieure ce que la nausée est à l'existence physique : un dégoût profond et incurable, un délaissement de soi-même, un anéantissement plus affreux que le désespoir. L'homme vaincu par la destinée devient machine, les ressorts de sa vie sont tout mécaniques ; son corps a beau soutenir le poids ordinaire de l'existence, l'âme est descendue dans le tombeau : divorce fatal, qui conduit au suicide plus d'un malheureux ! Pendant que la pauvre femme pressait, en souriant, contre son sein, l'enfant qui allait bientôt avoir un frère, Eugène plaçait machinalement sur son front l'abat-jour de soie verte que je lui avais conseillé de porter ; puis, s'asseyant devant sa table d'étude et laissant tomber sa tête entre ses mains, il lui sembla qu'il apercevait d'un seul coup d'œil toute l'horreur de sa situation. Le douaire de sa femme, les six cents livres sterling qu'elle lui avait apportées se trouvaient réduites à dix livres seulement. Pendant ses couches, son travail à l'aiguille allait nécessairement se trouver suspendu. Eugène, menacé d'ophthalmie, ne pouvait continuer à travailler. Je lui conseillai d'aller demander avis au célèbre docteur T..., qui donne des consultations gratuites à l'hospice ophthalmique, excellente institution de Londres, dirigée avec beaucoup de soin. Pendant une de ces absences matinales, j'eus la joie de placer entre les mains de M$^{me}$ Elliot vingt livres sterling, fruit d'une petite collecte que ma femme avait faite. Je lui remis en même temps un petit billet, où ma femme la priait de lui envoyer l'enfant et de le lui laisser jusqu'à la fin de ses couches. Ce témoignage d'affection parut étrange et nouveau à M$^{me}$ Elliot, qui fondit en larmes.

— Vous dirai-je maintenant, s'écria-t-elle, docteur, un plan que je viens de former ? Ne m'en détournez pas, je vous prie ; d'abord vous auriez tort, puis ce serait difficile. Notre logement est bien petit, mon mari est souffrant, et quelle que soit la noblesse et la générosité de votre caractère, vous avez d'autres devoirs à remplir. Dans ma situation, je ne pourrais obtenir les soins les plus ordinaires, tout en gênant et en troublant beaucoup mon mari. Elle fit une pause et me regarda attentivement pendant que je l'écoutais.

Ne pourriez-vous, docteur, continua-t-elle... j'y ai beaucoup et sérieusement pensé..., ne pourriez-vous me procurer une admission... à la Maternité ?... J'y suis résolue... et cette résolution me coûte ; mais c'est une bonne pensée qui m'est venue : là, je serai bien soignée et ne coûterai rien à mon mari.

Je ne savais que répondre à cette femme excellente et dévouée. Emu de ce contraste, de ce courage héroïque, de cette jeunesse faible, les larmes me vinrent aux yeux. Elle, cachant sa figure dans son mouchoir, pleura amèrement.

— Mon mari recevra tous les jours de mes nouvelles, et, si Dieu me soutient, nous pourrons, dans l'espace d'un mois, nous retrouver, nous encourager, nous soutenir encore... S'il est bien vrai que la présence de mon enfant chez vous ne vous cause aucune gêne, continua-t-elle avec des sanglots, je serai bien heureuse.

— Jamais M. Elliot n'y consentira, j'en suis certain, et quand même je ferais toutes les démarches, elles deviendraient inutiles.

— Oh! docteur, non certainement, il m'aime trop, je ne lui en parlerai pas; je m'y rendrai pendant sa consultation du matin; il trouvera une lettre de moi en rentrant; je crains seulement qu'il ne m'en veuille beaucoup.

Le lendemain, il me remit son enfant; et je me rappellerai toujours l'air de résignation et de résolution mélancolique avec lequel il porta le pauvre petit jusque dans ma voiture. Quant à sa femme, elle semblait redoubler de soins affectueux à mesure qu'elle voyait approcher le jour d'une séparation qu'il ne prévoyait pas. Il s'étonnait de ce que l'on ne faisait aucun préparatif pour la naissance de l'enfant; mais la santé de Marie, qui n'était pas mauvaise pour la circonstance, le rassurait et le consolait un peu. Quand elle eut mis en ordre tout ce qui lui appartenait, elle écrivit la lettre suivante à son mari, lettre que j'ai précieusement conservée et qui ma semblé touchante.

« Cher Eugène, voici bientôt le moment d'une épreuve à laquelle j'étais préparée : j'avais besoin d'un asile, et Dieu me l'a indiqué. Non, vous que j'aime, je ne puis supporter l'idée d'augmenter vos souffrances par le spectacle des miennes : quelques moments à passer, un peu de courage, et voilà tout, nous serons réunis et Dieu nous donnera des jours plus heureux. Oh ! je t'en supplie, Eugène, ne te courrouce pas contre moi, ne m'en veux pas d'une démarche que je crois raisonnable et utile ! Le docteur affirme que je serai très-bien soignée à la Maternité où je vais. Un peu de courage encore, Eugène : la seule consolation de ma vie, c'est toi ; tu es l'unique délice que le ciel m'ait laissé. Comme j'ai prié pour toi ! Comme je prierai encore ! Je te laisse ma Bible : relis, pendant mon absence, les pages que nous aimions. Il faut absolument sortir et te promener, au lieu d'user ta vue et d'épuiser tes forces comme tu le fais trop souvent. »

» *P. S.* — Tu trouveras dans le tiroir de la table de noyer quelques vêtements que j'avais préparés pour notre Henri. J'étais si pressée, quand le pauvre enfant est parti, que je les ai oubliés. Le docteur assure qu'on te permettra de venir me voir tous les soirs avant mes couches. Viens, cher Eugène, viens. »

M<sup>me</sup> Elliot m'avait fait promettre d'aller rendre visite à son mari ; le soir même je n'y manquai pas.

— Comment se trouve M. Elliot ? demandai-je à la femme qui m'ouvrit la porte ; est-il chez lui ?

— Oui, monsieur, répondit la vieille ménagère. Mais cela ne va guère bien ; depuis le départ de sa femme, il n'a pas voulu manger un morceau de pain.

J'entrai chez lui ; il était assis devant une petite table sur laquelle brûlait une chandelle à la mèche charbonnée. Devant lui se trouvait la lettre tout ouverte que sa femme lui avait écrite. Il leva la tête quand j'entrai et s'écria :

— O docteur! c'est là quelque chose d'affreux! me voilà seul, tout seul!

— Cher monsieur Elliot, un peu de courage! un peu de modération! Cet exemple que votre femme vous donne, sachez le suivre.

— Je le devrais, sans doute! mais je suis si misérable! Si vous saviez quel démon me tourmente et me ronge le cœur! C'est donc moi qui l'ai perdue! moi qui l'ai entraînée! Sa ruine et sa misère, elle me les doit, à moi seul! Une malédiction pèse sur nous: Hallory nous a maudits.

— Une malédiction injuste est sans effet. Remettez-vous, reprenez courage.

— Oui, elle est injuste; hélas! cela est vrai. Ma tête se perd, je le sens; c'est cette lettre, cette lettre de Marie qui a renversé toutes mes résolutions et détruit tout mon courage. Prendra-t-on soin d'elle, docteur, en êtes-vous bien sûr?

— J'en suis certain. Je ne crains pas de dire que les maisons les plus riches obtiennent difficilement à prix d'or les mêmes soins que ces institutions prodiguent aux femmes qui se réfugient dans son enceinte. Je vous promets, cher Elliot, de visiter M<sup>me</sup> Elliot, tous les matins, bien que cela ne soit point nécessaire.

J'essayai de le calmer, j'y parvins à peu près. La résolution que venait de prendre sa femme, l'imprévu de cette résolution, le profond dévouement qu'elle attestait et dont elle était le résultat, la crainte trop naturelle que, pour prix d'une conduite si généreuse, elle ne fût mal soignée : tout remplissait d'amertume et de larmes le cœur du malheureux jeune homme. Le matin même, le directeur de l'hospice ophthalmique, auquel je l'avais recommandé, lui avait adressé plusieurs questions de ce ton équivoque qui annonce peu d'espoir et qui n'avait pas échappé à l'observation du malade. Sa situation morale m'affligeait encore plus que son état physique. C'était quelque chose de définitivement désespéré, de profondément abattu sous les coups du sort. Il me sembla que le seul moyen de raviver un peu cette énergie chancelante et prête à succomber, c'était de faire voir et embrasser à M. Elliot son enfant, dont ma femme s'était chargée.

En effet, je le lui amenai le lendemain matin (c'était un dimanche), et je fus fort étonné d'apprendre qu'il était sorti sans m'attendre. Je me dirigeai vers l'église voisine et ne l'y trouvai pas. Voici ce qu'il avait fait : mû par une de ces étranges déterminations qui naissent de l'extrême douleur, et qui approchent de l'insanité, il s'était rendu à l'église que M. Hallory avait coutume de fréquenter. Au milieu du service, dans un moment de repos où la congrégation s'apprêtait à écouter le ministre, il s'était approché doucement de M. Hallory, qui se tenait debout, et avait frappé légèrement sur son épaule.

Le marchand se retourne.

— Regardez-moi, monsieur ! s'écrie Eugène.

Le vieillard resta un moment muet et comme frappé de paralysie. Elliot sort à l'instant où la congrégation quitte l'église. M. Hallory, prêt à remonter dans sa voiture, jette autour de lui des regards effrayés. Il aperçoit encore Elliot, qui l'attend sous le portique et lui dit :

— Je m'appelle Elliot, votre fille est ma femme, elle meurt de faim à l'hôpital, entendez-vous ?

— Elliot ! Elliot ! s'écria le vieillard épouvanté ; renvoyez-le, protégez-moi !

En effet, les domestiques du millionnaire repoussèrent violemment le jeune homme et aidèrent Hallory à remonter dans sa voiture. J'étais revenu chez lui et je l'attendais avec beaucoup d'impatience, lorsqu'il rentra, après avoir achevé cette inutile et folle expédition qu'il me raconta dans le plus grand détail, et dont je n'eus pas besoin de lui faire sentir la complète insignifiance.

— Oh ! je le sais, docteur, me dit-il ; je le sais bien ; je n'ai pu résister à une impulsion insensée ; c'est une absurdité ! Je voulais que cet homme me vît, qu'il entendît ma voix ! triste et faible vengeance, la seule qui fût en mon pouvoir. Je le sens mieux que jamais, l'espérance est perdue, tout est fini ; rien ne doit plus me troubler, et j'aperçois mon sort tel qu'il est... Si ma femme mourait, ajouta-t-il d'un ton calme qui m'effraya beaucoup, quelle impression cela pourrait-il faire sur M. Hallory ? Jetterait-il ses enfants sur le pavé, comme il y a jeté sa fille ? Sa haine la poursuivrait-elle dans le tombeau ? Qu'en dites-vous, docteur ?

Il prononça ces questions d'un air si posé, avec tant de sang-froid, que je fus d'abord embarrassé de lui répondre.

— Il faudrait qu'il eût un cœur de pierre pour ne pas se laisser toucher, lui dis-je enfin : mais un événement si terrible n'est pas nécessaire. La conduite d'Hallory est contre nature... et tôt ou tard...

Elliot secoua la tête.

— Sa solitude sera troublée de remords ; la vieillesse, avant-courrière de la dernière agonie, lui donnera des avertissements terribles. Espérez donc, mon cher monsieur ; tant de souffrances ne peuvent durer. Quant à votre femme, on vous a dit sans doute que sa situation est aussi bonne que l'on peut s'y attendre.

— Ses premières couches ont été bien pénibles.

— Les secondes le sont rarement.

— Mais quel misérable asile, docteur, avons-nous à offrir à ce nouveau-né ?

Je ne pus lui répondre que par ces vagues espérances dont tout le monde connaît l'incertitude et le vide. Il se faisait tard, son enfant s'était endormi sur ses genoux ; je fis approcher un fiacre, j'emmenai le petit et je quittai Elliot.

Ce courage que je voyais s'éteindre se ranima, lorsque le jeune homme apprit que le moment de l'accouchement prochain était arrivé. Maigre et hagard, il se promenait de long en large devant l'hospice, accablant de questions inutiles et de recommandations sans résultat ceux qui entraient dans cet établissement ou qui en sortaient. Ce fut bien pis, lorsque le concierge, fatigué de ses prières et de ses interrogations, lui apprit qu'une hémorragie s'était déclarée et qu'il avait à craindre pour les jours de sa femme. Le malheureux jeune homme courut chez moi ; je ne m'y trouvais pas : il me suivit chez tous ceux de mes malades dont on put lui indiquer le nom. A peine eus-je reçu cette triste nouvelle, je partis pour l'hospice avec Elliot, que je laissai dans mon cabriolet à la porte de l'établissement. Ses craintes n'étaient que trop fondées, la vie de M$^{me}$ Elliot ne tenait plus qu'à un fil. Au moment où, debout près du lit de souffrance, je contemplais douloureusement cette pauvre victime, la garde-malade me fit un signe. Je la suivis dans un coin de la chambre et elle me dit :

— Savez-vous, monsieur, que le mari de cette dame est dans un état affreux ? Le concierge monte à chaque instant ; il ne sait comment se débarrasser de ce furieux qui veut briser les portes, entrer de force dans l'hospice. Vous sentez que nous ne pouvons laisser pénétrer personne dans nos salles ? En vérité, vous devriez descendre : je crains que cela ne cause du scandale.

Je franchis les escaliers et quand je fus en bas, je vis Elliot les bras tendus à travers la grille, pendant qu'un garde de nuit (watchman) et le concierge de la maison essayaient de l'arrêter et d'étouffer ses cris.

— Vit-elle encore ? demanda-t-il dès qu'il m'aperçut.

— Oui, mais vos cris, monsieur Elliot, se font entendre de manière à troubler toute la maison : s'ils parviennent jusqu'à elle, elle en mourra.

— Elle vit donc encore ? elle vit ! Vous ne me trompez pas ?

— Voilà, monsieur, interrompit le garde de nuit, comment il a été depuis hier au soir.

— Au nom du ciel, Elliot, calmez-vous ! votre femme est vivante.

— Ne vaudrait-il pas mieux l'emmener ? reprit encore le garde. Il met tout l'hospice en rumeur et le concierge ne sait plus que devenir.

— Oh ! laissez-moi ici, laissez-moi ici !... Tout ce que j'ai au monde, je vous l'offre : il me reste quarante livres sterling.

— Ne touchez pas à cet homme, dis-je au watchman.

— O merci, merci, que Dieu vous bénisse ! Puis se retournant vers l'homme de police, et d'un accent si douloureux que mon cœur se brisait :

— Ne m'arrachez pas d'ici, je vous en prie ! Ma femme est là, mourante... Attendez, voici quelqu'un... silence.

En effet, une femme de service que j'avais chargée de me donner des nouvelles de M<sup>me</sup> Elliot, vint me dire quelques mots à l'oreille.

— Donnez-moi la main, dis-je au jeune homme, lorsque je l'eus entendue. Tout le péril est passé, votre femme vivra !

Il serra fortement de ses deux mains jointes les barreaux de la grille, et son silence d'un instant me sembla révéler une prière d'ardente reconnaissance. Mais deux minutes après, il se retourna vers l'homme de police dont il prit la main, qu'il serra fortement dans sa joie insensée.

Peut-être cette agitation excessive lui porta-t-elle le dernier coup; elle augmenta la fatigue de ses yeux et lui causa une surexcitation morale trop intense pour les forces humaines, je le saignai trois fois et je parvins à ce prix à lui rendre un peu de calme. Cependant il fatiguait toujours de ses visites inopportunes et de ses questions incessantes les préposés de l'établissement qui finirent par prendre leur parti et refusèrent de lui répondre. Ma femme alla voir M<sup>me</sup> Elliot dont la santé ne se rétablissait que lentement, et que l'inquiétude sur la situation de son mari éloignait de la convalescence. Pauvre créature! quel spectacle l'attendait chez elle! Un malheur si profond et si peu mérité nous avait décidé à doubler, en faveur des Elliot, la somme, produit de notre récente collecte, et j'avais mis dans mon tiroir cent livres sterling de côté, lorsqu'un nouvel événement vint changer le cours de ce drame douloureux.

Il était neuf heures du matin et j'allais commencer ma tournée, quand le domestique me remit un paquet de lettres. J'étais pressé ; je les mis dans ma poche, comptant les lire en cabriolet ; mais il me sembla qu'un cachet noir se trouvait sur l'une de ces lettres qui avait la forme d'une dépêche. Remettant la main dans ma poche, j'examinai les enveloppes l'une après l'autre; j'en tirai une avec cachet noir, contenant quatre lettres scellées de cire noire ; l'une portait pour suscription : Monsieur Hallory; l'autre : Madame Elliot; une troisième : Henri Elliot ; et enfin une quatrième, Monsieur le docteur W..., c'était moi-même. Je replaçais précipitamment les autres lettres dans ma poche, lorsque je vis entrer ma femme, qui conduisait par la main le petit Henri. Mes lettres à la main et sans les avoir décachetées, je reconduisis ma femme jusqu'à la porte, et la poussant doucement, je la fis sortir de la chambre. Puis, d'une main tremblante, je décachetai la lettre qui m'était adressée. Ma consternation fut grande, en lisant ce qui suit :

« Quand vous parcourrez ces lignes, cher et compatissant docteur, je reposerai doucement dans le sein de la mort; tout sera fini! Un misérable de moins sur la face du globe, voilà tout!

» Dieu, devant qui je vais paraître, aura peut-être pitié de moi; peut-être me pardonnera-t-il de m'être présenté avant l'heure. Je ne pouvais pas vivre. J'ai senti l'approche de cette dernière calamité qui, en me privant de la vue, me réduisait à la misère. J'ai vu ma femme au désespoir; pas un morceau de pain devant elle, pas un fragile espoir pour elle et pour son fils.

» Comme elle m'a aimé! Cette affection, je la lui ai rendue, c'était tout ce que je pouvais. Elle saura plus tard que la dernière action de ma vie est encore une preuve de mon amour pour elle. C'est moi seul que son père déteste; c'est moi qui l'ai entraînée. J'espérais vaincre les difficultés d'une vie sans fortune et sans appui, j'ai lutté; j'ai mangé un pain noir et amer; j'ai veillé tard; j'ai abrégé mon sommeil, je n'ai pu réussir.

» Mais la destinée sans doute était plus forte. Que cet obstacle disparaisse; qu'Eugène Elliot sorte du monde. Portez cette nouvelle vous-même à Marie. Le père recevra sans doute ensuite sa fille. Je le pressens, j'en suis sûr Chargez-vous aussi de mes lettres pour mon fils et pour M. Hallory. Que mon fils ne me renie pas!

» Et vous, le meilleur des hommes, mon seul ami, pardonnez-moi toute la peine que je vous ai causée. Que Dieu vous récompense; ma dernière pensée est à vous.

» C'est fini, je suis calme. L'amertume de la mort est passée. Adieu! Je crois déjà sentir le couvercle de la tombe qui se ferme sur mes débris et leur assure la paix. Je n'ai pas peur. Cette nuit, avant que la lumière qui brûle devant moi soit éteinte... O Marie! Marie! nous retrouverons-nous?... »

« E. E. »

Je relus plusieurs fois cette lettre : chaque paragraphe effaçait de ma mémoire le paragraphe précédent. J'ouvris machinalement celle qui était adressée au jeune enfant; j'y trouvai une boucle de cheveux et un verset de la Bible, copié d'une écriture très-lâche et irrégulière :

« J'ai désiré la mort. Pourquoi n'ai-je pas appelé mon fils? Quand je serai mort, mon fils, ensevelissez-moi? N'ayez pas de mépris pour votre mère. Souvenez-vous qu'elle a couru beaucoup de danger pour vous, quand vous étiez dans son sein.

» Ensevelissez-moi avec elle dans un même tombeau.

» C'est ainsi, mon fils bien-aimé, que votre père vous écrit, à deux doigts de la mort. Souvenez-vous! »

Je me rendis en toute hâte chez le malheureux, dont je trouvai la propriétaire alarmée, la chambre déserte dès le matin, et sur lequel je ne pus obtenir aucun renseignement.

Des fragments de papiers griffonnés couvraient le parquet. Aucune indication ne pouvait m'instruire sur la direction qu'il avait prise. Je pensai d'abord à le réclamer par la voie du journal, de l'affiche et de l'annonce. Mais s'il était trop tard, si sa femme venait à l'apprendre, n'allais-je pas la tuer à son tour, et sacrifier une seconde victime à un espoir chimérique?

La police ne put rien m'apprendre. Le lendemain soir, les journaux rapportaient qu'un jeune homme s'était noyé dans la nouvelle rivière, et que l'enquête de la couronne s'occupait de ce suicide. Je me rendis aussitôt à l'auberge du faubourg où le cadavre était déposé. Hélas! dans quel état retrouvai-je ce père, ce mari! ce jeune homme plein d'espérance ! Le corps était enveloppé de vêtements humides, les yeux ouverts et vitreux, les mains serrées dans l'agonie de la mort. Je trouvai à peine la force de donner au jury les renseignements indispensables pour que le verdict ne condamnât pas ses restes à une punition infamante. Il y avait longtemps que je craignais ce dénoûment : le poids de la vie semblait trop lourd à Eugène. Dans ce triste sillon où il était engagé, la misère seule germait, il n'y pouvait récolter que le malheur.

— J'écrivis à Mme Elliot un billet, où, par un innocent mensonge, je lui annonçai que j'avais vu son mari, et qu'elle eût à ne pas s'inquiéter. Puis, je revins chez moi plein de tristesse. J'échangeai à peine quelques paroles brèves et tristes avec ma femme, et, poussé par un sentiment d'horreur et de vengeance, je me rendis chez Hallory.

Il était huit heures, lorsque mon cabriolet se trouva devant la porte de ce bourreau.

— Frappez fort dis-je au domestique !

Le marteau ébranla toute la maison : un valet se présenta. Son maître ne recevait personne, disait-il. J'entrai malgré lui et j'écartai de la main miss Gubbley, qui se récria contre mon insolence. On pouvait lire dans les rides qui sillonnaient ce visage, jeune encore, un mélange odieux des vices du sycophante et de la cupidité de l'avare.

— Vous me pardonnerez, madame, lui dis-je, il faut que j'entre ; j'entrerai ! Je veux voir M. Hallory et à l'instant même !

— Cette conduite est étrange, docteur, balbutia-t-elle. M. Hallory vous a déjà répondu !...

— Allons donc !...

Et je pénétrai dans le cabinet, où le marchand enrichi, étendu sur un sofa de velours rouge, paraissait sommeiller. Il se frotta les yeux, se souleva un peu et me reconnut.

— Docteur! s'écria-t-il, d'un air aussi épouvanté que surpris, qu'est-ce que cela signifie, et que me voulez-vous?

— Je n'aurais pas remis le pied chez vous, si quelque chose d'important et qui vous concerne ne devait vous être communiqué. Voici une lettre qui vous regarde :

Il vit le cachet noir, pâlit, entrouvrit les lèvres et ne parla pas. Miss Gubbley entra, resta debout devant l'embrasure d'une croisée et fixa sur nous ses petits yeux étincelants.

— Je ne veux parler qu'à vous, repris-je, en montrant du doigt la femme qui m'observait.

— C'est odieux vraiment! s'écria-t-elle; vous, ne devriez pas souffrir cela.

Mais Hallory lisait dans mon regard quelque chose de si décidé, qu'il prévit que notre entrevue avait un grave motif. Il fit signe à cette femme de se retirer. Je rapprochai ma chaise du sofa d'Hallory, pendant que le vieux marchand arrêtait sur moi des yeux effrayés.

— Lisez cette lettre, lui dis-je, lisez-la!

Il la prit, regarda le cachet noir, puis la suscription, retourna la lettre et reporta les yeux sur moi.

— Vous connaissez cette écriture?

— Non, murmura-t-il!

— Regardez-la encore, vous la connaissez!

Il plaça la lettre sur ses genoux tremblants, chercha longtemps ses lunettes dans la poche de son gilet, les plaça sur ses yeux d'une main frémissante, reprit la lettre avec le plus grand trouble, et sembla vouloir déchiffrer l'adresse.

— Je ne sais, reprit-il enfin!...

Je me taisais.

— C'est une écriture d'homme; oui, une écriture d'homme,

je crois, s'écria-t-il, en me regardant par-dessus ses lunettes.

— Ce matin, monsieur, une enquête de la couronne à laquelle j'ai assisté, s'est occupée d'un suicide. Cela vous regarde.

La lettre tomba de ses mains. Ses lèvres s'ouvrirent lentement.

— Samedi dernier, celui qui vous écrit s'est noyé. Ce matin, j'ai vu le cadavre, étendu sur la table d'une auberge. Ses yeux ternes, ses lèvres contractées, ses cheveux massés par la boue et la sueur, m'ont fait penser à vous, monsieur, à vous; car vous l'avez tué. Cet homme était Elliot.

Ses lèvres remuaient sans qu'il parlât; sa physionomie avait pris une expression hideuse. L'anéantissement qui accablait cet homme si dur m'étonnait moi-même. Miss Gubbley rentra sur la pointe du pied; cette vue le rappela à lui-même.

— Qu'elle sorte! qu'elle sorte! s'écria-t-il.

Ce fut le premier symptôme de l'inutile remords qui, pendant un mois entier, tortura ce vieillard coupable. Je ne forcerai pas le lecteur à me suivre plus longtemps dans cette carrière de souffrance dont nous allons atteindre le but. A quoi servit la fortune qu'il crut devoir laisser à sa fille? L'existence était épuisée chez cette jeune femme, et j'essayai vainement d'adoucir pour elle la douleur de ce que j'avais à lui apprendre et l'amertume de son isolement. Elle mourut d'une congestion cérébrale quinze jours après son père, qu'une apoplexie foudroya. Son accablement profond ressemblait à la léthargie; elle vivait réellement si peu que je regardais sa mort comme une grâce spéciale de Dieu. Chargé de soigner tour à tour et d'assister jusqu'au dernier moment les acteurs d'une tragédie bourgeoise dont rien n'effacera la trace dans mon esprit, je les vis descendre, l'un après l'autre, au tombeau que le suicide d'Elliot avait préparé. La Destinée, cette Némésis des poëtes, s'acquitta terriblement de son œuvre. Des angoisses incurables, une dévotion âpre et repentante, des souffrances physiques qui achevaient de l'irriter, rendirent affreuse la dernière agonie d'Hallory. Rétribution sans équité, qui frappe des mêmes coups, l'innocent et le coupable. Marie à l'heure de sa mort, avait à peine la force de serrer sur son sein, le jeune Henri, qui existe encore à Londres, qui a recueilli seul la fortune de son grand-père, qui ne lira pas ces détails sans émotion, et dont je dois taire le véritable nom, comme j'ai dissimulé la situation des personnages trop réels que j'ai mis en scène.

## VI

### LE CADAVRE HABILLÉ POUR LE BAL

— Il est inutile de m'en parler davantage, ma mère ; je veux aller au bal de M. P***, quand je devrais en mourir. C'est décidé !... Vous savez aussi bien que moi que le lieutenant N**** y sera, et comme il part demain matin... je monte... et je vais m'habiller.

— Charlotte ! pourquoi vous obstiner ainsi ?... Vous avez été souffrante toute la semaine, et vous savez ce qu'a dit le docteur : il n'y a rien de plus mauvais pour vous que de rentrer tard !...

— Bah ! ma mère, le docteur ne sait ce qu'il dit !

— Je vous en supplie, pour une seule fois, ne soyez pas si obstinée. Voyez, chère enfant, quel affreux temps il fait ; il pleut à verse... et n'entendez-vous pas cet horrible vent ? Vous serez mouillée, et vous vous enrhumerez, soyez-en sûre. Allons, restez ici et tenez-moi compagnie ce soir ; ce sera bien aimable à vous. — Mais, ma mère, je vous tiendrai aussi bien compagnie une autre fois. Pour aujourd'hui, j'irai chez M. P***, quand il pleuvrait des hallebardes. Ainsi, je monte, je vais m'habiller... Et elle s'en alla, fredonnant :

« Oh ! elle dansera, de blanc toute vêtue... »

C'est ainsi que miss J*** repoussa les prières et les conseils de sa mère. Mistress J\*\*\* n'avait pas d'autre enfant. Jamais on ne vit de plus faible, de plus frivole et de plus banale créature que cette jeune personne, qui venait d'entrer dans sa dix-septième année ; elle faisait le chagrin de son excellente mère et était à charge à toutes ses connaissances. Quoiqu'elle fût sans fortune, elle ne se refusait aucun plaisir, et se livrait sans mesure à son penchant immodéré pour la toilette. Elle n'était pas bien faite et était loin d'avoir un beau teint, ce qui ne l'empêchait pas, néanmoins, de se trouver très-jolie. Elle se faisait remarquer par sa mauvaise tournure, et se figurait qu'on la trouvait charmante.

J'étais son médecin depuis une ou deux années. Sa pâleur habituelle, sa maigreur, la faiblesse de son tempérament, tout cela, joint à d'autres symptômes, m'avait révélé l'existence d'une affection hépatique, et j'avais été la voir la dernière fois pour une oppression et une douleur de poitrine, qui m'indiquaient clairement une maladie organique du cœur. Les cas de mort subite ne sont pas rares dans ces affections, et je ne crus pas devoir cacher à la mère le danger auquel s'exposait sa fille, en se livrant à la danse, en se couchant tard, etc., etc. Mais l'entêtement de la jeune personne lui fit rejeter bien loin les douces et affectueuses remontrances de sa mère.

Huit heures sonnaient à l'horloge de l'église, lorsque miss J\*\*\*, allumant son bougeoir, monta à sa chambre pour s'habiller, tout en grondant la servante, qui avait oublié d'empeser des dentelles dont elle voulait se parer pour le bal. C'était d'habitude une longue et laborieuse affaire que sa toilette ; aussi, sa mère, qui lisait un livre de dévotion au coin de son feu dans le petit parloir, ne fut pas surprise d'entendre sonner neuf heures un quart sans que sa fille fût descendue. Le bruit qu'elle faisait au-dessus en allant çà et là, cessa au bout d'une demi-heure, et il y avait tout lieu de croire qu'elle était occupée devant la glace à arranger sa coiffure ou à disposer ses rubans.

— Comme Charlotte met du temps à sa toilette, ce soir! se dit Mistress J*** en levant les yeux de dessus son livre et en regardant le feu toute pensive. Mais j'y suis : c'est que le lieutenant N*** doit se trouver à ce bal. Après tout, moi aussi, j'ai été jeune, et Charlotte est vraiment bien excusable!... A ce moment, le vent souffla avec violence; Mistress J*** raviva les charbons, et elle remettait le poker en place, lorsque l'horloge de l'église sonna neuf heures et demie.

Mais que fait donc Charlotte depuis si longtemps? se demanda Mistress J***. Je ne l'entends plus remuer là-haut depuis trois quarts d'heure... Il faut que je m'en informe. La domestique entra à son coup de sonnette. — Betty! est-ce que ma fille serait sortie?

— Non, madame, répondit la bonne; il n'y a pas plus d'un quart d'heure que j'ai porté à mademoiselle ses fers à friser, et elle n'avait encore défait qu'une de ses boucles. Mademoiselle a dit qu'elle serait bientôt prête. Mais elle n'a pas voulu de sa robe de mousseline; elle l'a jetée à terre, et cela l'a mise de mauvaise humeur.

— Montez à sa chambre, Betty, et voyez si elle n'a pas besoin de quelque chose; dites-lui qu'il est neuf heures et demie, reprit Mistress J***.

Aussitôt la bonne monta et frappa à la porte de la chambre jusqu'à trois fois sans obtenir de réponse. On n'entendait que le vent qui entre-choquait les volets. — Mademoiselle se serait-elle endormie? se dit Betty; et elle recommença à frapper, mais avec aussi peu de succès que la première fois. Puis, commençant à s'inquiéter de ce silence, elle ouvrit la porte un instant après et entra dans la chambre. Miss J*** était assise devant sa glace. — Ah! mademoiselle, s'écria Betty en allant à elle, voilà au moins cinq minutes que je cogne à la porte, et... » Ici, la bonne chancela en poussant un cri de frayeur... mistress J... tressaillit et monta bien vite les escaliers, éperdue et tremblante... Miss J*** était morte !...

J'arrivai peu d'instants après. C'était par une sombre et pluvieuse nuit de mars; la solitude des rues, le mugissement de la bise, le bruit de l'eau qui tombait à seaux, ce désordre des éléments, sans compter le motif qui me faisait sortir de chez moi par cet horrible temps, me jetait la tristesse dans l'âme. Lorsque j'entrai dans la maison, mistress J..., en proie à une violente attaque de nerfs, était entre les mains de ses voisins accourus à son secours. Je montai à la chambre mortuaire, où m'attendait un spectacle que je n'oublierai de ma vie. Le lit était entouré de rideaux blancs; devant la fenêtre se trouvait une élégante toilette garnie de dentelles et de rubans et surchargée d'épingles, de pots de pommade, de gants et de bijoux. Devant la toilette, il y avait un fauteuil dans lequel était assise miss J... roide morte.

Elle était accoudée sur la table, la tête appuyée sur sa main droite, tandis que sa gauche pendait à son côté; elle avait des bracelets dorés aux poignets, et était vêtue d'une robe de mousseline blanche avec une garniture de blonde. La glace reflétait avec une effrayante fidélité son visage contracté et barbouillé de rouge et de blanc; la bougie, près de s'éteindre, répandait une lueur sinistre et faisait ressortir l'horreur de la scène. Sa mâchoire inférieure pendait sur sa poitrine, et on pouvait encore distinguer sur ses traits une expression de satisfaction, de contentement d'elle-même, que la mort n'avait pu lui enlever. Les cheveux étaient lissés et bouclés avec soin, et son cou était entouré d'un collier de perles brillantes. Le spectre de la mort apparaissait au milieu du clinquant et des oripeaux de la toilette... amer sarcasme des joies futures de ce monde... triste dérision des vanités humaines !...

C'était vraiment un spectacle humiliant et horrible, que cette pauvre créature frappée de mort, en sacrifiant sur l'autel de la frivolité féminine !...

Quand j'arrivai, le corps était déjà froid et roide : la mort remontait à environ vingt minutes ou une demi-heure. Ce fut en vain que j'essayai de tirer un peu de sang de son bras.

Après examen, nous reconnûmes que miss J... avait succombé à une maladie du cœur. Elle eût pu prolonger sa vie de quelques années, si elle eût voulu suivre mes conseils et ceux de sa mère. Pour ma part, j'ai vu bien des cadavres, dans l'attitude calme et tranquille d'une fin naturelle comme dans les crispations et les contorsions d'une mort violente, mais jamais... non, jamais je n'ai eu devant les yeux une aussi frappante satire des vanités humaines et un spectacle aussi effrayant, aussi repoussant que celui de ce cadavre habillé pour le bal!!!...

# VII

## LA CANTATRICE

Une cantatrice aimée du public et qui a reçu de la nature le génie de son art, le goût qui le dirige, surtout une de ces voix puissantes, dont l'étude augmente la séduction, est assurément quelque chose de plus qu'une femme. Il y a de l'idolâtrie dans le culte qui lui est rendu. Elle ne plaît, elle n'émeut pas seulement : elle exerce un pouvoir magnétique, une ivresse morale.

L'actrice tragique fait couler vos larmes, mais le bon sens ne quitte pas son trône ; la critique conserve son droit. Vous êtes encore juge ; vous pleurez, mais la sensation, l'admiration que vous inspire le talent du poëte, partagent avec la grande tragédienne le succès qu'elle obtient. La cantatrice agit sur vos sens ; elle doit vous enivrer, vous faire perdre tout souvenir de la vie, vous plonger dans une atmosphère de sons délicieux, dans une mer de voluptés ; et l'être qui produit ces merveilles est doué de la vie et de la beauté : c'est une femme, une femme parée de tout ce que le luxe et la mode inventent de plus séduisant ! Etonnez-vous donc que de sages têtes aient tourné, que de jeunes héros aient sacrifié leur fortune à ces fées toutes puissantes. Le bruit, la foule, l'éclat du théâtre, les applaudissements, les murmures et les cris d'approbation, les *brava !* jaillissent de cette assemblée émue et palpitante. Que de prestiges ajoutés à cet enivrement irrésistible !

Dans le cours de ma vie médicale, j'ai eu occasion de donner des soins à une cantatrice, victime intéressante de son art enchanteur. Si l'on excepte le nom de mon héros, que je dois altérer, et celui de l'ange funeste qui l'a perdu (ce dernier, je dois le taire; la cantatrice vit et triomphe encore), je n'omettrai, je n'altérerai aucun détail des scènes auxquelles j'ai assisté. Je l'ai dit souvent, mes prétentions ne sont pas celles du romancier, et les feuilles que je détache de mon carnet médical, toutes chargées encore des minuties de la réalité, ne sont que de simples matériaux pour l'observateur.

M. Warningham avait été élevé à Cambridge. Avant d'être appelé près de lui, dans une occasion que je ne tarderai pas à faire connaître, je ne l'avais jamais vu. Il était riche, bien né, fort instruit et doué d'un de ces tempéraments ardents, qui transforment tout en passion, même l'étude, même la géométrie et l'algèbre. De bonnes manières, un excellent ton, une politesse naturelle suppléaient en lui à l'habitude du monde. Il avait vingt-deux ans et n'avait encore observé ni approfondi autre chose que les poëtes grecs, nos vieux auteurs anglais et les tavernes de Cambridge. Son temps avait été partagé entre les folies un peu grossières dont nos jeunes universitaires se font un mérite, et des lectures savantes dont il avait tiré grand profit. Sans être ce que l'on nomme vulgairement un *mauvais sujet*, il avait suivi, tête baissée, le flot de dissipation et de débauche qui emporte d'ordinaire la vie des étudiants. Il avait fait du plaisir une affaire, de l'étude une passion.

On appréciera, d'après ce peu de mots, le caractère de M. Warningham, et l'impression qu'a dû produire sur lui son entrée dans le monde qu'il ignorait ; rien ne prépare moins à la société réelle, à l'usage ordinaire de la vie, que l'existence de l'université. Les beautés faciles de Cambridge, et leur souvenir assez peu brillant, avaient laissé chez lui des traces fugitives. A cet enthousiasme maladif que l'on puise dans les livres, il joignait une inexpérience complète, la vanité qu'inspire la conscience du mérite, un caractère impétueux et irritable, et ce besoin de voir ses passions satisfaites dès qu'elles étaient nées, besoin assez commun chez les gens riches; enfin, pour terminer ce portrait, l'expression de la physionomie la plus mobile, des traits pleins d'animation, un front élevé, un œil rayonnant d'intelligence suppléaient à la régularité qui manquait à sa figure. On reconnaissait son mérite, mais il passait pour original. Sa famille résolut de le marier de bonne heure et d'enchaîner toute cette fougue à l'autel d'hyménée, comme diraient les poëtes d'opéras comiques. Il vint à Londres, dans l'espoir d'y trouver la jeune personne qu'il devait épouser et qu'il avait vue à Cambridge ; elle était partie pour Brighton et ne devait revenir que dans quinze jours.

M. Warningham avait fait du théâtre une étude spéciale. Il aimait surtout ces vieux auteurs dramatiques anglais, dont l'énergique diction flattait ses goûts littéraires et correspondait avec ses penchants naturels. Il alla au spectacle. On donnait ce soir là : *Une Nouvelle manière de solder les vieilles dettes* [1], œuvre excellente de notre vieux Massinger [2]. Un opéra en un acte servait de petite pièce. Miss ***, cantatrice célèbre, dont je ne veux indiquer ni le nom, ni la patrie, ni les succès nombreux, était la *prima donna* de la soirée.

Miss *** n'est pas d'une beauté régulière ; mais elle a du charme, de la gentillesse, de fort beaux yeux et une voix

---

[1] *A New way to pay old debts.*
[2] Auteur qui vivait sous Charles Ier.

qui pénètre l'âme. L'émotion du jeune homme, qui n'avait vu jusque-là d'autre théâtre et d'autres acteurs que ceux de Cambridge, fut extrême. Le lendemain, la cantatrice devait encore jouer. Il loua d'avance la loge d'avant-scène et vint s'y établir. Il revit ces yeux qui *l'affolaient*[1], comme il me le dit lui-même plus tard, et imagina que leur lustre velouté, leur clarté caressante s'arrêtaient sur lui. Elle jouait un rôle naïf et intéressant. Warningham, penché sur le bord de la loge, ne respirait pas. Son regard intense et passionné la suivait toujours. Cette imagination qui avait sommeillé jusqu'alors, ce cœur où les émotions abondaient sans avoir trouvé leur essor, jaillirent et s'enflammèrent tout à coup. Il crut que ses yeux rencontraient ceux de miss\*\*\*, et qu'embarrassée et pudibonde, elle se retournait pour échapper à son regard. Elle chanta une mélodie de Bellini pleine de langueur et de mélancolie; cette mélodie exquise émanant des lèvres de miss\*\*\* acheva de perdre Warningham. Son extase bruyante força le public à intervenir et à réduire au silence son admiration par trop éclatante. Encore! encore! criait-il en battant du pied le plancher et de la main le velours qui lui servait d'appui. L'attention de la cantatrice se porta sur cette loge; l'espèce de reconnaissance et de plaisir que son sourire exprimait pénétra jusqu'au fond de l'âme du jeune homme. Dès ce moment c'était fait de lui; sa fiancée était oubliée, son sort fixé, la fascination complète. La cantatrice s'était emparée de toutes ses facultés.

A peine fut-il capable d'écouter le reste de la pièce; son corps tremblait; l'haleine lui manquait. Lorsque le rideau tomba, il s'élança hors de la loge, sortit en courant, alla se poster auprès de la petite porte des acteurs, où il espérait voir apparaître bientôt miss \*\*\*. En effet, un manchon, un

---

[1] *Maddening eyes.*

voile, un long cachemire se montrèrent; c'était la cantatrice. Elle donnait le bras au capitaine C..., dont les campagnes de coulisses et les exploits d'opéra ont accru la renommée. Une voiture élégante attendait la cantatrice et le capitaine, qui l'aida à y monter et se plaça près d'elle. Le cocher toucha; la voiture partit.

C'était en hiver. Il tombait une pluie fine, pénétrante et glacée. Le cocher et le valet de pied eussent donné une bonne part de leurs gages pour s'exempter ce soir-là de leur service. Croira-t-on que Warningham, après avoir gagné à prix d'or le valet de pied, eut le courage ou la folie de monter avec lui derrière la voiture qui portait son idole? La pluie continuait; et pendant que les habitants de la berline causaient paisiblement, tendrement peut-être, voici la conversation qui s'engageait, à demi-voix, entre Warningham et le valet, suspendu derrière le jeune homme, et dont une guinée avait gagné le cœur.

— Où demeure votre maîtresse?
— Près de New-Road [1].
— Mais vous n'en prenez pas la route.
— Elle va chez le capitaine C..., près de Hyde-Park.
— Elle y passera la nuit?
— Oui, et sans doute la journée de demain.
— Cela lui arrive souvent?
— Oui, personne ne l'ignore.

La voiture s'arrêta enfin devant l'hôtel du capitaine. Warningham quitta son poste et s'éloigna rapidement; il rentra chez lui mouillé, fatigué, la tête brûlante, menacé d'un gros rhume, et plus follement amoureux qu'on ne le fut jamais. Un espion qu'il plaça devant la maison de la cantatrice lui apprit que la femme de chambre de cette der-

[1] Boulevard de Londres.

nière était rentrée, mais qu'on n'avait pas vu sa maîtresse : on disait dans le voisinage qu'elle était chez le capitaine.

Qu'une liaison de la nature la moins équivoque existât entre ce dernier et la jolie cantatrice, ce ne pouvait être l'objet d'un doute : l'extravagante passion du jeune homme, au lieu de reculer devant tant d'obstacles, s'en irrita. Miss *** devait chanter le soir; Warningham voulut aller l'entendre; mais un de mes confrères qui le soignait, et qui, par hasard, lui rendit visite, le trouva dans un état trop alarmant pour lui permettre de quitter la chambre. Il avait la fièvre; il avait maigri en deux jours; et l'excitation la plus violente, augmentée par l'insomnie, faisait affluer le sang vers le cerveau. Warningham se mit au lit, après avoir envoyé à la cantatrice une élégie passionnée; sa nuit fut plus calme. Le lendemain, on vint lui apprendre que miss *** était rentrée chez elle. En dépit de la médecine et de ses ordonnances, il résolut de retourner à Drury-Lane le soir même, et d'occuper la loge où il s'était placé les jours précédents.

Une famille avait loué d'avance la loge que désirait Warningham, et qu'il avait déjà occupée. Il fut obligé de se contenter de celle qui se trouvait vis-à-vis. Il avait pensé à demander à cette famille l'échange des deux loges; on lui fit sentir l'extravagance de cette idée, à laquelle il ne renonça que difficilement. Il alla donc s'installer à son poste, et s'enivrer encore des chants et de la beauté qui lui ôtaient la raison.

Le rôle que miss *** remplissait ce soir-là lui prêtait le charme du roman. La singularité de son costume, l'intérêt de la situation où elle se trouvait placée dans le drame agirent puissamment sur Warningham. Il s'associait à tous les événements de la pièce et se laissait emporter à l'illusion du théâtre. Quand la rampe s'abaissa; lorsque la demi-clarté répandue sur la scène laissa voir l'héroïne sortir en tremblant d'une forêt où elle s'était égarée; lorsque dans sa terreur et son trouble elle jeta les yeux autour d'elle, comme pour échapper au séducteur qui la poursuivait, la tête du jeune homme se pencha, il croisa les bras; il oublia tout. Puis la lumière reparut et éclaira la cantatrice : on vit resplendir les velours et les pierreries qui la couvraient, les boucles de cheveux noirs qui tombaient sur ses épaules nues, le manteau écossais qui l'enveloppait : bientôt ce manteau, rejeté en arrière, laissa voir et permit d'admirer sa beauté; rien dans son costume et sa démarche n'offensait réellement la pudeur; mais tout en elle appelait la volupté; le public enthousiaste témoigna par l'unanimité de ses applaudissements sa surprise et son plaisir. Imaginez l'extase où l'admirateur de miss *** resta comme anéanti; les forces lui manquèrent; son agitation lui fit perdre un moment connaissance.

Le rideau tomba; il était revenu à lui-même. On rappela l'actrice, qui fut obligée de reparaître sur le théâtre. Elle rentra par la coulisse voisine de la loge de Warningham; un cri involontaire lui échappa; puis comprimant l'expression de son enthousiasme, il prononça ces paroles à voix basse, mais assez haut pour qu'elle les entendît :

— Tu es un ange !

Elle s'arrêta émue et surprise; un sourire se dessina sur ses lèvres; un léger mouvement de tête sembla dire à l'interrupteur qu'il y avait de l'indiscrétion dans son élan. Warningham tremblait. A ses yeux, c'était un commencement d'intelligence, une sympathie établie, un encouragement donné à ses avances : Dieu sait comment il se mit tout cela dans la tête! Bref, il ne douta même pas qu'elle n'eût reconnu l'auteur de l'élégie et le martyr de ses charmes.

A la fin de la pièce, il se hâta d'aller, comme la première

fois, se mêler au groupe de curieux qui se forme ordinairement à la porte des acteurs. Miss *** sortit accompagnée d'une femme de chambre, qui portait un carton, et monta dans une voiture de place. Le jeune homme, arrêté dans son projet, paralysé, glacé, comme foudroyé par la vue de l'objet aimé, n'eut pas même la présence d'esprit de l'aider à monter dans la voiture; ses genoux tremblaient, ses dents claquaient; un second fiacre approcha; il ordonna au cocher de suivre son camarade, en quelque lieu qu'il allât. Les deux voitures arrivèrent ensemble au logement de la cantatrice. Warningham descendit et se dirigea vers cette maison, où miss *** allait entrer.

En voyant un étranger qui la saluait et lui offrait son bras, elle témoigna de la surprise, de la crainte, du mécontentement. Puis, arrêtant ses regards sur le jeune homme, elle se rappela les traits et la démarche de celui qui avait attiré déjà son attention pendant la soirée, en proférant une étrange exclamation. La figure de l'actrice exprimait la gêne et le déplaisir; il la pressait vivement de ne pas refuser son bras.

— Ma femme de chambre est là, monsieur, répondit-elle d'un ton froid; et elle se dirigea vers la porte, dont elle souleva le marteau.

— Chère madame [1], reprit l'insensé en balbutiant, permettez-moi d'avoir l'honneur de me présenter chez vous, demain matin, et de m'informer de l'état de votre santé, que la fatigue de cette soirée a pu altérer.

Elle répondit d'un ton de voix sec et décourageant, qu'il lui était impossible de deviner ce que signifiaient ces paroles et ces témoignages d'intérêt que lui prodiguait un étranger; qu'elle ne devait y répondre autrement que par

[1] *Dear madam*, terme de politesse.

l'expression de son étonnement; qu'il était bizarre et fort peu convenable de l'arrêter ainsi dans la rue, par une nuit d'hiver, et qu'elle était blessée et non pas flattée de ces bizarres prévenances.

— Quant à la visite que vous m'annoncez, monsieur, continua-t-elle, vous êtes libre de la faire; mais si vous comptez être reçu, vous serez désappointé, je dois vous en avertir.

Tout cela n'était pas encourageant. La porte s'ouvrit; miss *** fit à son triste adorateur une froide salutation et le laissa en proie aux tourments d'un amour malheureux.

La fiancée de Warningham, ses projets, ses espérances, tout avait disparu, tout s'était effacé de sa pensée. Depuis minuit jusqu'à six heures du matin, il resta dans la rue, marchant de long en large devant la maison de sa belle, les yeux attachés sur une lumière qui scintillait à une fenêtre du premier étage, montant et remontant les degrés que la cantatrice venait de fouler. La neige tombait à gros flocons, le sol en était couvert, et l'infortuné Céladon s'amusait, sous cette neige glaciale, à rester debout à la même place que l'idole avait occupée au moment où elle l'accablait de son dédain. Délire! insanie complète! Il fallait qu'une vie de collége et des antécédents pareils à ceux de Warningham l'eussent préparé à cette extravagance; il fallait une organisation comme la sienne, un entraînement aussi facile, une fougue aussi impétueuse, aussi aveugle, pour expliquer de tels actes chez un homme de bon sens, qui (chose assez peu édifiante) allait contracter mariage! Quand je fis cette remarque à Warningham, il me répondit :

— Que voulez-vous? c'était plus fort que moi. Une impulsion aveugle m'emportait.

Le watchman criait six heures du matin quand le jeune homme fit arrêter un fiacre qui passait, et s'en servit pour rentrer chez lui ; ses facultés physiques et morales étaient anéanties. Épuisé de fatigue il se jeta sur son lit, tout habillé, ne se réveilla qu'à midi, et, pendant quelques instants, il imagina que la cantatrice était debout près de lui : il crut revoir le sourire, entendre le chant de la sirène; la fascination était complète ; il ne put s'empêcher de lui adresser la parole. A trois heures, il s'habilla et partit pour rendre visite à un jeune pair d'Angleterre, dont la vie facile et les mœurs légères traînaient un beau nom dans la poussière des coulisses. Ce fut le confesseur de Warningham, qu'il écouta gravement.

— J'ai quelque expérience de ces affaires, lui dit-il ensuite. Souffrez que je devienne votre mentor. Nous allons faire ensemble l'emplette d'un bijoux, d'une bague, par exemple. Nous l'adresserons à miss ***; un billet poli l'accompagnera. Nous ne lui parlerons que du plaisir qu'elle cause à ses auditeurs, de son admirable talent, et nous la supplierons d'accepter ce souvenir, comme un faible témoignage de l'enthousiasme qu'elle inspire. Vous signerez cette épître. Elle provoquera une réponse; vous expliquerez, on vous répondra de nouveau. Le fer une fois engagé, nous verrons.

Le jeune conseiller de Warningham avait bien calculé. La magnifique émeraude qui ornait la bague ne brilla point impunément aux yeux de la belle, qui la garda. Le lendemain, petite lettre parfumée remise à notre héros qui se trouvait encore au lit. Miss *** le remercia du présent exquis et de bon goût qu'il avait bien voulu lui envoyer, elle le priait de croire qu'elle serait heureuse de porter sur la scène la bague choisie par un dilettante, dont les encouragements avaient quelque chose de si flatteur! Refuser un beau diamant! Stoïcisme rare au théâtre!

Que faire ensuite ? Il n'en savait trop rien ; mais ce début n'était point malheureux. Déjà la cantatrice était devenue son obligée : il espérait lier bientôt connaissance avec elle; et sans la défense formelle de son médecin, il eût été lui rendre visite dès le soir. Le lendemain, la même interdiction pesa sur lui, et le retint dans sa chambre. Sa santé s'améliora; il se consola de la sévérité avec laquelle on le traitait, en écrivant à l'objet de ses désirs : il avait disait-il, quelque chose *d'important* à lui communiquer, et il lui demandait quelques instants d'audience. Vous cherchez, lecteurs, quelle pouvait être cette importante communication? elle ne vaut, en vérité, pas la peine de vous être confiée. Je ne sais pas même si le pauvre Warningham s'était formé une idée nette de ce qu'il prétendait dire à la cantatrice; l'important pour notre amoureux, c'était de la voir et de lui parler.

Au surplus, le stratagème, tout grossier qu'il fût, réussit. Warningham reçut une invitation polie, où miss *** en le priant de venir déjeuner avec elle le dimanche suivant, lui laissait entendre qu'elle le recevrait seul, et témoignait la curiosité que lui inspirait la communication importante que l'épître de Warningham avait lancée comme un appât. Quelle joie pour Warningham! Comment sa vie ne se brisera-t-elle pas dans cet intervalle, dans cet abîme, dans ce mortel espace de trois journées? Que ne pouvait-il anéantir les heures qui le séparaient de la félicité suprême!

Enfin le moment arriva; le moment si impatiemment attendu, si vivement, si ardemment désiré. Il quitta sur les neuf heures du matin son hôtel, et, le cœur palpitant d'espoir et de crainte, il se rendit chez la cantatrice.

Une femme de chambre ouvre et introduit Warningham dans une belle salle à manger. Près d'une table servie avec somptuosité, une dame âgée, chaperon inséparable de toute actrice à la mode, continue à lire son journal. Miss *** est au piano; elle essaye ces vocalisations brillantes, ces points d'orgue éloquents et interminables qui ont si souvent pénétré d'enthousiasme ses auditeurs ravis. Sa parure est simple, mais d'une coquetterie et d'une grâce raffinée. Pâle et un peu flétrie, elle n'a plus cet éclat factice, dont le fard, les lustres du théâtre, le prestige de la scène environnent une actrice; mais sa langueur intéresse; l'expression de fatigue qui s'empreint sur ses traits amaigris a un nouveau charme pour le jeune homme; il n'était que son adorateur, il devient son amant; il est touché de sa mélancolie. Ces beaux yeux si souvent admirés d'un public que leur éclat séduisait, s'arrêtèrent doucement sur Warningham. Elle l'accueille avec aisance, et surtout avec cette politesse affable qui n'est plus la simple civilité. Ces douces manières, ces sourires enchanteurs, cette voix caressante et animée font naître dans son sein des émotions profondes, rapides, impossibles à définir, à décrire, à réprimer. Voilà celle de qui son destin dépend; la voilà près de lui; il la touche, il lui parle; elle l'engage à s'asseoir à sa table, elle, la perle du théâtre, la cantatrice à la mode!

Quand Warningham lui rappela l'exclamation qu'il avait laissée échapper et qui avait interrompu la rentrée de la cantatrice, elle rougit légèrement. Il s'aperçut de cette émotion, et ses veines, où courait à flots pressés un sang plus brûlant et plus rapide, furent sur le point de se briser. A peine pouvait-il conserver le calme extérieur d'une visite de politesse. La conversation s'anima : il fut brillant, varié, plein de feu, d'âme, d'éloquence. Miss *** savait causer, et lui répondit sur le même ton. Les heures qui s'écoulaient portèrent au comble le délire du jeune homme. Pauvre Warningham! Miss *** avait lu ses auteurs favoris, elle les aimait; c'eût été assez pour l'enivrer et le perdre. La cantatrice écoutait avec une attention réelle ou simulée les plus poétiques passage de *Roméo et Juliette*, récités d'une voix mélancolique et agitée, quand une voiture s'arrêta devant la porte. A ces coups pressés du marteau qui battait la plaque d'airain, on ne pouvait méconnaître l'arrivée et la visite d'un personnage important : l'aristocratie anglaise ne s'annonce pas autrement[1]. Miss *** tressaillit et parut mécontente. La femme âgée, dont le rôle avait été muet jusqu'alors, se leva.

— Mon Dieu, ma chère, s'écria cette dernière, est-ce que vous recevrez cet homme ?

Miss *** s'était approchée de la persienne, à travers laquelle son œil pénétrait dans la rue.

— Ce n'est que lord Ellington, reprit-elle, en affectant un air d'indifférence. Je ne veux pas le voir ; il m'assomme !

Sa physionomie mobile exprimait un de ces caprices d'enfant, une de ces bouderies taquines, dont les femmes se font une arme de défense et d'attaque. Renvoyer un lord, refuser de le recevoir, tandis que l'on m'accueille et me reçoit ! idées énivrantes, qui se pressaient dans l'esprit de Warningham. Un domestique présenta à sa maîtresse la carte du lord.

— Je n'y suis pas, dit languissamment et froidement la cantatrice. On ne peut pas recevoir tout le monde, n'est-ce pas ? En disant ces mots, elle se tourna vers le jeune homme, qui s'approchait de la fenêtre.

— Ah ! je vous prie, lui dit-elle à demi-voix, ne vous montrez pas ; attendez que ce gentleman et son phaéton soient partis !

La jolie main de la cantatrice frappa légèrement l'épaule de Warningham ; l'émeraude dont il lui avait fait cadeau brillait sur cette main blanche aux doigts minces et effilés, que pouvait-elle ajouter à tant de prestiges ? Comment aurait-elle pu s'y prendre pour augmenter la folie du jeune homme ? Elle l'acheva en se mettant au piano, en jouant et

[1] On sait que diverses classes de la société anglaise s'annoncent en frappant d'une manière qui diffère pour chacune d'elles.

chantant tous les airs qu'il aimait. Cet instrument, à ce que la femme âgée se plut à répéter, était un cadeau du célèbre lord R..., cadeau magnifique, dont les ornements étaient aussi précieux et aussi rares que la forme en était élégante et la structure intérieure parfaite.

A plusieurs cavatines et grands airs, chantés avec toute l'âme et toute la puissance d'exécution que miss *** possédait, succéda un allegro brillant, dont le style, par sa naïveté piquante, convenait admirablement à son genre de talent. Une ritournelle rapide termina chaque couplet. La musicienne semblait se jouer à la fois des difficultés vocales, et de celles dont elle semait comme à plaisir son instrumentation. Je n'essaierai pas de peindre l'ivresse de Warningham. Quelques arrangements domestiques forcèrent la femme âgée dont j'ai parlé à quitter la chambre. Warningham, entraîné par la passion qui le dominait, saisit la main de la cantatrice, et incapable de prononcer une seule parole, il tomba à genoux devant elle, en couvrant sa main de baisers. Alors il eût fallu voir les paupières de la cantatrice s'abaisser, un sourire de coquetterie relever les coins de sa bouche, et ses traits exprimer l'étonnement et le silence orgueilleux de son sexe. Elle dégagea sa main sans trop de vivacité, et continuant à toucher le piano, les yeux toujours fixés sur Warningham, elle fredonna ce fragment d'un opéra comique anglais :

> A mes pieds il soupire,
> Et je l'entends me dire :
> Que d'amour il expire !
> Vraiment, il m'attendrit :
> Voyez comme il gémit !
> Oyez comme il redit
> Son douloureux martyre !
> Tra la la la ! tra la la, tra la la ! etc.

— O la plus séduisante des femmes, s'écrie Warningham! toute beauté, tout esprit, toute grâce! Comment vivre sans vous?

— Mais... vous auriez fait un très-bon acteur, monsieur Warningham, interrompit l'actrice. Songez-y donc un moment: votre nom n'irait pas mal sur une affiche. « Aujourd'hui pour les débuts de M. Warningham, *Roméo et Juliette!...* » Mais, continua-t-elle avec une espièglerie charmante, Roméo voudrait me persuader que je suis Juliette, et que son amour est chose sérieuse... n'est-il pas vrai?

Warningham, pour qui c'était chose très-sérieuse que ce fol amour, parlait avec éloquence. L'extravagance, dans ces importantes occasions, ne déplaît pas aux femmes, et miss \*\*\* était touchée. Elle fixait sur lui un regard où l'admiration se mêlait à l'attendrissement; et gardait le silence. On entendit plusieurs fois frapper à la porte de la rue. La cantatrice pâlit.

— Ah mon Dieu! mon Dieu! c'est le capitaine \*\*\*. Comment faire? Pourquoi revient-il de la campagne? Ah ciel! qui aurait pu se douter de cela?

Warningham quitta l'humble posture qu'il avait choisie.

— Pourquoi, madame, cette visite vous trouble-t-elle? Puis-je le savoir? Si l'arrivée de ce capitaine et sa présence vous inquiètent et vous troublent, il est facile de le congédier. Je vous en supplie, madame, ne me privez pas du plaisir le plus vif que j'aie goûté de ma vie. Dites que vous n'y êtes pas!

Elle ne l'écoutait point. Sa mutinerie, sa vivacité, sa gaieté avaient disparu.

— Ah! bon Dieu! s'il vous voit ici!... le voilà! le voilà; il entre... Souvenez-vous que vous êtes... un directeur de province... entendez-vous?... Un engagem...

Elle n'acheva pas; Warningham, qui ne connaissait point

la vie de coulisses, ne comprit point les paroles que la cantatrice avait prononcées à voix basse et toute tremblante. Un militaire, en pantalon blanc et en uniforme, tenant une badine à la main, entra sans apercevoir Warningham, que la porte cacha, en s'ouvrant. Le capitaine, d'un pas rapide et leste, s'avança vers la cantatrice.

— Eh bien, mon ange, comment vous trouvez-vous?

Puis il reconnut qu'elle n'était pas seule, et toisa d'un air fort insolent le pauvre Warningham.

— Qui diable avez-vous ici? quel est ce monsieur?

Il quitta la main de miss *** qu'il avait saisie et laissa tomber sur le *monsieur* un regard mécontent, sombre, presque menaçant.

— C'est, interrompit à demi-voix la cantatrice, c'est un directeur de province... Il venait... il...

Elle balbutia, s'embarrassa et ne put continuer.

Malheureusement notre jeune homme était peu endurant. Sa naïve ignorance d'érudit n'avait pratiqué aucune des rouéries de l'intrigue; le ton du capitaine l'offensait; il ne savait ce que voulait lui dire la cantatrice. Il eut peine à se contenir.

— Capitaine, s'écria-t-il en boutonnant sa redingote, que signifie tout ceci? Que veut dire l'insolente manière dont vous vous conduisez envers moi?

Warningham étouffait de colère; il se modérait pourtant. Le capitaine le toisa de nouveau.

— Vous, monsieur, vous! Et savez-vous à qui vous parlez?

— Non, et cela ne m'embarrasse pas. Apprenez, qui que vous soyez, que vous ne m'effrayez pas et que je ne suis pas fait pour subir patiemment vos insultes!

Une exclamation, trop énergique pour être répétée, sortit des lèvres du capitaine, qui semblait aussi étonné qu'irrité.

La cantatrice, pâle, immobile, respirant à peine, restait appuyée sur le piano. La stupeur où elle était plongée lui ôtait l'usage de la parole.

Le capitaine qui avait, si je puis employer ce terme, couvé sa colère pendant une ou deux minutes, proféra de nouveau son jurement formidable, qu'il fit lentement résonner.

— Cela ne se passera pas ainsi ! s'écria-t-il.

Puis sautant sur Warningham et faisant siffler sa badine, il la brisa sur l'épaule du jeune homme. Warningham était robuste, et le plus vigoureux soufflet répondit à l'attaque de son adversaire. Miss *** appelle au secours; l'officier, adepte dans le grand art de boxer, se met aussitôt en position. Warningham, peu exercé dans ce genre d'escrime, reçoit sur la tête, sur les épaules, sur la poitrine une grêle de ces coups de poing anglais qui assommeraient un bœuf, et que les *habiles du moulinet*, comme on les appelle, savent distribuer avec une adresse et un luxe si merveilleux.

Le jeune adorateur de miss *** resta donc étendu sur le tapis, qu'il souillait de son sang, immobile, privé de connaissance; il était comme un cadavre aux pieds du boxeur son rival. Il ne retrouva l'usage de ses sens que vers le milieu de la nuit suivante. On l'avait rapporté chez lui ; sa tête était entourée de linges et de compresses; la garde-malade veillait au chevet de son lit. Une fièvre nerveuse le dévorait; cette fièvre augmenta le lendemain. Il eut le délire. Au lieu de céder à la diète et au régime, ce délire devint permanent. Le médecin ordinaire de Warningham, effrayé de cette situation critique, vint me trouver, me raconta cette étrange histoire et me pria de l'aider de mes conseils. Je me rendis avec lui chez le jeune homme.

La chambre à coucher était en désordre; les tables gisaient renversées, les fioles et les vases brisés jonchaient le parquet. Deux domestiques venaient, à grand'peine, d'emprisonner Warningham dans cet instrument de torture que l'on nomme chemise de force. Il était assis sur le coin de son lit; tout défait, la sueur ruisselait de ses joues. Ses yeux, dont l'éclat hagard se portait tour à tour sur tous les coins de l'appartement, sortaient de sa tête; ses secousses et ses convulsions ébranlaient le lit et la chambre; son visage, défiguré par une convulsion violente, n'avait plus rien d'humain. Après avoir lancé contre le capitaine un torrent d'invectives et d'anathèmes, après avoir épuisé ses forces dans la lutte terrible qui fatiguait ses gardiens, il retomba haletant, silencieux, morne, vaincu par la lassitude. Sa respiration ressemblait au bruit que fait un homme qui ronfle; ses veines, grossies et rouges, se montraient sur ses mains et sur son front comme des muscles puissamment tendus. Il finit par cacher et ensevelir sa tête sous son oreiller. Je m'approchai et je touchai ses tempes qui étaient brûlantes.

— Ah! dit-il en se retournant, Kean [1] chez moi! Je ne m'attendais pas à cette visite. Monsieur, ayez l'extrême bonté de vous asseoir.

— C'est un honneur que vous me faites, continua-t-il, mon cher monsieur Kean...

Il balbutiait et semblait embarrassé. Je ne le contrariai pas; je pris, si je puis le dire, l'accord et l'unisson de sa folie, seul moyen que l'on doive employer en de telles circonstances. Je le saluai et je m'assis.

— Quels yeux, quels yeux! continua le fou en me regardant fixement. Où les avez-vous pris, ces yeux-là? Quel démon vous a prêté ces prunelles ardentes? Ce ne sont pas là des regards d'homme!

— Vous croyez? lui demandai-je froidement.

— Non, non; je les ai vus à travers les grilles de l'enfer;

[1] Le célèbre Kean, acteur énergique et souvent vulgaire.

vous les avez pris là-bas, au grand brasier que Satan alimente... Ah! ah!... je parle bien... n'est-ce pas?... qu'en dites-vous?... éloquemment, dramatiquement.

Il riait à gorge déployée. J'avais l'air de l'écouter avec la plus profonde attention.

— Demain, je vous dirai des nouvelles du Tartare et du Phlégéton, mordieu! car j'y vais, voyez-vous! (*Baissant la voix.*) J'y descends en droite ligne; j'apprendrai le dialecte qu'on y parle, et je reviendrai... je reviendrai te l'apprendre, Othello, mon ami!... Si tu n'y gagnes pas cent mille livres sterling par année, je veux qu'on me pende.

Puis, s'adressant à lui-même, il ne murmura plus que des mots inintelligibles; et sa voix, quittant le diapason élevé où elle s'était soutenue, s'éteignit dans un murmure. Une ou deux minutes s'écoulèrent en silence; puis il reprit:

— J'avais besoin de vous parler, mon cher Kean. Je vous ai fait demander, on vous en a instruit?

— Assurément.

— Très-bien, très-bien... c'est aimable à eux. Mais si vous pouviez me regarder moins fixement, vous me feriez plaisir. Il y a de la flamme dans vos regards. Détournez-les, détournez-les.

Je lui obéis.

— Maintenant, écoutez-moi. Ma tragédie... Vous ai-je dit quel en est le sujet? C'est une œuvre immense, empreinte de la férocité la plus atroce, elle est achevée ou à peu près. Je vous destine le premier rôle, caractère qui ne convient qu'à vous; mélange de Shylock, de Richard III et de sir Giles Overreach [1], personnage où vous serez sublime et qui réunit la profondeur à l'audace. M'écoutez-vous, grand homme?

— Oui, certes, je t'écoute et connais ta pensée!

[1] Rôles de Shakspeare, dans lesquels Kean excellait.

Cette citation de Shakspeare frappait la note sensible, la fibre la plus délicate de son intelligence. Il me regarda :

— Diable! voici un à-propos très-heureux, mon cher Kean. Ah çà! vous avez trop d'esprit pour vous montrer rebelle à la critique. Je n'aime pas votre *Macbeth*. Rôle manqué, tout à fait manqué. Vous n'y entendez rien, rien, rien.

Il recommençait à rire de ce rire sardonique qui m'avait épouvanté.

— Je souscris à votre jugement, lui dis-je.

— A la bonne heure!... Macready[1] est meilleur que vous dans *Macbeth*. Le Macbeth de Shakspeare n'est pas un brigand comme toi, Kean; un écumeur de mer, un bœuf, un taureau furieux, un maniaque; un bandit comme toi, Kean. C'est un gentleman. Va à l'école de Macready, écoute-le, quand il prononce à demi-voix :

> Est-ce le roi qui vient?

Je me taisais.

— Pourquoi m'interrompez-vous, monsieur? continua-t-il en secouant violemment ses gardiens. Ne m'interrompez pas; c'est très-malhonnête... Vous disiez... qu'est-ce que vous disiez? vous me parliez de ma tragédie.

> Oui, c'est la tragédie,... oui, c'est la tragédie,
> Qui de l'âme du roi fait jaillir le remords[2].

— Eh bien! m'interrompre toujours, toujours!... Qu'est-ce donc que je disais?

Je n'avais pas ouvert la bouche, et le malheureux avait abandonné la trace de ses pensées errantes qui s'échappaient de son cerveau en désordre. Il reprit d'un air triste :

---

[1] Acteur anglais que l'on a vu à Paris.
[2] Vers prononcés par Hamlet dans le drame de Shakspeare.

— Je suis donc fou, il faut que je sois fou... Shakspeare a dit que la mémoire est la pierre de touche du bon sens : il y a là, monsieur Kean, bien de la philosophie ; c'est d'une profondeur qui effraye. Vous rappelez-vous ce passage?

— Non, monsieur.

— La peste vous étouffe! acteur sans âme, perroquet de vers blancs; trois rôles lui suffisent; il ne sortira jamais de là. Tels sont les acteurs! des automates qui parlent. Mais pardon, je vous semble sévère, mon cher Kean, et je suis juste. Malédiction! ce passage sur la... sur quel sujet?

Il s'arrêta de nouveau.

— Diable! le fil de mes idées... où est-il? Ah! la mémoire, la mémoire!... Shakspeare... Dieu soit loué! le voici! le voici; écoutez bien. C'est dans le *Roi Léar* :

> Moi, fou! mettez-moi donc à l'épreuve; Seigneur!
> Ce que nous avons dit, je vais vous le redire.
> Sans faillir d'un seul mot... si j'étais en délire
> Ma mémoire bientôt trahirait mes efforts :
> Qu'en pensez-vous?

— Grand philosophe que Shakspeare?

— Oui, monsieur.

— Eh bien, il n'y a plus qu'un seul Shakspeare au monde. C'est moi, moi seul!... je dirai... Falstaff et le prince... Ah!

Un cri bizarre sorti de sa gorge et que je ne puis comparer à aucun bruit connu, interrompit sa narration. Ce spectacle m'attristait; et j'observais, non, sans terreur, ce mélange de mémoire et de folie, ces débris de raison, cette étrange alliance de ce qui fait le maniaque et l'homme sage.

— Ma pensée, ma pensée... je crois la tenir... elle fuit, elle m'échappe comme une anguille.... l'anguille, monsieur Kean, c'est un serpent; la manger c'est brutal, c'est abominable... Je parlais donc des anguilles... Au nom du ciel, d'où vient que je parle des anguilles?

— Vous disiez que votre pensée vous échappait.

— C'est vrai, c'est cela; ma tête n'y est plus. O mon Dieu! quel tourment de courir après ses propres idées qui s'évanouissent devant vous comme des spectres! De quoi parlions-nous au commencement de cette conversation?

— D'une tragédie que vous aviez faite.

— Ah! oui, je vous disais que le rôle principal vous est destiné; étudiez-le, morbleu! étudiez-le et rendez-le bien; je serai dans un coin du parterre et je vous sifflerai comme vous n'avez jamais été sifflé, comme un boa d'Amérique... le boa... est un animal... Mais la chaîne des idées où est-elle? Arrêtez ma pensée qui s'échappe, empêchez-la de s'enfuir.

— Il s'agissait de votre tragédie, monsieur.

— J'y suis, maintenant... J'ai un autre rôle pour miss ***, actrice incomparable, merveille du monde... reine, ange du ciel.

> Daigne abaisser vers moi tes regards, Juliette;
> Que leurs rayons charmants consolent mes douleurs.
> Un seul, un seul regard...

A cette citation élégiaque succéda un hurlement hideux, qu'on entendit de la rue et de la place voisines. Les assistants étaient glacés d'effroi. Je repris d'un ton calme :

— Soyez plus paisible, mon cher monsieur Warningham, vous la reverrez.

Il recommença le même cri, et se débattant dans les bras de ses gardiens :

— Allez-vous-en tous! allez-vous-en... Voulez-vous m'assassiner?

11.

La lutte recommença entre lui et les deux domestiques qui le retenaient avec peine. C'était un spectacle affreux à voir.

— Où est-il? reprit Warningham d'une voix sourde et étouffée; où est-il celui qui m'a frappé? et qui m'a frappé devant elle!... oui, elle était là; a-t-elle pâli? a-t-elle tremblé quand elle a vu couler mon sang? et je n'aurais pas le sien! le ciel et la terre ne m'en empêcheront pas...

Il serrait ses poings l'un contre l'autre avec une violence effrénée.

— Dites-moi, dites-moi, vous qui m'entourez! une tache pareille se lave-t-elle? Oui, dans le sang, dans le sang!... j'y baignerai mon outrage. Laissez-moi donc; lâchez mes mains, que je puisse le saisir, l'atteindre, le terrasser. Que ce brutal subisse la punition de son insulte! Il a des épaulettes, un uniforme, une épée! Eh bien! qu'il me regarde en face! qu'il ose, qu'il vienne; que sa vie ou la mienne reste sur le champ de bataille; viens donc, viens donc! je te provoque!

Plus d'une demi-heure se passa ainsi: ce paroxysme avait été trop violent pour ne pas laisser sa victime dans un état d'affaissement complet; on entendait la respiration bruyante de l'infortuné; on voyait d'énormes gouttes de sueur dégoutter de son front pâle.

Quel spectacle! une organisation si forte complétement abattue! la passion, née d'un seul instant, condamnant au naufrage et à la ruine une intelligence élevée et puissante.

Il ne fallait, pour conduire ce malheureux jeune homme à la mort la plus douloureuse, que cinq ou six accès de ce délire effrayant. Je le saignai; on coupa ses cheveux; j'ordonnai que le plus grand silence régnât autour de lui. Les mugissements et les cris, dont sa fureur avait fait retentir les voûtes, troublaient le voisinage et étaient le sujet de plaintes continuelles. Nous fûmes obligés de le faire transporter dans une maison de santé située hors de Londres. Il n'avait plus figure humaine. Partout il croyait voir le capitaine qui l'avait insulté si gravement et qui se trouvait être son rival heureux. J'écoutais ses extravagances avec un intérêt de curiosité singulière. Je n'ose pas les reproduire ici ; le lecteur se fatiguerait de cette absurdité quelquefois sublime, de ce terrible dithyrambe en prose. Pour moi, observateur par état, c'était un objet d'études. Un flot d'érudition, de passion, de souvenirs confus, de poésie fantastique, de rêves germaniques, d'images funèbres, de pensées incohérentes et disjointes, s'échappait de ce cerveau fêlé, comme si une digue brisée eût donné tout à coup passage à ces trésors d'imagination et de science que le temps et l'étude y avaient accumulés.

Quelques-unes de ses expressions étaient sublimes : que l'on ne croie pas que j'exagère. Cette pensée ivre et vagabonde, rencontrait parfois d'admirables élans. Warningham avait beaucoup lu ; les ouvrages allemands avaient été pour lui un délassement de prédilection. Il fallait l'entendre donner l'essor à cette imagination effrénée que le bon sens ne modérait plus, évoquant les fantômes, faisant jaillir à la fois outes les images diaboliques et mêlant à sa poésie de maniaque des gémissements et des éclats de rire. Quelquefois, après lui avoir rendu visite, je croyais l'entendre encore ; l'écho de ses folies me poursuivait, il se représentait dans mes songes, il hantait ma pensée comme un spectre funèbre et grotesque.

Humiliation profonde pour la nature humaine ! Plus elle est active et puissante, plus elle offre de prise et de pâture à la folie. Le sot tombe dans l'idiotisme ; il devient brute ; l'homme d'imagination devient furieux ; son insanité fait horreur : à travers la nuit épaisse dont son intelligence est voilée, vous découvrez des restes de grandeur, de beaux débris, de magnifiques ruines. Ces nobles vestiges sont là, souillés de poussière et de fange, jouets sans valeur, déshonorés et avilis.

Il n'y a de remède possible, pour l'aliénation mentale, que le repos et une complaisance sans bornes de la part des médecins et des assistants. Donnez au fou la liberté de sa folie : qu'il ait ses coudées franches; gardez-vous bien de l'irriter, de l'exalter, de le contrarier, de le heurter, de le contredire. Abondez dans son sens. Une responsabilité immense pèse sur vous. Pour sauver ou détruire l'homme intellectuel il suffit d'un mot dit à propos, d'une démarche, d'un geste. A ces monstrueuses extravagances n'opposez que froideur. Ne soyez surpris de rien; ayez l'air de croire tout ce qu'il vous dit, de l'écouter, de le respecter, de vous complaire à l'entendre. L'état normal renaîtra de lui-même, quand tout lui persuadera qu'il n'est pas sorti de son bon sens et qu'il ressemble à tout le monde. La plus légère impatience de la part de ceux qui l'entourent peut le replonger dans l'abîme, et l'y laisser à jamais englouti. L'opposition, la contradiction lui sont mortelles. Il faut que cette tempête épuise sa propre fureur, qu'elle se lasse et finisse par retomber sur elle-même; de l'espace, de l'air, liberté complète à cette fougue immodérée, à cette violence qui deviendra funeste si vous tentez de la comprimer. Trop souvent des médecins sans expérience et des domestiques ignorants traitent avec rudesse le malheureux dont le délire les fatigue. Cet incendie intérieur, au lieu de s'éteindre, grandit, s'accroît, redouble d'intensité, dévore tout ce qui constitue l'existence intellectuelle et morale de l'homme, et finit par ne laisser qu'un débris, un corps où l'âme n'est plus, un squelette vivant, les murs noircis d'un édifice que la flamme a rongés sans pouvoir les anéantir. Et qui n'a pas vu de ces êtres misérables? Qui n'a pas frémi devant un fou incurable, fantôme dont le peuple se moque, caricature de notre espèce, jouet de la canaille?

De l'homme, être pensant, affreuse parodie !

Mais revenons au pauvre Warningham. Les soins qu'on lui donna chassèrent enfin le démon qui l'obsédait : il avait reconquis l'intelligence ; la santé s'était évanouie. Le malheureux, suspendu entre la vie et la mort, ne retrouvait sa raison que pour voir le tombeau ouvert sous ses pas. Énergie physique et morale, tout était détruit. Plus d'imagination, plus de force, plus de facultés, son ouïe et sa vue s'étaient affaiblies, sa voix était un murmure, sa parole un lieu commun sans valeur. De jeune homme, il était devenu vieillard. Il pleurait, il s'effrayait sans raison.

Une jeune sœur, avertie de la maladie de son frère, était venue le soigner. Elle n'avait point quitté le chevet de son lit ; sur le point de contracter elle-même une alliance honorable et qui réunissait toutes les convenances, elle avait subordonné cet intérêt si puissant au salut de son frère. Imaginez le chagrin de ce dernier quand il apprit que sa sœur avait entendu de sa propre bouche l'aveu de son étrange aventure ; que la pudeur de la jeune fille avait souffert de tous ces étranges discours ; qu'elle n'ignorait rien, ni le nom de la cantatrice, ni l'affront que le capitaine lui avait fait subir. Il voulut qu'on lui répétât tout ce qu'il avait dit. Puis, il tomba dans un silence morne, et croisant ses bras :

— Allons, docteur, c'est une punition... J'ai bu le calice jusqu'à la lie... Je donnerais la moitié de ma fortune pour que ma famille ignorât ces tristes particularités. Libertinage, débauche, excès de tous genres m'eussent été moins mortels que ce fol enthousiasme, cette débauche de la pensée, cet entraînement qui a prostitué mes sentiments et mon amour. Hélas ! pendant les trois jours qui m'ont conduit là, j'étais très-heureux, j'étais ivre, l'ivresse m'avait rendu heureux.

Je sens que cette épreuve que j'ai subie a changé tout en moi. J'ai quatre-vingts ans.

Il pleurait amèrement.

Warningham reçut les excuses les plus complètes et les plus satisfaisantes du capitaine ***, qui se fit un devoir de les rendre publiques et d'effacer tout ce qui pouvait blesser l'honneur de son adversaire. Il se rétablit lentement, alla passer deux mois dans une retraite éloignée, et revint à Londres en octobre. Il épousa la jeune personne qui lui était destinée ; mais le coup qui l'avait frappé avait trop profondément ébranlé sa constitution pour que les ressources de l'art en réparassent le choc. Une affection de poitrine, qui se développa rapidement, le força de partir avec sa femme pour le midi de l'Europe; il languit pendant quelque temps à Gênes. Deux années après l'époque de son rendez-vous fatal chez la cantatrice, Warningham avait cessé de vivre.

## VIII

### UNE EXÉCUTION A MORT

En mars..... 1817, je fus témoin d'une de ces exécutions silencieuses qui caractérisent profondément les mœurs de l'Angleterre, telle qu'elle était à cette époque.

Un matelot, nommé Cashman, fut condamné à mort pour avoir pris part aux troubles de Spa-field : homme du peuple, homme simple, dont la renommée n'a pas répété les dernières paroles, et qui a salué la mort avec une naïveté d'héroïsme bien digne d'être rappelée. Mais quel écrivain daigne consacrer sa plume aux derniers soupirs d'un misérable sans fortune et sans famille! Quel homme appellera sur un simple martyr les larmes des autres hommes? On écrit pour plaire, pour s'avancer, pour avoir des succès; on s'adresse aux passions; on fonde sa gloire sur la flatterie et la captation de ses semblables. Cashman! héros né dans les derniers rangs de cette société qui t'oublie, un des témoins de ta mort ne t'aura pas oublié.

Rien de plus triste que la nuit à Londres, à cette époque surtout; celle des autres peuples est gaie et brillante, comparée à ce long cri des *gardiens nocturnes*, pleurant de quart d'heure en quart d'heure leur modulation lugubre; au bruit de ces lourdes charrettes; à ces exclamations de meurtre et de vol, qui perçaient de temps en temps un air épais. Aussi l'insomnie anglaise suffirait-elle pour dégoûter de la vie.

J'éprouvais ce supplice. Le 17 mars, au matin, sur les deux heures, le son de la trompette se fit entendre. Il partait de la caserne appelée *King's-barrack*, et roulait, avec le vent froid du matin, à travers les rues nombreuses qu'il avait à traverser pour arriver jusqu'à moi.

Ils appellent cet air militaire le *Réveillé*. Jamais nom ne fut plus impropre. C'est une succession de notes lugubres et ternes, qui se suivent de loin et qui ne ressemblent pas mal aux modulations du vent qui s'engouffre dans un long corridor. Après avoir cherché longtemps le motif de cette terreur subite que le son de la trompette allait porter dans toutes les alcôves de la Cité de Londres, je me souvins que l'exécution de Cashman avait été fixée à ce matin même, et que c'était précisément devant les fenêtres du commerçant chez qui je logeais, et sur la place de Snow-Hill où j'avais été choisir une chambre aérée et solitaire, que cette douloureuse cérémonie devait avoir lieu.

Cette pensée augmenta encore l'irritation nerveuse que l'insomnie avait excitée en moi. Elle redoubla quand j'entendis sonner le boute-selle. Le régiment des gardes-du-corps, qui devait protéger l'exécution, montait à cheval. Un homme allait mourir, un homme du peuple entraîné par les séductions de gens habiles, un homme simple que trois agents de la police anglaise avaient, pour la somme de quarante guinées, jeté dans la prétendue conspiration, qu'eux-mêmes avaient ourdie de leurs mains infâmes.

Ces tristesses se pressaient dans mon esprit; le jour avançait; le soleil, en perçant le brouillard opaque, semblait éclairer à demi un air jaune et livide. Fatigué, je me levai. A six heures, le jour était né; il n'avait ni éclat, ni chaleur. Le soleil ne se montrait pas; il ne semblait envoyer à la terre qu'un pâle reflet.

La place se remplissait de peuple. Comme on élevait le

fatal échafaud, et que cette vue me faisait horreur, je voulus quitter la maison. La foule avait occupé toutes les avenues; notre porte était obstruée; impossible de sortir. On arrivait de toutes parts pour jouir de ce spectacle, une exécution à mort; la vengeance exercée par la société sur un de ses membres; la justice qui punit le sang versé, devenant meurtrière et s'arrogeant le droit d'enlever au coupable la vie qu'il tient de l'Éternel.

Un grand bruit se faisait entendre. Une invincible curiosité me porta vers la fenêtre. On eût dit une mer mobile; toutes ces têtes sombres et mécontentes, agitées en différents sens, paraissaient n'avoir qu'une âme. Le silence dans la multitude, et dix mille hommes animés du même sentiment, forment toujours un spectacle curieux. Les assistants se composaient de toutes les classes de la société; une cérémonie religieuse n'eût pas été attendue avec un recueillement plus profond. Cependant les ondulations de la foule annonçaient que ce grand corps nourrissait une agitation interne et un secret courroux. Je restai là, m'oubliant. Un murmure parcourut tous les rangs et annonça l'arrivée du condamné. Cashman était vêtu en matelot, il saluait avec cette politesse cordiale que l'on trouve dans les camps et sur les navires. Alors, du sein de la foule, des gémissements sortirent. La pitié publique prenait une voix sombre, unique, terrible. Un écho lugubre répétait de minute en minute : *Shame! shame!* (Honte! honte!)

Si le machinateur politique, inventeur de cette exécution destinée a effrayer les mécontents, a entendu ce long jugement de la multitude, je ne m'étonne pas que, depuis cette matinée, ses nuits aient été peuplées de fantômes et que la vie lui soit devenue cruelle. Cette révision de la sentence par le peuple dura une demi-heure. Un long silence succédait toujours à cette parole : honte!

— *Pour quarante guinées !* cria un homme.

— Quarante guinées ! répéta l'écho populaire.

Et cette phrase répétée, on se tut. Enfin, pendant que les apprêts du supplice s'achevaient, on n'entendait plus que le mot : *Murder ! Murder !* répété lentement et dans tous les tons par cette masse énorme, et circulant avec une solennité dont mon imagination encore épouvantée gardera toujours la trace.

La terreur de cette cruelle et sombre tragédie m'arrêtait suspendu et comme fixé à la fenêtre dans une sorte d'étonnement stupide. De toutes les matinées de ma vie, celle-là m'a laissé l'impression la plus difficile à effacer. Le matelot victime de la politique, marchait à la mort, non pas courageusement, mais gaiement. Ses longs cheveux blonds qu'agitait le vent du matin, son franc sourire, qui bravait l'horreur d'un tel moment, son vêtement singulier, sa jaquette bleue, son cou nu, la légèreté de sa démarche et le son de sa voix, qui semblait prendre de la force et de l'éclat à l'approche de sa dissolution dernière ; l'idée que cette victime n'avait ni forfait à l'honneur, ni tenté d'action coupable ; ce spectacle, ces idées, cette poésie si triste, cette réalité si amère m'absorbaient et m'accablaient.

Alors j'entendis Cashman parler à la foule, qui était retombée dans le plus profond silence.

— Mes amis, dit-il, j'ai été trompé ; après m'avoir trompé, ils me tuent. Vous savez que je n'ai ni volé, ni pillé ; j'ai suivi les conseils d'un homme qu'on avait chargé de me séduire ! J'ai passé dix ans à me battre pour mon pays. Vive mon pays ! vive l'Angleterre ! J'aimerais mieux mourir pour elle, sur mon bord, au milieu de la fumée du canon ; mais enfin, puisque tel est mon sort, puisque je suis innocent, puisque vous le savez, *vive la mort!*

Il y avait de l'éloquence dans ces mots naïfs.

Par un mouvement spontané tous les assistants ôtant leurs chapeaux, parurent s'humilier devant la grandeur d'âme du matelot près de mourir! L'insomnie m'avait-elle préparé à recevoir des impressions plus vives et plus inquiètes? Je ne sais; mais l'effet des rayons du soleil, jaillissant des nuages déchirés et illuminant tout à coup cette multitude agitée, dont les yeux se levaient avec effroi vers un spectacle unique, me frappa singulièrement. Bientôt un gémissement croissant et grandissant toujours me poursuivit au fond de la chambre, où j'étais allé m'asseoir. C'était le peuple entier qui laissait échapper et grossir cette longue plainte. Elle cessa. Cashman était pendu... la mort l'avait lancé dans l'éternité!

Après avoir rendu fidèlement compte des impressions violentes que me laissèrent ce spectacle, cette tragédie populaire, la mort, l'innocence et la simplicité de ce matelot qui mêlait à l'insouciance de son état toute la force d'âme, toute la vivacité d'esprit, tout l'héroïsme que l'histoire admire dans les morts les plus fameuses, je livre à l'observation un grand phénomène moral : ce peuple entier, qui entoure de son admiration et de sa douleur l'échafaud de la victime, mais qui sait que s'il viole la loi il détruira toute la société; l'étrange et solennelle éloquence de cette masse, animée d'un même regret, d'une même pensée, assez forte et assez puissante pour arracher à la mort la victime qu'elle plaint, et répétant en chœur au pied du gibet : « Pitié pour la victime, honte aux bourreaux, respect à la loi! »

## IX

### LE RICHE ET LE PAUVRE

Riches et pauvres! quel niveau pesant la mort fait tomber sur vous! Comme vos distinctions factices disparaissent devant la maladie! Quelle égalité terrible s'établit pour la première fois! Je n'ai jamais observé avec plus de curiosité et d'étonnement ce contraste et cette analogie que pendant une journée du mois de février 1819. Ce jour tient une place importante dans mes souvenirs. La misère sur un grabat et la misère buvant le nectar dans une coupe d'or, sont venues frapper mes yeux tour à tour dans un espace de vingt-quatre heures. Ici, un mourant dont les voluptés avaient accéléré l'agonie; là, un pauvre homme expirant faute d'un morceau de pain; et ces deux êtres, nés avec les mêmes facultés et les mêmes droits, allant, dans la même journée, rendre compte à leur créateur d'une vie si dissemblable et de souffrances communes à tous deux!

Ces deux tableaux n'auront ni péripétie, ni dénoûment; leur juxtaposition fait leur mérite, dont la réalité la moins parée constitue la valeur principale. Au surplus, c'est ce que l'on trouve à chaque pas, dans ces grandes villes où l'inanition et la pléthore, l'excès des jouissances et l'excès du dénûment se donnent la main.

Le vieux bourreau du célèbre duc de ***, le fléau des

riches, le châtiment des heureux, cette maladie qui s'introduit dans la moelle même de nos os et qui les ronge ; la goutte, avait, pendant la première moitié de l'hiver de 1819, desséché le squelette et dévoré le sang de celui que je viens d'indiquer, et qui, pendant sa jeunesse, avait mené joyeuse vie. L'intensité des accès et leur durée avaient affaibli tout l'organisme ; son caractère s'était aigri ; une extrême irritabilité, une susceptibilité nerveuse, insupportable, faisaient le tourment de tout ce qui l'environnait. Homme de plaisir et homme de parti, il s'était mêlé récemment à une discussion politique, dont le théâtre était la chambre des pairs, et dont le résultat l'intéressait. Cette imprudence fut punie par un redoublement de souffrances. Il revint chez lui à demi mort : les morsures du vent de bise, dont on ne put le garantir durant le trajet, augmentèrent son mal ; le pauvre lord, quand il retrouva son domicile splendide et sa couche de soie, ne pouvait plus parler ni se mouvoir.

Peu de temps après, il crut avoir à se plaindre de son médecin ordinaire et lui donna congé. Je fus appelé près de lui.

Le duc de *** avait habité les Indes et augmenté, par d'heureuses et vastes spéculations, l'énorme opulence que ses aïeux lui ont transmise. Il avait rapporté de l'Orient un goût de magnificence et de splendeur que son égoïsme et sa hauteur pouvaient seuls égaler. C'était, à vrai dire, un modèle de cette portion peu aimable de notre aristocratie, un type de la richesse sans charité, de l'orgueil sans munificence, de l'exigence sans bonté. Capricieux, emporté, morose, concentré dans sa personne, incapable, non-seulement de se sacrifier à autrui, mais de sortir des bornes étroites de son égoïsme, il était parvenu à se faire haïr de tout le monde et même de ses obligés, en dépit de son opulence et de son pouvoir. Le plus récent exemple de cette irascibilité fâcheuse et taquine était le brusque renvoi de son dernier médecin; aussi ne me rendis-je pas à son invitation sans une sorte d'effroi.

C'était en février. L'hiver s'était prolongé; la bise soufflait; la neige couvrait la terre: rien de plus triste que les abords de son hôtel, situé dans l'une des rues les plus solitaires de Londres. Un lit de paille épaisse jonchait le pavé, que rien ne faisait retentir. De distance en distance, des valets, stationnés pour protéger le repos de leur maître, avertissaient les passants et leur demandaient le silence. Un bourrelet de drap enveloppait le marteau de la porte; on avait décroché toutes les sonnettes; et les gonds huilés roulaient sans bruit. En un mot, tout était prévu pour que le repos du noble malade ne fût pas un moment troublé. Ma voiture s'avança lentement, sourdement. Les portes s'ouvrirent comme par magie: les domestiques avaient reçu l'ordre de se tenir sur le seuil en observation, et de ne pas laisser aux visiteurs le temps de soulever le marteau. De doubles tapis couvraient le plancher, les escaliers en étaient garnis. On avait enlevé la sonnerie des pendules et exilé dans une arrière-cour un chien fidèle, dont l'aboiement eût importuné son maître. Enfin les portes ne roulaient qu'enveloppées de lisières et privées de leurs serrures, que remplaçaient des loquets de bois retombant sur du velours. Maladie! mort! terreurs! n'entrez pas! l'opulence vous le défend! elle multiplie les précautions, elle s'arme de mille boucliers contre vous.

Un domestique chaussé de flanelle me demanda mon nom; sa question était un murmure, auquel je répondis par un murmure.

— Madame la duchesse désire avoir l'honneur de parler à monsieur, avant que monsieur monte chez Sa Seigneurie[1].

— Annoncez-moi.

---

[1] *His lordship.*

Je traversai une galerie ornée de statues et j'entrai dans le boudoir, où la duchesse, avec ses deux filles de seize et de dix-huit ans, prenait le café. Il était neuf heures; on sortait de table. Un jeune homme, étincelant de l'écarlate militaire, causait avec les dames : la duchesse était pâle et semblait souffrante.

— Docteur, me dit-elle, après les premières paroles de politesse, je crains qu'en vous invitant à soigner Sa Seigneurie, on ne vous ait proposé une tâche qui pourra vous déplaire. Nous lui prodiguons les attentions, les veilles ; il se plaint d'être négligé ; rien ne lui plaît, rien ne le satisfait. L'humeur à laquelle il se livre aigrit son mal et l'augmente. Croiriez-vous que son seul motif, pour renvoyer votre confrère et le remercier de ses services, a été l'opinion exprimée par ce dernier, qui attribuait à la dernière séance de la chambre des pairs l'état déplorable de son malade ?

— Je ferai mon devoir, madame la duchesse, et si je ne suis pas plus heureux que mon prédécesseur, je chercherai du moins à n'avoir rien à me reprocher.

— Sa Seigneurie s'impatiente, dit alors à demi-voix un domestique poudré, maigre, vêtu de noir, qui me sembla être le valet de chambre de confiance. Monsieur le duc demande monsieur le docteur.

— Au nom du ciel! hâtez-vous, reprit la duchesse ; ne parlez pas de ce que je vous ai dit ; pas un mot, de grâce, sur le docteur et sur son renvoi. Peut-être vais-je vous suivre ; mais, monsieur, je vous prie, ne faites pas d'imprudence ; il y va de notre repos à tous.

Ainsi la maladie d'un seul homme, jetait la terreur dans toute sa famille. Ce n'était pas seulement sa mort que l'on redoutait ; c'était son caractère, c'était la torture qu'il faisait subir à tous ceux qui l'approchaient: mourant, il pénétrait de terreur ceux qui dépendaient de lui. Je faisais ces réflexions plus philosophiques que favorables aux préjugés du rang et de la fortune, en suivant le domestique poudré qui me servait de guide. La renommée, en vantant la magnificence presque royale déployée par le duc de\*\*\*, n'avait rien exagéré. Un escalier de bronze et d'or ; le jaspe et l'albâtre, prodigués et façonnés ; des plantes rares dans des urnes antiques ; partout la splendeur et le bon goût ; partout, la recherche de l'élégance, jointe à l'éclat du luxe. La broderie la plus délicate émaillait ces draperies ; des festons se jouaient autour de ces rideaux, que les points de Malines et de Bruxelles embellissaient. Pauvre humanité ! Que de dépenses pour te déguiser ta faiblesse ! Que d'apprêts pour prouver à ce fils de lord qu'il n'était pas homme ! Ce lit de douleur était environné de toutes parts d'un triple flot de satin, dont un aigle d'or, planant au-dessus, rassemblait et retenait les plis. Les vases mêmes où la pharmacie avait déposé ses produits, et où la souffrance cherche un allégement à ses maux, étaient faits de matières précieuses. Chacun des fauteuils distribués dans la chambre à coucher fixait le regard par l'extrême délicatesse de ses sculptures, et la transparence des peintures sur verre les plus coûteuses et les plus exquises voilait la lueur de la lampe nocturne. Jamais je n'ai vu, même chez les princes, un intérieur mieux disposé pour faire oublier à l'humanité sa fragilité, et réaliser le prestige des palais de féerie.

Dans cette couche, où un ange aux ailes d'or devrait reposer, quel être se cache et se voile ? Approchons ! Ma chaise d'ivoire et d'ébène touche à la courte-pointe brochée d'or, et je peux à peine découvrir le propriétaire de tant de richesses ; la plume l'ensevelit ; les étoffes éclatantes le couvrent tout entier. Cependant il fait un mouvement, et le drap, plus fin que la soie, me permet d'apercevoir une figure sèche, olivâtre, ridée, une petite tête maigre, dont les angles osseux s'étaient affilés et amincis, dont toutes les cavités et toutes les rides s'étaient creusées sous l'influence de la maladie et de l'impatience; deux yeux brillants, curieux, qui semblaient traverser les objets plutôt que de les observer; une main semblable à celle d'un squelette, tenant un mouchoir brodé à jour et s'en servant par intervalles pour étancher la sueur dont ce visage moribond était couvert. Je fus sur le point de reculer, tant cette vue m'effraya par son contraste avec l'ameublement de la chambre.

Le noble duc poussa un long cri, une convulsion nouvelle s'empara de son système nerveux, et fit craquer ses jointures; ses traits, bouleversés par cette nouvelle attaque, devinrent plus hideux encore. C'est sans ironie et sans exagération que je les comparerais à ceux d'un vieux singe qu'on étranglerait. Le paroxysme et les clameurs aiguës du patient durèrent plusieurs minutes. Enfin il m'adressa la parole; sa voix était aigre, dure, presque insultante. Il parlait par saccades, respirait entre deux mots et fronçait le sourcil.

— Vous avez vu la duchesse? Vous lui avez parlé?... Docteur! vous êtes resté en bas... au moins, au moins... cinq minutes...

Je répondis par un signe affirmatif et un salut respectueux. Il reprit :

— C'est moi... je le crois du moins... qui ai eu l'honneur de vous inviter à venir me voir... Docteur... la duchesse ne devait pas...

— Votre Seigneurie m'excusera sans doute...

Il m'interrompit brusquement d'un ton plein d'amertume :

— Oui... on vous a conté... l'histoire du docteur qui vous a précédé... hein ?... On vous a fait tout un récit... La version de la duchesse doit être intéressante... Seriez-vous assez bon pour me rapporter cette histoire ?...

— Monseigneur, j'ai seulement appris que mon confrère le docteur *** avait cessé de vous donner ses soins...

Le malade reprit en ricanant :

— Cessé de me donner ses soins !... Ah ! vraiment ?.

Tout ce fiel, toute cette amertume m'affligeaient : Je tâchai de détourner la conversation et de la diriger vers un sujet moins désagréable.

— Oserais-je demander à Sa Seigneurie si elle souffre beaucoup maintenant ?

— Oui... au bas de mon estomac : une sensation froide, horrible, comme un morceau de glace.

Je tâtai son pouls, et le résultat de mes observations, de mes questions, de ses réponses, fut qu'il courait le plus grand danger. J'essayai de lui faire sentir, d'une manière détournée et voilée, mais assez claire pour être comprise, la situation où il se trouvait. Il fit semblant de ne pas me deviner. Je savais qu'il n'était pas sans quelques connaissances médicales : j'espérai que l'indication des remèdes qui pourraient le soulager l'instruiraient du péril imminent qu'il courait, Il se retourna vivement de mon côté :

— Ah, çà ! me dit-il, pas de médicaments infects comme ceux du docteur ***.

— Votre Seigneurie est trop raisonnable pour sacrifier sa santé, peut-être sa vie à une vaine délicatesse.

— Vaine délicatesse ! Je ne me laisserai pas empoisonner, comme voulait le faire votre exécrable prédécesseur.

— Que vous ordonnait donc le docteur *** ?

— Tout ce qu'il y a de plus abominable au monde. L'odeur de l'ail n'est rien auprès de cette odeur... Il voulait me tuer... il voulait me tuer...

— Permettez-moi...

— Il voulait me tuer... J'ai été obligé de passer deux jours enveloppé de flanelle imbibée d'eau de cologne et de musc... le scélérat !

— Veuillez ordonner à votre domestique de me montrer les médicaments que mon confrère avait prescrits.

On m'apporta une préparation d'assa-fœtida et de musc. Je vis que le docteur *** avait eu, sur la maladie du duc, absolument les mêmes idées que moi.

— Votre Seigneurie sera étonnée de mon audace ; mais peut-être...

— Peut-être ? s'écria-t-il en se soulevant avec effort...

— Peut-être serai-je obligé de continuer les prescriptions du docteur ***.

— Je veux être damné si je vous le permets... Des ignorants... des ânes !... murmura l'aimable malade, aux paroles duquel je ne fis aucune attention. Ils ne connaissent pas même leur codex....

— Votre Seigneurie se refuserait-elle aussi à l'usage du sel ammoniaque, ou à l'emploi du camphre ?

— Ingrédients du diable !...

— Mais il faut guérir... et ces médicaments sont les seuls...

— Je n'en veux qu'un. Mon neveu m'a envoyé une terrine de sanglier, qu'on dit excellente ; qu'on me l'apporte !

— Je dois m'y opposer absolument... la viande salée vous est contraire.

— Contes !...

— Votre Seigneurie est dans une situation très-critique... je ne dois pas le lui cacher...

— Ah !... très-critique !... vous croyez !... Brr... le docteur, votre honorable confrère, m'en disait autant il y a huit jours...

— Je ne puis le contredire, et j'ajoute que le péril a augmenté...

— Diable !... c'est donc sérieux ?... Voulez-vous m'apprendre quels symptômes nouveaux vous semblent si effrayants?

— Le pire de tous... c'est cette sensation froide, glaciale, que vous décriviez tout-à-l'heure. La goutte remonte ; les organes vitaux vont être attaqués : je vous conseille...

— Niaiseries... C'est passé ; c'est fini... ce n'était qu'une sensation nerveuse... peu de chose, presque rien... Je me sens si bien maintenant! Seulement j'ai trop causé... vous m'avez fait parler... vous m'avez excédé...

— Prenez du repos.

— Pierre... un verre d'eau-de-vie!

Le valet me consulta du regard.

— Un verre d'eau-de-vie, vous dis-je!

Je me tus : le valet apporta le verre d'eau-de-vie ; il l'avala d'un trait, et en demanda un second.

— Au nom du ciel, ne le faites pas!

— Je le veux! je le veux!

Une sueur froide couvrait son visage ; sa bouche se contracta, ses membres se raidirent.

— Pierre! Pierre! valet maudit!

Le noble duc n'existait plus.

Ce fut ainsi que le duc altier, l'héritier des anciens chefs féodaux, rendit le dernier soupir, un verre d'eau-de-vie à la main, le blasphème à la bouche, mécontent de tout le monde et haï de tous. Je rentrai chez moi profondément affligé, dégoûté même du spectacle qui venait de frapper mes yeux. Je trouvai ma femme assise au coin du feu et en larmes. Je lui demandai pourquoi elle pleurait. Elle me dit que sa femme de chambre venait de lui raconter une scène de détresse qui l'avait attristée. Une pauvre femme, employée au service de la maison, était tombée malade dans cette saison rigoureuse et manquait de tout.

— Allez, mon ami, me dit Emilie, vous êtes tout habillé.

Allez voir ces malheureux : bien qu'ils demeurent assez loin, je suis sûre que votre cœur répond au mien et que vous n'hésiterez pas.

Je m'informai auprès de la femme de chambre de l'adresse exacte de la femme Hurdle : elle habitait le quartier Saint-Gilles, ce réceptable de toute la misère de Londres. Une fois descendu dans la rue, je fus obligé de remonter, tant le froid était intense, et de me garantir le cou et les oreilles d'une double cravate de soie. Emilie saisit cette occasion de verser dans ma bourse toute la petite monnaie qu'elle avait.

— Mon ami, me dit-elle, je n'ai pas besoin de vous apprendre à quel usage je destine ceci.

Je bénissais au fond de mon âme le sort qui m'avait fait rencontrer un cœur si bienfaisant et si charitable, et qu l'avait associé à ma vie. L'éloquence de la pitié est si douce dans la bouche des femmes!

Je marchai d'un pas rapide et j'arrivai à un labyrinthe d'allées obscures, étroites, d'où s'exhale une odeur infecte, et où résident le vice, la pauvreté, la douleur. Personne dans les rues; une brume épaisse et glaciale laissait à peine distinguer la lueur terne des réverbères. Les vols sont fréquents dans ces parages, et j'étais loin d'être tranquille, lorsque le garde de nuit, criant, ou plutôt hurlant: « Minuit et demie, il fait froid, nuit obscure, » passa près de moi. Je l'arrêtai :

— Savez-vous où demeure, dans le quartier Saint-Gilles, une femme nommée Hurdle?

Le garde de nuit, à moitié ivre, posa sa lanterne sur une borne et me regarda fixement. Quand son observation l'eut convaincu que j'étais un homme comme il faut et qu'il pouvait attendre de moi quelque récompense, il me répondit :

12.

— Ah! mon gentilhomme, les Hurdle! mauvais coquins, sur ma parole ; ça n'a pas un schelling!

— Oui, je le sais, ils sont très-pauvres.

— Si pauvres, qu'ils volent quelquefois le bien d'autrui. C'est moi qui ait arrêté hier un de ces brigands, le fils aîné, Thomas Hurdle. Il sera transporté à Botany-Bay; c'est le sort qui les attend tous.

Cette communication inattendue était loin de me plaire.

— Voyons, dis-je au garde de nuit, il ne s'agit pas de cela; indiquez-moi leur demeure.

— Par ici, mon maître, par ici, et surtout prenez garde à vos poches.

Je le suivis; sa lanterne jetait un rayon faible sur les pavés inégaux d'une de ces rues immondes, qui sont la honte de toutes les capitales opulentes.

La maison devant laquelle nous nous arrêtâmes était sans porte. Je traversai une allée étroite et fangeuse, et montant deux degrés en débris, j'allai me heurter contre une porte de bois grossier, que le garde de nuit ébranla violemment des coups de sa canne officielle.

— Holà! réveillez-vous, on vous demande ; allons! il fait froid, ne vous faites pas tant attendre.

Puis, sa voix, dont la rauque rudesse venait de faire retentir la maison, s'adoucit tout à coup, s'humilia, descendit jusqu'au murmure le plus soumis et me fit entendre ces mots, à peine articulés :

— Mon bon gentilhomme, j'espère que vous ne m'oublierez pas ; les temps sont durs, la nuit est froide. Je boirai à votre santé.

Je donnai quelques pièces de monnaie à cet officier de justice si désintéressé et j'attendis que l'on vînt m'ouvrir.

— Merci, votre honneur, me dit le garde de nuit en s'éloignant ; mais surtout, ajouta-t-il à demi-voix, prenez bien garde à vous, cet endroit n'est pas sûr.

J'avoue qu'en entendant le retentissement sourd de ses souliers ferrés, j'étais loin de me sentir à mon aise, et je fus sur le point de céder au désir de retourner sur mes pas. La porte s'entr'ouvrit, et une voix de femme demanda, d'un ton brusque, avec un accent irlandais :

— Qui est là ?

— C'est un médecin. N'avez-vous pas ici quelqu'un de malade ? Betsy-Jones, la femme de chambre de ma femme m'a parlé de vous.

La porte s'ouvrit tout entière; on me laissa entrer.

Ceux qui lisent les œuvres du genre de celle-ci ne sont guère accoutumés aux scènes de misère, aux spectacles de douleur et d'effroi que cette soirée me réservait. Du sein de leurs délices, les gens du monde condamneront mes descriptions comme invraisemblables et me reprocheront d'employer de hideuses couleurs, dont rien ne leur prouve la vérité, dont la vraisemblance n'a jamais frappé leur esprit. Eh bien ! qu'ils apprennent que mes paroles sont loin d'approcher de la réalité, qu'ils sachent enfin que la détresse à laquelle l'homme est exposé dans les grandes villes dépasse toutes les bornes de la croyance, toutes les hardiesses de la fiction.

— Attendez un peu, me dit la même voix ; je vais chercher de la lumière.

En effet une lumière faible apparut et me montra une grande femme osseuse et maigre, tenant à la main une bouteille surmontée d'une bougie. J'eus à peine le temps de jeter un coup d'œil sur cette figure hideuse, ces yeux hagards, ces cheveux hérissés, ces haillons épars sur un squelette, quand un coup de vent, faisant voler au milieu de la chambre les débris d'un carreau déjà brisé, éteignit la bougie. Une odeur de maladie, une saveur de misère et d'abjection émanaient encore de cette obscurité visible, où scintillaient deux ou trois charbons expirants.

— Monsieur aurait-il la bonté de ne pas bouger pendant quelques moments? dit la femme. Autrement il écraserait les petits, qui sont couchés.

Je restai donc à la même place, de peur d'écraser les petits. La femme était occupée à souffler sur les charbons du foyer, qu'elle essayait vainement de ranimer. La bougie tomba et ne nous laissa aucun espoir de revoir enfin le jour au milieu de ces ténèbres.

— Malédiction! plus de lumière, et nous n'avons pas un sou pour en aller acheter une.

— Voici de quoi en avoir, lui dis-je en cherchant sa main dans l'obscurité pour lui donner un schelling.

— Merci, Votre Honneur. Sally! Sally! debout! vite!

J'entendis remuer de la paille, et une voix rauque, partant d'un coin de la chambre, gémit comme une porte rouillée qui tourne sur ses gonds.

— Que me voulez-vous?

— Lève-toi et va chercher une bougie; voici un schelling.

— Mère, vous feriez mieux d'acheter une livre de pain!

— Si monsieur le docteur le veut bien, ajouta la mère, car c'est à lui le schelling.

— Volontiers, volontiers, repris-je, le schelling est à vous.

La manière et le ton de cette femme m'avaient ému. Il y eut un changement dans sa voix; elle cria beaucoup plus haut et avec une sorte d'exclamation de joie :

— Sally! tu pourras aussi acheter du pain; monsieur te le permet.

— Du pain! du pain! reprit la malheureuse enfant.

Je vis une espèce d'ombre vague se lever, s'élancer, franchir le seuil, non sans courir le risque de me jeter par terre. J'entendis ses pas précipités, dont la violence me disait assez combien la pauvre fille attachait d'importance et d'intérêt à l'achat qu'elle allait faire.

— Pardon, monsieur, reprit la mère, nous n'avons pas de siége à vous offrir. C'est que nous sommes si pauvres ! Nous n'avons qu'une boîte, là, auprès de la cheminée, et si vous voulez bien, je vous y conduirai ; vous y resterez assis jusqu'au moment où Sally rapportera la lumière.

— Où vous voudrez, ma bonne femme.

Je m'assis en effet sur la boîte, et j'adressai quelques questions à la femme Hurdle, quand les gémissements d'un jeune enfant m'interrompirent.

— Allons donc, allons donc, tais-toi, petit ! tu vas réveiller ton père ? tais-toi donc !

— C'est qu'il fait si froid... si froid, mère.

Je jetai les yeux sur la fenêtre, au pied de laquelle semblait se tenir accroupi l'enfant qui parlait. La chambre était plus froide encore que la rue. Le vent s'engouffrait dans les brisures du vitrage et descendait en tourbillons furieux dans le triste appartement qui nous servait d'asile. Le pauvre petit, averti par la voix maternelle, se taisait ; mais j'entendais ses dents claquer les unes contre les autres et ses mains se froisser vivement.

— Voyez-vous, monsieur, dit la mère, depuis ce matin, nous n'avons rien pris, absolument rien.

— Combien êtes-vous ici ?

— Ah ! mon Dieu ! le petit garçon et son père : voilà tout. Car Sally vient d'aller chercher de la lumière et du pain, comme vous savez, monsieur. Roby mendie dans la rue ; Tim a été ramassé hier par la police, qui l'a envoyé à Botany-Bay... Ah ! c'est une sentence bien injuste. Mais le père dort, il ne faut pas l'éveiller.

— Il est malade ?

— *Asmésique*, monsieur, répondit l'Irlandaise, qui ne savait pas la véritable prononciation du mot asthmatique. Pauvre homme ! comme il souffre ! Que Dieu ait pitié de lui. Voici une heure qu'il dort ; cela ne lui était pas arrivé depuis longtemps. Cependant le petit garçon qu'il tient entre ses bras fait bien du bruit ; il est étonnant que son père ne se réveille pas. C'est mon dernier, monsieur, celui auquel je donne le sein : depuis huit jours, je n'ai plus de lait. La malheureuse créature ! il vaudrait mieux qu'elle ne fût pas née.

Un bruit de pas se fit entendre : Sally entra, portant une bougie qu'elle protégeait de sa main contre le souffle du vent. Cet appartement, dont j'avais pressenti le dégoûtant aspect, m'apparut alors dans toute son horreur. Quelle scène ! quelle résidence ! impossible de se tenir debout sous cette mansarde, dont le toit oblique coupait à angle aigu le plancher. On avait essayé de boucher avec des chiffons, des haillons et de vieux papiers, les fentes de la muraille et les carreaux cassés. Pas une vitre n'était entière. Pas un lit, une table, une chaise, un coussin, un tabouret, un matelas : la propriétaire avait tout fait vendre. Un peu de paille répandue sur la terre servait de lit à la famille indigente. La bise du nord se faisait passage à travers la fenêtre dégarnie et délabrée. Je frissonnais de froid et de terreur. Je venais de voir un malade opulent expirer sur la soie et refuser par orgueil les soins de la médecine. Me voici jeté à l'autre pôle de l'existence sociale. C'est une détresse à ne pas y ajouter foi, un état de dénûment qui passe toute idée.

La femme avec qui je causais était couverte de sales lambeaux, tout son corps tremblait, la faim et la douleur respiraient sur sa figure. Un enfant à demi nu s'attachait à son sein décharné. Sa fille Sally, la tête penchée sur son épaule et comme honteuse d'être vue, rivalisait avec sa mère de malpropreté et de laideur. Il fallait la voir, assise sur un peu de paille, dans un coin de la chambre, dévorer avidement le pain qu'elle venait d'acheter et qu'une autre petite créature toute nue essayait de lui arracher. Le misérable père de la famille indigente était assis près de la cheminée, le dos appuyé contre la muraille et les pieds étendus sur le parquet ; il paraissait profondément endormi: on n'entendait pas même le bruit de sa respiration, et un enfant, que ses mains avaient cessé de soutenir, s'accrochait à son cou. La blouse brune que portait le père eût fait honte au dernier des mendiants, et en guise de chapeau, une coiffe de vieux papier couvrait sa tête et cachait ses cheveux.

Tous mes sens se révoltaient, mon cœur se soulevait, le dégoût et la pitié se confondaient chez moi. La femme m'apprit que son mari était maçon, et que le manque d'ouvrage et une affection asthmatique très-avancée l'avaient réduit à ce malheureux état. Le fils aîné, Tim, accusé d'un vol dont sa mère le déclarait innocent, avait été jeté en prison. Pour payer un avocat, ses parents se privèrent de pain.

— Misérables! misérables! que nous sommes! disait la femme ; ce petit enfant qui embrasse son père a la rougeole, et son frère qui est maintenant dehors ne tardera pas à l'avoir. En disant ces mot, elle étouffait ses sanglots, de peur de réveiller son mari. Je remarquai que l'enfant suspendu au cou du père était très-agité.

— Qu'est-ce que votre enfant peut avoir?

— Ce qu'il a? Il a faim et froid, monsieur. Ah! je voudrais que nous fussions tous morts! Dans ce moment même, nous entendîmes le bruit de pieds nus qui traversaient les corridors et montaient l'escalier. Des gémissements lamentables s'y mêlaient.

— Ah ! mon Dieu, c'est Boby, que nous avions envoyé demander l'aumône et qui revient. Pourquoi pleure-t-il ?

Elle s'élança, ouvrit la porte et fit entrer un pauvre malheureux tout couvert de sang et grelottant de froid. D'une main il retenait ses haillons, de l'autre il cachait sa joue ensanglantée. Il s'arrêta et recula en me voyant ; puis il remit à sa mère trois ou quatre pièces de cuivre et lui dit qu'un monsieur, qu'il avait trop importuné en lui demandant la charité, l'avait blessé d'un coup de canne. En effet, le sang coulait de sa joue. Je voudrais pouvoir oublier l'expression triste et déchirante avec laquelle la mère, embrassant son fils et étanchant son sang avec ses lèvres, prononçait les mots suivants : — Boby, mon pauvre Boby !

Elle lui montra ensuite ses frères et ses sœurs occupés à se repaître avec voracité du pain qu'on venait d'acheter ; Boby s'élança de ce côté, arracha des mains de son frère une partie du pain et le dévora.

— Mais, ma pauvre femme, lui dis-je, ils ne vous en laisseront pas !...

— Oh ! c'est égal, répondit-elle en essuyant une larme, je puis m'en passer plus longtemps qu'eux.

— Ma pauvre femme, je suis venu ici pour vous offrir mes services comme médecin. Vous êtes donc trois malades ?

— Malades ? nous le sommes tous ; c'est une infirmerie sans vivres et sans médicaments.

— Je vais tâcher de vous être utile. D'abord, occupons-nous de votre mari.

Le père était toujours endormi ; l'enfant essayait de faire entrer dans sa bouche entr'ouverte une croûte de son pain et s'agitait beaucoup sans réveiller son père.

— Voyez-vous, le petit coquin, le petit méchant, comme il tourmente son père ! Veux-tu finir?

— Il faut que je parle à votre mari.

Je m'approchai de lui, sa tête retombait sur sa poitrine. La femme prit la bougie sur la cheminée et s'agenouilla devant son mari qu'elle essaya d'éveiller. — Jhelim, mon ami, voici le médecin qui veut te parler. — Elle le poussait du coude et du genou ; mais Jhelim ne bougeait pas ; l'enfant continuait à jouer avec son père endormi. Un rayon de l'affreuse vérité traversa mon esprit. — Approchez une lumière, dis-je à la femme. L'homme était mort.

Il s'était passé au moins une demi-heure depuis qu'il avait expiré. Ses mains et sa figure étaient tout à fait froides. La faible clarté répandue dans la chambre et l'attitude du mort nous avaient caché cet événement. Il était affreux de contempler cette pâleur cadavéreuse, ces yeux fixes, cette mâchoire tombante, et de les comparer avec les joues roses de l'enfant insouciant de la vie et de la mort, et qui jouait avec le cadavre de son père.

## X

### FAUTE ET REPENTIR

La dernière et la plus méprisable de toutes les créatures, une pauvre fille rebutée du monde, sera l'objet et non l'héroïne de ce récit. Lecteurs, vous n'exigez pas, sans doute, que ma plume embellisse et colore, pour vos menus plaisirs, ces rêves sans vie et sans chaleur que les romanciers appellent un héros et une héroïne ; j'arrache des feuilles de ma vie quelques lambeaux épars, tels absolument qu'ils se présentent, flétris, décolorés, lacérés, humides de larmes et quelquefois de sang. Puisse cette reproduction de mes souvenirs et de mes impressions trouver de l'écho dans les âmes! Je dirai tout ce que j'ai senti et tout ce que j'ai vu. Je ne reculerai pas même devant la honte de me montrer accessible à des sentiments de pitié que le monde pourrait trouver inconvenants et déplacés. Pauvre enfant! fragile femme! punie si cruellement! brebis égarée du bercail et marquée d'une lèpre hideuse, quelques larmes seront consacrées à ton souvenir!

Que l'on s'imagine, si l'on peut, une misère plus complète, une victime plus abjecte. On a dû le deviner déjà. Je parle d'une femme dont la seule désignation excite, chez les femmes, non la justice, mais la colère et le dégoût de l'âme la plus honnête et la plus tendre. Pauvre fille! Nul ne pensait à toi, personne ne s'intéressait à ton sort, et ton agonie était celle du crime en horreur à tous, quand je t'ai prise en pitié !

Voici dans toute sa simplicité le récit de honte et de douleur, mais aussi de repentir et de réconciliation morale, que je recueillis près de ce lit de mort abandonné.

Qu'on s'arrête un moment, en lisant ces pages, et qu'on réfléchisse que c'est là une histoire de tous les jours, un fait commun et trivial comme le pavé de nos capitales ; qu'on y songe !... cette jeune fille, ce sont des milliers de jeunes filles, englouties dans le même gouffre. La cinquième partie au moins de la population féminine n'a pas d'autres annales. Épouvantable pensée ! sur laquelle les hommes du gouvernement et de la philanthropie devraient enfin arrêter leurs regards !...

L'automne de 1818 allait finir.—Nous étions assis autour du foyer de la famille dont le *poker*[1] ranimait la flamme ; j'étais fatigué de mes courses, et nous nous taisions ; la pluie, qui avait tombé pendant le jour, continuait avec violence, et le bruit sourd de la rafale se mêlait au sifflement lugubre du vent d'automne. Je goûtais vivement cette paix de la famille, dont le tumulte extérieur augmentait encore le charme. Arrivé enfin à cette époque de la vie, où tout homme laborieux peut recueillir le fruit de ses fatigues et de ses travaux, j'arrêtais avec complaisance mes regards sur cette scène d'intérieur : un de mes enfants répétait sa leçon sur les genoux de sa mère, un autre jouait autour du foyer ; ces jouissances, bien simples, sont assurément toujours les plus vives et les plus profondes qu'un homme de bien puisse ressentir.

— Qu'y a-t-il donc ? demandai-je au domestique qui entrait.

---

[1] Morceau de fer au moyen duquel on attise le charbon de terre déposé dans la grille.

— Une femme est en bas et demande à vous parler, monsieur.

Je descendis, et j'aperçus, assise sur une banquette, dans le corridor du rez-de-chaussée, une figure grasse, noire, flétrie, que la lampe suspendue à la voûte éclairait à demi. Elle se leva quand je m'approchai d'elle ; elle était mal vêtue, ramassée dans sa taille, et son œil éteint semblait nager encore dans l'ivresse du jour précédent; enfin, en me présentant un fragment de papier sale, elle me dit d'un air nonchalant :

— C'est une jeune dame qui a besoin de vous, monsieur le docteur.

Je lus ces mots écrits sur le morceau de papier : « Miss Edwards, cour du Lion, rue de Blenheim, n₀ 11, au troisième étage. »

Ces lignes étaient tracées d'une main tremblante et débile; mais je fus frappé de la légèreté et de la délicatesse des caractères.

— Cette dame est malade? demandai-je à la vieille.

— Malade? oh ! je vous en réponds! Elle n'a pas longtemps à vivre, elle est usée... voyez-vous, c'est fini !

L'air d'insouciance et d'impudence de cette femme me choquait singulièrement, et je n'eus pas besoin d'une grande sagacité pour deviner à qui j'avais affaire. D'ailleurs, je l'avouerai, la nuit était si mauvaise et la rue de Blenheim si éloignée de ma maison, que je me souciais peu de me déplacer inutilement et de suivre l'étrange guide que l'on m'envoyait.

— A-t-on réellement besoin de moi? demandai-je à la femme.

— Elle veut absolument vous voir.

— Est-ce un mal subit, une indisposition momentanée?

— Non, monsieur, elle languit déjà depuis longtemps. Je ne l'ai jamais vue bien portante, à partir du jour où elle est venue loger chez nous.

— Je vous conseille de la conduire au dispensaire.

— N'ayez pas peur, monsieur, n'ayez pas peur, pardieu! vous serez payé.

— Très-bien, très-bien, je vous suis, lui dis-je vivement pour me débarrasser d'elle, car sa présence dans ma maison me révoltait.

Elle descendait les marches du perron, et je m'apprêtais à rejoindre ma famille, lorsque, se retournant, elle s'écria :

— Ma maison est un peu bruyante, mais que cela ne vous effraye pas; je tiendrai la main et je dirai à mes...

Elle allait continuer son explication, dont je n'avais nul besoin, lorsque je l'interrompis brusquement en fermant la porte de la rue. Je restai indécis quelques instants sur ce que je devais faire; enfin, le sentiment du devoir l'emporta sur toutes les autres considérations.

Je me mis en route et m'aventurai dans des rues traversées par des torrents fangeux.

Après avoir marché pendant un quart d'heure, j'atteignis le quartier de Lambeth où se trouvait située la maison que je cherchais. Dans ces rues tortueuses, pas un réverbère allumé, pas une lumière qui scintillât à travers les volets, pas un watchman[1] de garde. Je me souvins d'avoir lu dans les journaux de la semaine précédente l'histoire d'un médecin qui, comme moi, s'était hasardé pendant la nuit dans ce quartier immonde, habité par une population vicieuse. Son guide l'avait conduit dant une maison isolée, d'où il était sorti dépouillé de ses vêtements, de ses objets précieux, et cruellement battu.

[1] Le guetteur (*watchman*) existait encore en Angleterre.

J'enfonçai dans mon gousset la chaîne d'or de ma montre; et, boutonnant avec soin ma redingote sur ma poitrine, j'entrai bravement dans la cour du Lion.

La vieille porte de chêne peinte en rouge restait toujours ouverte. Un carré de maisons de briques à trois étages était éclairé par un seul réverbère central, dont le vent et la pluie ballottaient et obscurcissaient les lueurs inégales et blafardes; ce demi-rayon incertain se promenait tour à tour sur dix ou douze portes ouvertes. Là des femmes étaient groupées, chantant à pleine gorge, conversant avec une familiarité vulgaire d'un bout de la cour à l'autre, ébranlant l'air de leurs cris et de leurs risées. J'étais dans un affreux repaire, véritable nid de guêpes. Je trouvai enfin le n° 11, dont la porte était ouverte comme toutes les autres. Assise sur une natte, une femme que je heurtai dans l'obscurité commença par me maudire, et quand je lui appris qui j'étais :

— Ah! s'écria-t-elle, c'est le docteur qui vient voir Sally.

La même figure noire et tout empreinte de vice, que j'avais congédiée si lestement, parut alors. C'était la maîtresse du logis, la *mère*, selon l'argot de ces lieux infâmes; elle tenait à la main un flambeau de cuivre.

— Par ici! monsieur, par ici! je vais vous conduire. Betty, prenez le parapluie de monsieur.

— Je vous remercie, il n'est pas trop mouillé.

Je suivis cette femme, toujours portant mon parapluie, dont l'eau dégouttait et traçait un long ruisseau sur l'escalier; les mains auxquelles il aurait fallu le confier me semblaient peu sûres; je ne voyais pas de raison pour me priver, non-seulement d'un ustensile nécessaire, mais d'une arme défensive dans le besoin. Le vieil escalier vermoulu s'ébranla sous mes pas, et la porte d'une chambre à coucher s'ouvrit. Alors ma crainte et mon inquiétude firent place à d'autres émotions. Qui peindrait, sans ressentir et inspirer le dégoût, la malpropreté de cet asile? Une chandelle commune était placée dans une bouteille, sur la cheminée, ainsi que deux ou trois tasses ébréchées et quelques pots de pommade. Une saveur lourde, épaisse, maladive, soulevait le cœur en entrant; il y faisait très-chaud et un bon feu de tourbe brillait dans une petite cheminée à grille. Pour suppléer à l'absence de toutes les vitres brisées, de vieux livres, des robes en lambeaux, avaient été entassés dans les interstices. J'éprouvai dans ce repaire un affreux sentiment de malaise; je fus un moment tenté de me retirer.

— La voilà, cette pauvre fille, me dit la vieille en entrant; cela ne va pas bien, comme vous allez voir, monsieur.

Et, toute pantelante de l'effort que lui avaient coûté les marches qu'elle avait gravies, elle s'appuya sur la cheminée; puis, après avoir mouché la chandelle et attisé le feu, elle s'en alla en me disant :

— Je crois que miss Edwards désire être seule avec vous, monsieur, je vous laisse. Si vous avez besoin de quelque chose, il y a du monde dans la maison.

Elle referma la porte, et je respirai un peu plus librement; sa présence me suffoquait. J'approchai du lit une des chaises et la table, sur laquelle je plaçai la chandelle. Une femme était étendue sur le lit; ses vêtements étaient en désordre et elle cachait son visage dans ses deux mains.

— Vous souffrez beaucoup? lui dis-je en essayant de détacher une de ses mains. Je voulais à la fois tâter son pouls et voir sa figure; mais ses doigts étaient fortement serrés, et je ne pus y réussir; quand je renouvelai cette tentative, un léger gémissement s'échappait de son sein.

— Vous souffrez donc beaucoup? repris-je; permettez-moi,

du moins, madame, de faire tout ce qui sera en mon pouvoir pour vous soulager.

Sa figure était cachée, ses mains ne remuaient pas.

— Allons, lui dis-je, je suis le docteur. Vous m'avez fait demander, me voici ; dites-moi où vous souffrez ? Pourquoi me cacher ainsi votre visage ?

— Eh bien ! me reconnaissez-vous ?

C'étaient moins des paroles qu'un cri faible et gémissant ; elle s'était levée en disant ces mots, et de ses deux mains elle ramenait vers les tempes ses touffes de cheveux noirs. Je vis une figure pâle et décharnée, dont les regards s'arrêtaient sur moi pleins d'angoisse et d'effroi. La soudaineté imprévue et la singularité de ce moment m'avaient surpris. Elle resta longtemps dans cette morne attitude, respirant péniblement et par saccades, et continuant d'arrêter sur moi son œil morne et terrible, qui me frappait de stupeur. Peu à peu, lentement, je la reconnus ; ses traits se représentaient à ma mémoire tels que je les avais vus jadis ; un frisson involontaire fit trembler tout mon corps, et cette sensation pénible, cette sueur glacée qui se promenèrent sur tous mes membres agités, je ne les oublierai jamais.

— Hortense ! est-ce possible ? J'élevai les mains, consterné ; je doutais encore, et ne savais si mes yeux ne me trompaient pas. Elle ne répondit rien ; mais elle remua la tête vivement pendant quelques secondes, et tomba épuisée sur son chevet. J'aurais voulu lui parler, lui tendre la main ; mais j'étais si agité, je venais de recevoir une si étrange secousse, que, pendant quelques moments, je me trouvai incapable de parler et d'agir. Quand je revins à moi, elle s'était évanouie. Dieu ! quelle ruine ! et qu'était devenue cette beauté ? Quoi ! cet être usé, vieilli dans sa jeunesse et dans sa fleur, décharné, frappé du sceau de la débauche, cette femme repoussée de tous, et mourant dans la tanière du vice vulgaire et grossier, c'était elle! C'était la jeune fille brillante qui avait fait les beaux jours de Bath et de la plus élégante société des trois-royaumes! Hortense, l'amie de ma femme, une jeune fille charmante, que j'avais vue, avant notre mariage, si fraîche, si riante et si digne d'estime et d'amour!

Un flacon de sels, que je portais toujours sur moi, lui rendit l'usage de ses sens; ses paupières se soulevèrent lentement, et quand sa prunelle se découvrit et s'arrêta sur moi, elle se voila aussitôt. Hortense se retourna par un mouvement brusque et convulsif, et croisa de nouveau les mains sur son visage qu'elle voulait cacher.

— Miss Bentley, lui dis-je en me rappelant son nom de famille, au nom du ciel calmez-vous; si vous continuez ainsi, je ne pourrai vous être utile à rien.

Mais quand elle entendit son nom de famille sortir de mes lèvres, l'impression que ce mot fit sur elle eut quelque chose de vraiment affreux. Elle remua de nouveau la tête, comme si elle eût voulu dire : Non, non, je ne m'appelle plus ainsi.

— Vous n'avez pas peur de moi, lui dis-je, vous ne pouvez pas en avoir peur? Je désire sincèrement vous être utile, veuillez donc me dire où vous souffrez.

— Là! s'écria-t-elle, en plaçant sa main gauche sur son cœur, avec une expression si tragique et si amèrement profonde, que si l'homme le plus dépravé, le plus habitué aux artifices de la séduction, eût pu la voir et l'entendre lorsqu'elle prononça ce mot unique, il se serait repenti. J'essayai de cacher mon émotion; je pris sa main, je lui tâtai le pouls, et j'essayai de me renfermer dans les devoirs de mon état.

— Ressentez-vous, lui demandai-je, quelques douleurs de l'autre côté?

Elle répondit par un signe de tête affirmatif.

— Crachez-vous le sang? Répondez-moi, miss Bentley.

— Miss Bentley! miss Bentley! Pourquoi ce nom? pourquoi me le donnez-vous? Je ne m'appelle plus ainsi; vous vous moquez. Ah! cela est cruel! Au surplus, je m'y attendais...

Après avoir prononcé ces mots, Hortense laissa couler un torrent de larmes qui la soulagèrent; je me rassis. Pendant quelque temps nous gardâmes le silence. Enfin, elle me dit à demi-voix :

— Je pense bien que vous êtes étonné et choqué... de me voir ici... Sans doute... sans doute... on vous a tout appris.

— Nous parlerons de cela plus tard; occupons-nous d'abord de votre santé. Vous êtes très-mal, à ce qu'il me semble; pourquoi ne m'avez-vous pas fait demander plus tôt. Y a-t-il longtemps que vous souffrez? Si j'avais su que vous aviez besoin de mes soins, je me serais empressé de vous les offrir. Assurément, Hortense, vous ne les auriez pas demandés deux fois.

— Je n'osais pas, je n'osais pas, docteur; je regrette même de vous avoir envoyé chercher. Votre présence et vos paroles m'ont fait du mal et m'ont rendue presque folle; comme vous voyez, je souffre horriblement, là, là, dans le cœur. C'est un enfer, ajouta-t-elle, en prononçant cette dernière syllabe avec une vibration pénétrante et une intonation qui révélaient une insupportable douleur.

— Réprimez, lui dis-je, cette violence, ou ma présence ici deviendrait absolument inutile. Quelle est cette folie? à quoi peut-elle vous servir? et pourquoi resterais-je ici quand vous m'ôtez les moyens de vous être utile?

Elle ne dit rien, mais toussa violemment; puis elle se leva sur son séant et chercha son mouchoir. Un moment après, je le vis tout baigné de sang; un vaisseau s'était brisé dans sa poitrine.

J'étais extrêmement effrayé. Comme elle était forcée

d'user incessamment de son mouchoir, il fut bientôt hors d'état de lui servir à rien. D'un signe de la main, elle indiqua les tiroirs de sa vieille commode. Je la compris et j'en tirai un mouchoir blanc; bientôt il fut comme l'autre, souillé, flétri et inutile; il fallut le remplacer. Dans les intervalles de cette cruelle manœuvre, elle essaya de me parler, mais je l'arrêtai, et, la regardant de l'air le plus solennel et le plus grave : — Au nom de Dieu, lui dis-je, taisez-vous; un mot de plus, et vous êtes morte. Votre vie ne tient à rien.

Ses lèvres s'agitaient encore pour me parler.

— Je vous répète, lui criai-je en lui saisissant le bras, que cette mort sera un suicide, et que toutes les conséquences d'un tel acte pèseront sur vous.

Un sourire qu'il serait difficile de caractériser et de faire comprendre, un sourire tel que des lèvres humaines n'en avaient peut-être jamais formé, effleura sa bouche un moment; puis elle se tut. Je résolus de la saigner. Peut-être s'étonnera-t-on de me voir agir ainsi, et enlever encore du sang à une femme qui en avait tant perdu; mon but était d'affaiblir l'action du cœur, et de diminuer ainsi le volume du sang qu'il déverse dans le vaisseau brisé.

Lorsqu'elle vit les préparatifs, la lancette qui brillait dans ma main et la vieille aiguière fendue que je venais d'apporter, elle me montra tous les linges empourprés de sang qui jonchaient le lit; puis elle murmura très-faiblement et d'un air surpris :

— Encore du sang?

— Restez tranquille, lui dis-je, et fiez-vous à moi.

Saignée à blanc, elle s'évanouit; cette teinte grise et mate qui annonçait la mort passa sur son visage comme une nuée sombre, et elle dit en respirant à peine : — Est-ce que je meurs?

Je bandai son bras de mon mieux, j'écrivis une ordonnance sur le premier lambeau de papier qui s'offrit, et, quelle que fut ma répugnance, j'ouvris la porte et j'appelai.

— Ah ! dit la femme qui entra dans ce taudis, toute couverte de rubans flétris et de fleurs fanées, c'est donc une affaire finie ; Sally a déménagé ?

— Taisez-vous, lui dis-je. Qu'on porte ceci, à l'instant même, chez le pharmacien le plus voisin.

J'épargnerai au lecteur une foule de détails dont la nudité révoltante n'ajouterait rien à l'intérêt de ce récit. Ce fut la *mère*, comme on l'appelait, qui se chargea d'aller chercher la potion. Quand elle rentra, elle s'approcha du lit, comme si elle eût pris intérêt à la malade, et me dit tout bas :

— Est-elle beaucoup plus mal ?

— Oui, madame, elle demande les plus grands soins ; si l'on n'y prend garde, elle ne passera pas la nuit.

— Ne vaudrait-il pas mieux l'envoyer à l'hôpital tout simplement ? Et elle fixait sur moi de gros yeux stupides et hébétés.

— Il ne faut pas qu'elle bouge de son lit, entendez-vous ? il faut qu'elle y reste longtemps et dans le plus grand calme, je vous en préviens !

— Vous m'en prévenez, et que diable voulez-vous que j'en fasse ? je ne tiens pas un hôpital de femmes malades.

J'eus peine à comprimer mon indignation. — Allons, ma bonne femme, ayez un peu pitié de cette malheureuse, c'est son lit de mort.

— A tous les diables d'enfer, les lits de mort ! Qui payera les frais de sa maladie ? Ce n'est pas moi, assurément, et je défie la paroisse de m'y forcer. Mais, à propos, Sally, continua-t-elle, en s'approchant du lit, vous aviez de l'argent, il y a quelques jours, qu'en avez-vous fait ?

Je l'éloignai du lit en lui disant : — Descendez chez vous

et nous arrangerons tout cela. Mais elle n'avait pas l'air de vouloir m'entendre. Je me plaçai devant elle, et, la regardant d'un œil courroucé, je lui dis :—Vous tuez cette femme, allez-vous-en. Et je la poussai par les épaules en refermant la porte.

La malade avait entendu toute cette conversation, qui l'avait, comme on le pense bien, cruellement agitée. Je saisis le moment où elle voulait me parler.

— Il faut que vous me laissiez parler seul, lui dis-je ; un mouvement de tête suffira pour me faire connaître votre approbation ou votre désapprobation ; vous direz oui et non par signes. Croyez-vous que si une femme âgée et respectable, attachée à un dispensaire de Londres, venait ici vous soigner, les gens de la maison y consentiraient ? croyez-vous qu'elle pût vous rendre les services nécessaires, jusqu'au moment où vous quitterez cette maison ?

Je vis que mes dernières paroles l'étonnaient. Elle baissa la tête en signe d'assentiment.

— Quand vous serez mieux, consentez-vous à être transportée dans un dispensaire que je connais, et où vous serez très-bien soignée ?

— Oui, répondit-elle par un signe.

— Devez-vous quelque chose ici ?

— Ah ! mon crime a payé, répondit-elle faiblement. Je lui ordonnai le silence et je repris :

— Nous nous entendons fort bien, maintenant. Adieu, je ne peux pas rester davantage et vous avez besoin de repos. Il faut qu'on donne de l'air à cette chambre et que l'on vous fasse prendre la potion. Je vais, en descendant, recommander aux gens de la maison de vous laisser tranquille ; surtout ne parlez pas ; sous aucun prétexte, pour aucun motif, au nom de toutes vos espérances pour cette vie, de toutes vos craintes pour l'autre... je vous l'ordonne ! Que Dieu vous protége ! à demain.

J'allais sortir, elle me rappela, chercha longtemps quelque chose sous le chevet de son lit et en tira une bourse qu'elle me présenta.

— Allons, lui dis-je, laissez cela.

— Mais votre visite doit être payée, murmura-t-elle.

— Vous êtes pour moi une malade du dispensaire, et mon devoir est de vous soigner... Tout cela est inutile, finissons-en... ou vous ne me reverrez pas.

La bourse retomba sur le lit ; elle prit ma main, leva les yeux vers moi avec une expression bien douloureuse, et je sentis des larmes qui tombaient brûlantes sur mes doigts.

— Un mot ! un seul mot ! vous ne direz pas à votre femme... murmura-t-elle.

Je lui promis de ne rien dire, persuadé que mes premières paroles en rentrant chez moi seraient contraires à ce que j'avais promis. Elle soupira, et je vis avec plaisir que la potion calmante commençait à produire son effet. Je m'esquivai. La chandelle s'était éteinte, et je descendis à tâtons les escaliers aux marches brisées et aux murs crayeux qui déteignaient sur mon habit. Des voix de femmes et d'hommes, des cris de colère, des hurlements, des imprécations qui partaient du rez-de-chaussée arrivèrent jusqu'à moi. Une querelle violente, telle que ces lieux en voient éclater, s'y était engagée. Quel lieu de repos pour la malheureuse étendue sur le grabat du troisième étage !

Ce fut une scène bien significative et bien digne d'un peintre, que celle dont je fus témoin ; mais je n'oserais pas faire poser ici ces personnages hideux, leur donner la parole et la vie, ni copier leurs gestes dégoûtants. Toutefois, ni le moraliste, ni le romancier ne se seraient arrêtés là, sans que leur curiosité fût fortement excitée; sans qu'un tel tableau, une telle leçon produisissent sur eux une impression singulièrement profonde. C'était la dernière expression du vice social tel que nos capitales immondes le fabriquent et le répandent. Appuyé sur le parapluie que j'avais sauvé, je m'arrêtai sur les dernières marches de l'escalier, d'où je contemplai cette scène. L'allée était remplie de femmes et d'hommes de la dernière classe, qui entouraient une femme furieuse, dont les cris de rage étouffaient toutes les autres voix. Il s'agissait d'une montre volée. Un watchman, attiré par les clameurs, essayait, son bâton à la main, de s'ouvrir un passage. Un jeune homme, dont le costume était à la fois plein de recherche et remarquable par la négligence avec laquelle il était attaché, répétait sans cesse : — Elle m'a volé ! elle m'a volé ! Il détaillait toutes les circonstances du vol, et l'accusée l'interrompait par des clameurs épouvantables et des malédictions obscènes, qu'on n'exigera pas que je reproduise. L'entrée de la porte était obstruée. Je cherchai en vain à me frayer un passage au milieu des habitants de la maison et de leurs scandaleux amis. Je me déterminai à tirer par le pan de sa robe la propriétaire, qui se retourna les yeux en feu, l'air courroucé et me dit :

— Que voulez-vous ?

— J'ai deux mots à vous dire.

— Deux mots à me dire ? Vous prenez bien votre temps, et j'ai grande envie de bavarder avec vous. Ce coquin, ajouta-t-elle, en me montrant le jeune homme, veut perdre ma maison de réputation ; il prétend qu'on l'a volé ! il fait descendre la justice chez moi !

Elle continua ses malédictions et ses blasphèmes avec une violence extrême.

— Je vous en prie, lui dis-je, songez qu'il y a là-haut une malheureuse qui se meurt.

— Eh bien, Joséphine, cause avec monsieur, j'ai autre chose à faire, moi.

Celle à qui la vieille femme adressait la parole se dégagea de la foule qui l'entourait et me conduisit dans une espèce de parloir obscur et mal tenu. Là, tout agitée encore de la dispute véhémente à laquelle elle avait pris part, elle me demanda civilement ce que j'avais à lui dire.

— Rien, sinon que miss Edwards est ma malade et que je la connais.

— Oh! pour cela, interrompit-elle, mille autres la connaissent.

— Silence! femme, interrompis-je indigné: je vous dis que c'est moi qui prends soin et un soin spécial de miss Edwards, qu'elle est au plus mal; que la moindre négligence causera sa perte, et que vous en répondez. Si les mauvais traitements et le bruit de la maison l'achèvent ou hâtent sa mort, vous serez coupable de meurtre, et je porterai témoignage contre vous.

— Vraiment, cela me fait de la peine, monsieur, la pauvre fille est si douce, si bonne! il n'y a personne ici qui la vaille; que peut-on faire pour elle?

— Lui permettre de se reposer. Tâchez que la maison soit tranquille; j'enverrai dans une ou deux heures une garde pour la soigner.

— Mais, mon Dieu! comment fera-t-elle pour payer vous et la garde? Il y a déjà longtemps qu'elle est malade, et elle n'a pas d'argent.

— Que cela ne vous embarrasse pas; tout ce que je vous demande, c'est de faire attention à ce que je viens de vous recommander. Je serai ici demain matin de très-bonne heure, et j'espère que mes recommandations n'auront pas été inutiles; si par hasard on les négligeait, ce ne serait point une affaire dont vous pourriez vous tirer facilement.

Prenez-y garde. Je connais particulièrement le constable de ce quartier, et un mot de moi vous coûterait cher.

Elle me promit de m'obéir, me reconduisit respectuesement et parvint à calmer et faire taire la foule. Ce fut avec plaisir que je me retrouvai dans cette rue sombre, battue de la pluie, sur ce pavé glissant et inégal. Le cloaque d'où je sortais m'avait causé un affreux dégoût; l'atmosphère en était souillée. J'étais heureux de respirer enfin l'air extérieur. Un flot amer de souvenirs vint assaillir ma pensée et me montra Hortense, aux jours de son éclat et de sa beauté, vertueuse, heureuse, brillante, adorée ; maintenant coupable, souillée, mourante ; et ce contraste redoutable fit peser sur mon esprit un douloureux fardeau. A travers quels malheurs et quelles fautes cette infortunée créature avait-elle passé pour arriver là ? Comment avait-elle pu résister aux remords, au désespoir de sa position, à la tentation du suicide ? J'aurais voulu pénétrer le secret de cette vie, et je redoutais de le pénétrer ; un intérêt sombre s'attachait à cette existence criminelle.

Deux heures du matin sonnèrent, lorsque je me trouvai à la porte du dispensaire. J'eus beaucoup de peine à me procurer une garde. Je prescrivis les remèdes nécessaires, et je fis mes recommandations à la femme que je choisis pour remplir cet office. Je lui dis de ne pas manquer de me faire avertir immédiatement si, pendant la nuit, le mal prenait un caractère alarmant. Quand je rentrai, ma femme me questionna et me contraignit de manquer à la parole que miss Edwards avait exigée de moi. Cette nouvelle étrange fit sur ma femme une impression difficile à rendre. Le lecteur comprendra mieux son étonnement, quand il saura dans quelles circonstances s'est formée la liaison ancienne de ma femme et de cette infortunée.

La mère d'Hortense, lorsque nous la connûmes, était

veuve d'un capitaine au service de la compagnie des Indes orientales ; son mari l'avait laissée sans fortune, et elle avait loué, auprès de Bath, une maison, dont la sous-location lui rapportait quelques bénéfices. C'était une femme de très-bon ton, d'un caractère doux et amène, mais faible et dénuée de volonté dans les actions décisives de la vie. L'élégance et la grâce de ses mœurs, ses manières excellentes, sa conversation pleine d'intérêt, captivaient au premier abord, et c'était plaisir de loger sous le même toit qu'une femme dont la société avait tant de charmes et d'attraits. J'avais connu son mari, et la jeune Hortense avait laissé dans mon esprit une impression, un souvenir agréable ; mais j'avais perdu de vue sa famille depuis assez longtemps. La santé de ma femme me força, pendant la troisième année de mon mariage, de la conduire à la campagne, et je choisis les environs de Bath. Nous cherchions ensemble le logement que nous désirions habiter ; le hasard nous conduisit chez Mme Bentley, mère d'Hortense. Une domestique nous avait servi de guide à travers plusieurs appartements décorés avec élégance, lorsque nous passâmes devant un parloir dont la porte était entr'ouverte. Assise devant un pupitre et occupée à lire, une jeune fille, de la physionomie la plus douce et la plus mélancolique, frappa nos regards. Sa mère sortit du même parloir, et je les reconnus l'une et l'autre. Les années avaient développé chez la jeune fille un caractère de beauté touchant et sévère à la fois.

— C'est une madone de Raphaël, s'écria ma femme.

— C'est ma fille, reprit Mme Bentley, l'objet de tous mes soins et de tout mon amour en ce monde.

Je présentai ma femme à ces dames, et la connaissance fut bientôt faite. Charmée de leur bon ton et de leur amabilité, elle voulut loger chez elles, et je retournai à Londres. Dans toutes ses lettres, ma femme me parlait du caractère gracieux et doux, de l'esprit vif et remarquable qui distinguaient la madone : c'est ainsi qu'elle la nommait. Bientôt, ce titre poétique devint le sobriquet sous lequel miss Bentley fut nommée à Bath. En effet, la ressemblance d'Hortense avec la *Vierge à la grappe* avait quelque chose de frappant. L'enthousiasme et l'affection de ma femme pour cette aimable personne s'augmentèrent à mesure qu'elle la connut mieux; et moi-même, quand je venais passer quelques jours à Bath, j'étais sous le charme de la douceur spirituelle, des manières gracieuses et de l'ingénuité piquante de la madone.

Bath est un rendez-vous d'oisifs, une grande maison de campagne à l'usage des hommes élégants; bientôt la jeune fille fut si connue et si généralement admirée, que ce succès devint pénible pour elle. Elle ne pouvait sortir sans qu'une foule empressée marchât sur ses traces; toute liberté d'action lui était enlevée par cet hommage public et absurde rendu à sa beauté. L'impertinente poursuite des dandys la rendait vraiment malheureuse; elle payait cher sa supériorité, comme il arrive toujours, et elle en devenait l'esclave. Les billets doux, les vers laudatifs, les lettres anonymes pleuvaient de toutes parts chez sa mère. Presque tous les étrangers de distinction qui se trouvaient à Bath rendaient hommage à la jeune fille; la royauté elle-même daigna lui faire entendre ces paroles flatteuses, qui sont comme un titre de noblesse pour la personne à qui elles s'adressent. Dans sa naïveté, elle confiait à ma femme tous les sentiments qui l'agitaient. Rien n'était plus pur que son âme. Son attachement pour sa mère l'empêchait d'accepter plusieurs partis qui se présentaient. Elle ne pouvait sans chagrin se séparer d'elle, même pour quelques instants. Une seule faiblesse (et cette faiblesse la perdit!) se mêlait aux charmantes qualités de la jeune fille : elle rougissait de sa position. Son éducation, ses idées romanesques déconsidéraient à ses yeux l'espèce de spéculation, d'ailleurs fort honorable, qui fournissait aux besoins de sa mère et aux siens propres. C'était là un sujet de querelles sans amertume entre ma femme et elle. Combien de fois, rejetant en arrière sa tête délicate et son cou de cygne, elle s'écria :

— Ma pauvre mère est pourtant réduite à sous-louer des appartements !

— Je ne vois ni honte, ni malheur, ni dégradation à cela, lui répondait ma femme.

Quand je parlai à cette dernière de l'extraordinaire beauté qui distinguait Hortense, et qui, jointe à sa pauvreté, à la grâce de ses manières, à la distinction de son esprit, multipliait les dangers autour d'elle, ma femme avait coutume de m'interrompre par ce peu de mots :

— Elle est trop fière pour se perdre.

— Cette fierté, répliquai-je, sera l'instrument de sa ruine.

Le temps se chargea de prouver que je ne m'étais pas trompé. Ce fut cette fierté même qui la précipita dans le gouffre qui devait la dévorer ; ce furent sa confiance en elle-même, sa foi en ses propres forces, qui l'amenèrent sans trouble et sans crainte au bord du précipice dans lequel le plus léger souffle la fit tomber.

Hortense aimait les romans : c'était sa lecture favorite ; ces pages tout imbibées de sentiments faux ; ces idées et ces tableaux absurdes ; ces récits où la vérité disparaît sous le mensonge des couleurs, où les objets et les hommes ne se présentent que privés de leurs proportions naturelles, et tordus, pour ainsi dire, en mille capricieuses fantaisies ; ces paradoxes d'une moralité dépravée ou d'une sentimentalité malade, l'esprit et l'âme de la jeune fille en absorbaient pour ainsi dire tout le venin dans les heures libres que ses occupations lui laissaient. Entourée d'hommages, flattée par les plus riches, adorée par les plus puissants, tout cet

enivrement de vanité qui s'emparait de l'existence de la
jeune fille composait une situation assez romanesque en
elle-même pour ajouter aux dangers de ces fictions décevantes, et complétaient l'illusion mentale qui devait perdre
la pauvre Hortense. Tous ces périls n'alarmaient point la
mère, qui se prosternait devant les qualités de sa fille comme
devant une idole : elle ne voyait que la grâce, le dévouement, la hauteur d'âme qui distinguaient son enfant. Lui
communiquer nos craintes eût été une inconvenance et une
barbarie. Ma femme, après trois mois de séjour chez Hortense, revint à Londres, et supplia la jeune fille, pour laquelle elle avait conçu une vive et sincère affection, de lui
écrire fréquemment. Cette correspondance, commencée avec
zèle, devint languissante, puis cessa tout à coup. La naissance de nos enfants, le soin de nos affaires personnelles
effacèrent de notre pensée la trace brillante qu'y avait laissée la madone de Bath, et nous n'avions pas entendu parler
d'elle depuis deux ans, lorsque Sally Edwards me la rendit
si cruellement défigurée.

Au moment où je racontais à ma femme les événements
de la soirée, ses yeux s'arrêtaient sur deux porte-montres
de velours de soie que miss Bentley nous avait donnés autrefois et qu'elle avait brodés avec soin. Toute la nuit se
passa dans une agitation fort naturelle et que le lecteur
concevra aisément ; moi-même je ne pouvais, malgré l'évidence, me persuader que la misérable Edwards Sally fût la
même personne que la belle Hortense. A neuf heures du
matin je me trouvai chez elle. Hélas ! tous mes doutes
s'évanouirent. C'était elle-même, je ne pouvais en douter,
malgré la pâleur livide de ce visage, malgré ces joues
creuses et ces yeux éteints. Quoique ses cheveux, réunis et
collés par une transpiration abondante, tombassent sur son
visage, comme l'herbe épaisse et humide d'un cimetière

couvre à moitié quelques tombes abandonnées, je reconnus néanmoins dans cette pauvre créature la belle madone d'un autre temps, les délices de Bath; mais quel changement! Cet œil qui rayonnait de joie, d'orgueil et de beauté, ces longs cheveux noirs tressés en nattes sur l'albâtre d'un front poli, les voilà donc? Ame innocente! grâces angéliques! pureté adorable! qu'êtes-vous devenues? Pauvre ange tombé, que ta chute est profonde!

La garde fit un mouvement qui réveilla la malade. Celle-ci ne remua pas, ouvrit les yeux, regarda fixement la muraille vers laquelle elle était tournée et laissa retomber sa paupière : lentement elle tourna la tête de mon côté et arrêta sur moi des yeux apathiques. L'orbe de ses prunelles s'agrandit; une expression d'alarme et de terreur étrange vint s'y peindre; la pâleur morbide de son visage augmenta, ses lèvres s'entr'ouvrirent lentement; point de sourire, rien qui indiquât qu'elle me reconnût, vous auriez dit qu'un spectre l'éveillait dans son rêve. Sa vue me glaçait.

— Hortense, lui dis-je, miss Edwards, comment vous trouvez-vous?

— C'est... c'est... répondit-elle, si bas qu'on pouvait à peine l'entendre, et sans détacher de moi ses yeux mornes et éteints.

— Avez-vous beaucoup souffert cette nuit? lui demandai-je. Sans ouvrir ses lèvres, sans cesser de me regarder avec une persévérance et une immobilité singulières, elle sortit du lit sa main amaigrie, blanche, transparente et faible, et la plaça sur son cœur.

Je me tournai vers la garde et lui dis à demi-voix : — C'est l'effet de l'opium; elle est encore assoupie.

La malade remua la tête, comme si elle eût voulu me contredire. Toujours le même regard pétrifié; je commençais à croire que la raison était atteinte, lorsqu'elle s'écria:

— Je croyais ne m'éveiller jamais... Ah ! continua-t-elle, répétant les derniers mots que j'avais prononcés en la quittant : Espérance dans ce monde..., crainte pour l'autre vie !

Il était évident que, pendant toute la nuit, ces paroles avaient, pour ainsi dire, voltigé à travers sa pensée déserte et dans son cerveau troublé.

— Voyons, continuai-je, j'ai plusieurs questions à vous adresser ; vous n'aurez pas à vous plaindre de moi.

— Oh ! docteur ! répondit-elle d'un ton surpris et mécontent, comme si elle eût voulu m'exprimer que cet avertissement était inutile.

— Eh bien ! comment vous trouvez-vous ? répondez-moi aussi bas que possible.

— Je vis, voilà tout, docteur ; il me semble qu'on me dérange dans mon tombeau. Quelle est cette femme ? ajouta-t-elle en me montrant la garde.

Je le lui dis ; elle tendit la main à cette femme, et s'écria :

— Vous êtes bien bon pour moi, je ne le mérite pas.

— Je remplis mon devoir, et tout malade a droit à mes soins.

— Mais je suis une femme si avilie.

— Cessons de tels discours ; n'avez-vous pas senti quelque chose qui vous étouffait, depuis hier ?

Elle ferma les yeux et resta deux minutes sans me répondre.

— Je... je ne puis pas parler, reprit-elle en sanglotant et les lèvres tremblantes d'émotion.

Je vis que les sentiments et les idées qui se pressaient chez elle la dominaient et l'écrasaient. Dans cet état de santé si précaire, la vie suspendue à un fil, la constitution détruite, un vaisseau brisé dans sa poitrine, le moindre choc pouvait achever la jeune fille et la frapper à mort. Je crus qu'il valait mieux interrompre ma visite et la confier aux soins de la garde, que de l'exposer aux suites de cette agitation meurtrière dont ma présence accroissait le danger. Je la recommandai donc à la garde et je promis de revenir le soir, s'il était possible... Il me tardait de transférer miss Edwards dans les salles aérées et salubres du dispensaire. Là, du moins, elle pourrait être soignée avec exactitude et attention ; et ces miasmes de corruption, de maladie et de dépravation qui l'entouraient allaient faire place à un air pur, à une propreté complète, à des soins vigilants.

Je revins tous les jours et souvent deux fois ; un progrès presque insensible, mais réel, s'opérait dans son état ; il n'y eut pas de rechute, et, quoiqu'elle fût très-faible, le crachement de sang ne se présenta plus ; les réponses étaient prononcées d'une voix faible et indifférente ; un grand découragement, une déplorable prostration des facultés intellectuelles semblaient l'absorber et anéantir sa pensée. Un jour, elle tira de dessous son chevet une bourse dans laquelle se trouvait un billet de banque de cinq livres sterling. Elle plaça le billet dans la main de la garde, l'y pressa vivement, et, d'un air suppliant, dit à cette femme de le prendre. Sur le refus de la garde, elle replaça le bank-note dans sa bourse et soupira profondément.

— Vraiment, monsieur, vous auriez eu pitié, me dit la garde quand elle me fit ce triste récit ; c'était à fendre le cœur.

Je me hâte de traverser toute une semaine de langueur et d'attente. Huit jours après (c'était le 15 octobre), trouvant qu'il y avait du mieux chez miss Edwards, j'avertis l'ignoble maîtresse de la maison que le lendemain je conduirais la malade au dispensaire. Hortense reçut cette nouvelle avec apathie. Le matin du jour où cette translation devait avoir lieu, je passais rapidement dans le corridor du rez-de-chaussée, honteux de me trouver dans un pareil endroit, lorsque des paroles confuses frappèrent mon oreille ; je m'arrêtai, et reconnus que les noms de Sally et d'Ewards étaient fréquemment prononcés au milieu d'une conversation animée.

— Je vous dis qu'il faut vous dépêcher, disait l'homme en grommelant. Que diable ! voici une semaine que nous ne faisons rien qui vaille et que nous tournons autour du pot ; c'est sous son oreiller qu'elle le cache.

— Mais cette vieille femme qui la garde, répondit la mégère, qu'en ferez-vous ?

— D'un tour de main on s'en défait ; vous savez comment je me débarrasse des gens ; le vieux Jenkins, vous le rappelez-vous ?

Il y eut là une espèce de rire sourd, double et par écho, qui me fit horreur.

— Vous pourriez encore, reprit l'homme, aller faire le lit et attraper la bourse ; cela ne serait pas mal et n'exposerait personne.

— Oh ! elle me déteste trop, elle ne voudrait pas ; et cette garde, elle n'est là que pour faire le lit ; il faut que ce soit vous, Tom.

— Et bien ! soit ; mais il y a un diable de médecin qui est toujours là.

— C'est vrai, c'est vrai ; il faut y prendre garde.

— Il attend comme nous le moment de mordre à la grappe ; cela s'appellera des honoraires.

Une voix que je n'avais pas encore entendue s'écria :

— Maman ! souvenez-vous que la pauvre Sally est mourante !

— Eh bien ! qu'est-ce que cela fait ? ne va-t-elle pas au dispensaire, où on l'entretiendra pour rien ?

— Il faut en finir, reprit l'homme, c'est décidé.

Je m'élançai ; je me dirigeai en courant vers la demeure

du constable du quartier, et je ne tardai pas à revenir accompagné d'un homme de police auquel j'expliquai ce dont il s'agissait. Quand nous nous présentâmes, une femme, placée en sentinelle à la porte, rentra précipitamment pour avertir ; l'homme de police la suivit, la saisit dans le corridor, l'arrêta ; et, comme elle voulait crier, il la menaça de son bâton de manière à lui imposer silence.

— Taisons-nous, lui dit-il, ou je vous brise ce bâton sur la tête. Docteur, montez, je vous suivrai ; je reste pour tenir cette dame en respect.

En une minute, je fus dans la chambre de miss Edwards. A mon grand étonnement, un homme de la dernière classe et dont les traits sinistres semblaient fatigués par le vice et les excès, se trouvait assis à la place que j'occupais ordinairement près du lit. Il semblait fort paisible et causait avec la garde, qui lui parlait d'une voix amie. Au bruit que fit la serrure lorsque je l'ouvris, il se retourna, glissa rapidement sa main sous l'oreiller, et se dirigea vers la porte en me regardant d'un air de bravade. Cependant l'homme de police se présenta au moment même où il allait s'enfuir et le saisit à la gorge.

— Arrêtez-le ! m'écriai-je, il vient de voler quelque chose.

— Moi, j'ai volé ! Qu'est-ce que j'ai volé ?

Il se retourna vers moi d'un air furieux. L'homme de police tira un pistolet de sa poche, l'arma et le présenta au misérable.

— Allons, allons, lui dit-il, tout cela ne sert à rien. Taisons-nous, Tom, si tu veux que je t'emmène vivant, tiens-toi tranquille et dépêchons-nous.

Tom n'avait pas l'air disposé à se laisser prendre : il serrait les poings et se préparait à une résistance active.

— Docteur, je suis bien fâché, dit l'homme de police, cela

fera peur à la malade; je vais être obligé de tirer sur monsieur.

— Oh! je vous le demande en grâce, m'écriai-je, ne le faites-pas, vous le tueriez.

L'homme de police resserra son étreinte, et ensevelissant profondément ses doigts de fer dans la gorge du prisonnier :

— Ecoute-moi, Tom, lui dit-il, entends la raison, ou si tu résistes le moins du monde, je te tue.

Le canon du pistolet se trouvait dans l'oreille du bandit.

— Tu veux m'assassiner! cria Tom dont l'attitude devint tout à coup passive et tremblante, de fière et menaçante qu'elle avait été; où est ton mandat?

— Le voici, répondit l'homme de police en enfonçant encore le canon du pistolet dans le tympan de l'oreille de Tom; va au diable.

— Pitié! pitié! s'écria la faible voix de miss Edwards, se levant sur son lit et poussant un profond gémissement. Elle se mit à genoux joignant les mains et les yeux tournés vers le groupe placé devant la porte. C'était une scène si frappante que je ne l'oublierai jamais. Je m'élançai vers elle, la suppliai de se calmer, et lui dis qu'elle n'avait rien à craindre.

— Grâce! grâce! Ne le tuez pas, ne le tuez pas! s'écriat-elle dans une effroyable agitation.

Cependant l'officier de police entraîna son prisonnier, dont la fureur s'était amortie, et me fit signe de fermer la porte derrière lui. Quand j'eus poussé le verrou, il me cria :

— Attendez mon retour.

Après quelques minutes le silence se rétablit, et je restai seul à côté de la malade pendant près d'un quart d'heure. J'éprouvais les craintes les plus vives; l'hémorrhagie pouvait se représenter, les misérables habitants de la maison se précipitèrent dans la chambre de miss Edwards, et l'infortunée succomba à tant de secousses. Elle était étendue sur le lit; sa respiration était haute et irrégulière. Peu à peu je la vis se calmer.

— Cet homme, lui dis-je, s'était introduit dans votre chambre pour vous voler?

— J'ai vu sa figure! j'ai vu sa figure! s'écria-t-elle toute tremblante, c'est lui qui a assassiné une des...

Elle tremblait de tout son corps. Une faible dose de laudanum la calma, grâce à Dieu; et déjà ses paupières s'appesantissaient, lorsque l'officier frappa doucement à la porte, et m'apprit que le misérable était en prison et l'argent en sûreté.

— Monsieur, ajouta-t-il, hâtez-vous d'éloigner la malade et de la faire transporter au dispensaire; tout le voisinage est peuplé de bandits, et nous n'avons, dans le quartier, que deux officiers de police pour vous protéger; décidez-vous, monsieur, il n'y a plus de temps à perdre.

Je suivis son conseil; en moins d'un quart d'heure, aidé de la garde, j'enveloppai de flanelle et de couvertures de laine la pauvre miss Edwards, dont le pouls était très-bon et qui était à demi-assoupie. Dieu sait avec quel plaisir j'entendis rouler le carrosse qui nous emportait et qui éloignait cette infortunée de la caverne où je l'avais retrouvée. Après avoir traversé des rues silencieuses et désertes, nous arrivâmes à la porte du dispensaire; et l'officier qui nous avait accompagné saisit miss Edwards entre ses bras.

Quand elle se trouva sur le lit, quelques mouvements convulsifs joints à une rougeur subite me firent craindre que cette fatigue trop violente ne l'épuisât. Bientôt, cependant, ses joues se décolorèrent; son agitation nerveuse cessa; et, en l'examinant de plus près, un double espoir, celui de la résurrection morale et de sa convalescence, vint me consoler et me payer des peines que j'avais prises depuis le jour de notre reconnaissance. Peut-être, me disais-je, sera-t-elle réhabilitée un jour ; cet être perdu et flétri retrouvera la paix ; cette renaissance morale datera de moi. J'ai éprouvé dans ma vie peu de sensations plus douces et plus consolantes. Assis auprès du lit de ce dispensaire, dans une chambre sans tenture, mais propre, je passai une heure à contempler cet ange déchu, destiné à se relever, peut-être, et que ma main avait aidé dans cet effort.

Je ne me trompais pas. Loin du séjour impur qu'elle avait habité trop longtemps, miss Edwards semblait boire à longs traits la vie et la santé. Peu à peu s'effaçaient les plus dangereux symptômes. A cette expression de désespoir qui avait contracté tous ses traits, succédait une sorte de résignation, une espèce de sérénité douloureuse et mélancolique, premier rayon qui annonçait son retour à la santé morale. Sa voix était moins faible, elle commençait à manger ; l'oppression était moins douloureuse, les crachements [de sang moins fréquents ; la fièvre de chaque soir avait moins d'intensité, les nuits étaient moins mauvaises. Elle retrouvait déjà cette aménité de caractère, cette douceur de manières, qui l'avaient rendue chère à tous ceux qui l'avaient connue. Cette Hortense, que j'avais vue si brillante et si aimée, renaissait lentement ; et déjà elle s'entourait de ce charme qui avait distingué ses premières années. Sa reconnaissance n'éclatait pas en violentes exclamations ; elle se révélait par une foule d'attentions délicates et de soins gracieux, dont la continuité forme le plus puissant des prestiges. La garde s'était attachée à elle d'affection, et, quand on voulut la remplacer, elle demanda qu'on la laissât auprès du lit de miss Edwards.

— Eh bien ! Hortense, lui dis-je un matin, votre pouls est excellent ; la garde me dit que vous avez passé une bonne nuit. Je peux maintenant vous donner des espérances les plus positives; continuez, et votre convalescence est assurée.

— Ma convalescence! Pensez-vous, me dit-elle, de l'air le plus simple et le plus naïf, que cette nouvelle soit un bonheur pour moi?

— Voilà comme elle parle toujours, interrompit la garde. Grondez-la, je vous prie, dites lui que c'est très-mal.

— Sans doute, sans doute, repris-je. C'est manquer de reconnaissance envers Dieu, dont miss Edwards a reçu les faveurs spéciales.

— Mon Dieu! que vous vous trompez, docteur; je suis bien reconnaissante, je vous jure, et sous les battements de mon cœur sont des mouvements de gratitude ; mais ce n'est point un crime, je le pense, de désirer la fin de cette vie et le commencement d'un sort meilleur.

— La piété même vous ordonne de vous résigner à la volonté de celui qui sait mieux que vous ce qui vous convient, de la vie ou de la mort.

— Mais ne sentez-vous pas, docteur, que la plus grande punition pour moi serait de retourner dans un monde qui m'accablerait de dédains?

Elle pâlit à ces mots.

Je fis signe à la garde de quitter la chambre un moment, et je repris, quand elle fut partie:

— Ne vous inquiétez pas de votre avenir, Hortense, je m'en charge, et deux ou trois de mes amis se joindront à moi pour vous assurer, si ce n'est une existence brillante, au moins une humble retraite.

Elle voulait parler, des sanglots la suffoquaient; je craignais que cette émotion ne fût trop vive et je l'arrêtai:

—Ne vous exagérez pas l'importance d'un bienfait de peu de valeur en lui-même, et qui, réparti entre plusieurs personnes, leur coûtera beaucoup moins que vous ne croyez. Si cette obli-

gation vous pèse, pourquoi ne chercheriez-vous pas vous-
même à subvenir à vos besoins autant qu'il est en vous ?
Vous avez des talents dont il vous serait facile de faire
usage.

— Vous vous trompez tout à fait, docteur, reprit-elle
beaucoup plus calme: je vais vous dire un secret qui vous
étonnera.

Ses yeux se tournèrent du côté de la porte. Je me levai,
je la fermai, et revins m'asseoir près du lit.

— Je possède aujourd'hui plus de trente mille livres
sterling (750,000 francs). Je la regardai fixement, d'un air
d'incrédulité et d'étonnement.

— Prenez-moi pour une folle, si vous voulez, mais cela
est vrai. La somme dont je viens de vous parler est déposée
à la banque d'Angleterre; elle est tout entière à moi.

Une idée traversa mon esprit, et je m'écriai:

— Le séducteur qui vous a perdue s'est servi, je le vois,
d'un hameçon d'or.

Pendant quelques minutes, elle garda un profond silence.
Était-ce dédain ou douleur? je ne le sais pas. Elle appuya
sa main gauche sur son front; un profond soupir sortit de
son sein.

— Si cette somme était venue de lui, elle n'existerait pas
pour moi. Non, non, ce n'est pas le prix de ma honte. Suis-je
tombée si bas dans votre esprit, docteur? De l'argent ! Oh
jamais ! jamais !

Il y avait dans ces paroles une amertume extrême.

— Pardonnez-moi, Hortense. Et je pris sa main, qu'elle
laissa dans la mienne sans me parler.

— Vous ne m'avez point offensée, vous ne pouvez point
m'offenser, reprit-elle en fondant en larmes. C'est l'idée de
ma propre infamie qui me pénètre et qui me tue. Et c'est
pour moi, pour moi misérable !

Elle s'arrêta tout à coup, et s'enfonçant sous sa couverture, elle pleura de nouveau.

— Docteur, reprit-elle enfin, je vous ai dit que cette somme m'appartenait et je vous ai dit la vérité. La mort d'un de mes cousins, capitaine de vaisseau, m'a laissé cet héritage qui provenait d'un de nos oncles communs. Cet argent qui m'appartient, je n'ai pas osé le réclamer ; il fallait dire mon nom, je n'en avais pas la force :

Après un moment de silence, que la violence de ses sentiments paraissait lui rendre nécessaire, elle reprit.

— Souvent j'ai eu faim, et je n'ai pas voulu demander ce qui m'appartenait ; souvent, la dernière des créatures, j'ai vendu mon corps et mon âme, et j'ai mieux aimé cela que de demander mes trente mille livres sterling. Pénitence affreuse, croyez-moi, monsieur ; puisse Dieu l'accepter, en partie du moins, comme réparation de mes fautes ! C'est le front courbé dans la poussière que je lui offre le supplice mérité que j'ai subi, car j'ai beaucoup souffert, toute criminelle que je sois, docteur.

La profondeur de son angoisse, la réalité, l'amertume de son remords, touchaient le fond de mon âme ; j'avoue que j'étais fort embarrassé pour lui répondre. Heureusement, j'entendis les pas de la garde-malade qui revenait, et je fis signe à miss Edwards de se taire.

— Demain, me dit-elle, demain je vous dirai tout ; venez le soir.

Elle semblait épuisée, et je lui répondis que, si elle ne se trouvait pas beaucoup mieux, il me serait impossible de l'écouter. En effet, le lendemain de cette conversation, les symptômes les plus affligeants avaient reparu. Cette excitation véhémente avait usé les forces de l'infortunée, et sa convalescence, au lieu d'avancer, paraisssait suivre une marche rétrograde. J'appliquai toute mon attention à éloigner d'elle toutes les images tristes qui l'affectaient si vivement, et à ramener dans son esprit sinon la gaieté, du moins le calme. L'intelligence vive d'Hortense avait besoin d'un aliment : c'était sur lui-même que cet esprit ardent se repliait; c'était lui-même qu'il dévorait, lorsque son remords et sa douleur étaient seuls en face d'elle. Quelques distractions innocentes, quelques livres de piété offrirent un remède à ce danger.

Assurément, Hortense n'aurait pas pu vivre avec ces cruels souvenirs sans le mobile puissant de cette croyance religieuse, de cette contrition profonde qui présente encore un espoir aux plus misérables. La religion passionnée et rigoureuse, que j'eusse condamnée, si elle eût dominé l'esprit de quelque jeune fille innocente, donnait à Hortense le seul moyen possible de se réconcilier avec elle-même et avec Dieu. Pour l'homme du monde, un tel enthousiasme est un délire. Ah! puissent tous ceux que le remords oppresse, échapper au vice et au malheur par cette route d'enthousiasme et de ferveur !

Je fus exact au rendez-vous.

— C'est aujourd'hui, me dit Hortense, que je me suis promis de vous faire ce triste récit; j'ai toujours reculé devant cette tâche, et la seule satisfaction que j'y trouve, c'est le douloureux sentiment d'une expiation nécessaire.

— Non, non, lui dis-je, il est tard, remettons à demain cette conversation dont l'idée seule vous fatigue.

Le lendemain, dès six heures du soir, j'étais chez elle. Lecteur, je regrette de ne pouvoir vous présenter ce tableau tel que je l'ai vu. Appuyée sur des coussins qui la soutenaient, Hortense était assise auprès du feu. Une double natte d'ébène se partageait sur son beau front, et les doigts délicats de sa main gauche s'étendaient sur sa poitrine. Si vous eussiez vu cette malheureuse, même sans connaître son histoire; si ses deux longues prunelles noires se fussent arrêtées sur vous, l'attendrissement vous eût saisi. En me voyant entrer, elle rejeta son livre et sembla rappeler tout son courage pour se préparer aux tristes confessions que j'attendais. Je m'assis :

— Docteur, me dit-elle, j'ai bien désiré, j'ai bien redouté le jour où nous sommes.

— Croyez-moi, une curiosité vaine ne m'amène pas près de vous, mais un intérêt profond.

— Ah ! pardonnez-moi, docteur, c'est le courage qui me manque !

Et la pauvre fille fondit en larmes de nouveau.

— Oui, me dit-elle, je sais qu'il le faut, et, quand même vous n'auriez plus que de la haine pour la malheureuse créature qui vous parle, je commencerai et j'achèverai cette confession, comme un acte nécessaire, et dont peut-être il me sera tenu compte bientôt ; bientôt, ajouta-t-elle, car mes jours sont comptés.

— Vous vous trompez, Hortense, j'ai beaucoup d'espoir.

— La volonté de Dieu n'est pas que je vive, il est trop bon pour m'y condamner. Mais il faut commencer cette douloureuse histoire, docteur. A l'époque heureuse où je me trouvais chez ma mère, et où je vous vis avec votre femme, je me doutais bien peu de ce qui m'arriverait ; je n'étais pas vicieuse, je puis le dire, mais orgueilleuse. Ma pauvre mère a dû vous apprendre quels malheurs de fortune l'obligèrent à recevoir chez elle des pensionnaires ; cette situation nouvelle, qui n'est pas sans esclavage, ni sans ennui, me causait un dégoût mortel. Plus sage et plus calme que moi, ma mère ployait ses habitudes et ses goûts personnels sous la nécessité impérieuse. Mais, fière que j'étais du nom de mon frère, de ma jeunesse et de quelques avantages personnels, hélas! si promptement éclipsés et détruits, je me sentis humiliée.

Combien de fois votre femme m'a-t-elle adressé, à ce sujet, de douces, mais sévères réprimandes! combien de fois a-t-elle cherché à me prémunir contre les dangers vers lesquels je courais !

Vous savez, ajouta-t-elle après un moment de silence et en souriant amèrement, vous savez que j'étais belle, alors; j'étais admirée, adorée ; on me citait, et des hommages qui tombaient de haut nourrissaient ma vanité de jeune fille. Les espérances ambitieuses germaient dans ma pensée ; la folie préparait leur berceau; vous savez quelle a été leur tombe. Mon pouls battait plus vite, mon sang circulait plus rapide à la lecture de ces lettres suppliantes qui m'étaient adressées chaque jour, et de ces livres menteurs que je savourais et qui représentaient la beauté comme le seul mobile du monde. Un grand mariage, un rang, un titre, c'était la chimère de ma jeunesse. Je ne vous fatiguerai pas, docteur, du récit de toutes les circonstances qui entretenaient cet amour-propre délirant. Je refusai plusieurs propositions de mariages fort honorables, et ma première faute fut d'affliger ma mère. Ses remontrances timides venaient échouer contre les adulations dont j'étais entourée. Les jours s'écoulaient sans amener le héros de roman que j'avais rêvé, sans réaliser le fantôme adoré de mes jours et de mes nuits ; l'éternel et fade retour des mêmes soins domestiques me rendait insupportable l'intérieur de notre maison. Les plus douces heures de ma vie se passaient sur les bords du ruisseau d'Yarwell. J'emportais un livre avec moi, tantôt me promenant, tantôt rêvant, oubliant ce monde et m'environnant à plaisir de mes chimères favorites. Ce fut là qu'un dimanche soir, je rencontrai un jeune homme occupé comme moi à lire et qui, en m'apercevant, recula de deux pas, me regarda attentivement, me salua avec grâce et continua de me poursuivre d'un regard si attentif et si prolongé, que la rougeur me monta au visage et que je sentis mon cœur battre avec violence. De ce moment a dépendu tout le reste de ma vie. Quelle qu'ait été l'impression que je produisis sur lui, je ne puis oublier, encore aujourd'hui même, celle qu'il a produite sur moi. Sa figure était belle, sa taille élancée; ses manières annonçaient l'habitude du monde ; sa voix, surtout, avait cette douceur pénétrante qui persuade sans effort.

— Je vous ai troublée, me dit-il, madame, la faute en est aux auteurs que nous lisons l'un et l'autre, et qui ont engagé notre attention assez vivement pour que le reste nous devînt étranger.

En disant cela, ses yeux noirs et doux continuaient à s'arrêter sur moi, et je ne pouvais m'empêcher de ressentir je ne sais quelle joie secrète.

— Vous n'avez point d'excuses à me faire, lui dis-je, monsieur, je n'ai rien à vous reprocher.

Il me salua de nouveau respectueusement et d'un air très-réservé, avec une modestie charmante et une grâce naturelle. Il parla de la beauté de la soirée, du silence de la solitude qui régnait autour de nous. Ses paroles étaient poétiques, sans emphase, animées d'un sentiment vrai et délicat; il semblait craindre de me fatiguer et de me déplaire, et cette retenue, que je comparais involontairement au babil impertinent des élégants du monde, me plaisait infiniment. Après m'avoir demandé si l'amour de la solitude et d'un beau paysage m'amenait souvent sur les bords de l'Yarwell, il prit congé de moi, s'excusa de nouveau de m'avoir interrompue, et me quitta.

Je fermai mon livre, et tout occupée de cet incident inattendu, je m'assis. Quelle fascination bizarre s'était emparée de moi? Je regrettais le départ de cet homme que je ne connaissais pas; j'aurais voulu qu'un prétexte décent le ramenât près de moi. Mon cœur battait, et, avec cette rapidité de pensée qui appartient aux femmes, je m'inquiétais déjà de savoir si la politesse avec laquelle il m'avait parlé n'avait pas pour source un sentiment plus tendre; je me sentais malheureuse et préoccupée.

Avant de rentrer chez ma mère, je voulus me mettre au piano; mes doigts, après avoir préludé, erraient sur le clavier sans pouvoir exécuter un seul morceau. Ma mère me dicta une lettre, je l'écrivis si mal et fis tant de fautes, qu'elle fut obligée de la recommencer. Après une nuit assez troublée, je m'effrayai de moi-même et je commençai à pressentir je ne sais quel malheur inévitable. Vous pouvez rire, docteur, de cet amour à la première vue, mais je raconte naïvement mes impressions sans les excuser, sans chercher le moindre palliatif à mes fautes.

Le lendemain, je repris la route d'Yarwell, un livre à la main. Il ne vint pas : je fus désappointée. Le jour d'après, plus émue encore et toute déconcertée de mon attente déçue, je revins au même lieu, où je ne rencontrai personne. Folle que j'étais! Nuits, jours se passèrent ainsi; et ce fut un lundi soir que je le vis enfin, donnant le bras à un de ses amis, mais pâle, mais tout languissant; son bras gauche était soutenu par une écharpe. Quand il m'aperçut, il me salua, parut sourire, et le rouge lui monta au visage. Le journal du soir m'apprit que le capitaine Edouard W... (vous me permettrez de taire son nom), venait de se battre en duel avec un membre de la chambre des Communes, qui l'avait blessé au bras gauche. C'était bien lui, je ne pouvais en douter; je venais enfin d'apprendre son nom.

Docteur, le croiriez-vous? ce duel me causa une douleur et une inquiétude vives. Oui, je fus prête à m'évanouir lorsque j'appris le danger auquel il avait été exposé. Femme ridicule et insensée que j'étais!... Je l'aimais déjà!... Il n'avait fallu, pour faire naître cet amour, qu'un entretien de quelques minutes et la seule séduction de la politesse la plus ordinaire. Ma mère, qui s'étonnait de ma rêverie, m'interrogea avec sollicitude. Je lui répondis que j'étais souffrante. Excellente mère, elle envoya chercher le médecin.

Deux ou trois jours après, nous nous rencontrâmes de nouveau, et, après les premières salutations, je lui reprochai le combat dans lequel il s'était laissé engager. Reproche imprudent, c'était un droit que je lui accordais, une marque d'intérêt que rien ne m'autorisait à lui témoigner. Son œil vif se porta vers moi, ne s'arrêta qu'un moment, et il me dit :

— J'ai droit d'être fier, madame, d'avoir pu vous occuper un moment.

Le même entraînement insensé qui m'avait placée sur la pente de ma ruine hâta et précipita ma chute. Je fus assez imprudente pour accepter l'offre de son bras. Enfin, je le priai, si ma mère et moi nous le rencontrions, de ne pas avoir l'air de nous connaître. Ce jour-là, cette soirée, ces paroles scellèrent mon malheur. La conscience d'un acte coupable, dont j'étais loin de prévoir les dernières conséquences, m'oppressait à mon retour chez ma mère. Il était maître de mon secret; il était mon maître. Je fuyais tous les regards, je les craignais. Pour la première fois j'entrevis avec quelque clarté un avenir sinistre qui se préparait pour moi. J'étais trop orgueilleuse et trop avancée pour reculer.

Le capitaine n'était pas un homme vulgaire, et son mérite personnel aurait pu captiver une femme. Bientôt nos sentiments mutuels, avoués et reconnus, se changèrent en passion ardente. Mon imagination déçue et ma faiblesse de jeune fille ajoutèrent à son mérite réel mille perfections idéales. Tout ce qu'il m'aurait dit, je l'aurais cru aisément; toutes ces flatteuses et romanesques niaiseries dont la crédulité des femmes se repaît, j'eus, moi si fière et si vantée pour ma sagesse, la folie d'y ajouter foi. Ma sagacité, ma force d'âme, mon esprit, toutes ces qualités que l'on n'avait pas cessé de m'attribuer, me persuadaient que celui qui avait pu me plaire était un héros.

Pendant plus d'un mois et demi, j'eus la force de résister à l'homme que j'aimais. Toujours devant moi, cette figure de ma pauvre et bonne mère venait m'avertir et m'éloigner du naufrage. Il m'excédait cependant, et, le croiriez-vous? ce fut peut-être, après tout, ma fatigue seule qui consentit. Il m'obséda de ses prières, il me harassa de ses raisonnements. Il obtint de moi la promesse insensée de l'accompagner à Gretna-Green dans une berline à quatre chevaux. Je devais écrire à ma mère une lettre explicative; je le fis, docteur. Ah! quelle soirée! quelle nuit! ma plume tremblante sous mes doigts avait peine à réunir en quelques mots, en quelques phrases, ma pensée qui m'échappait. Assise devant cette table de supplice, frissonnant de fièvre, les genoux tremblants, j'écrivis la lettre fatale : terminée, elle sembla sceller ma condamnation à mort. Le lendemain, ma mère rendait visite à une de ses amies qui demeurait à deux milles de Bath; je savais qu'elle s'y arrêterait un jour entier. Ah! monsieur, la première nuit qu'elle passait hors de la maison, le premier moment de son absence, je l'employais à trahir sa confiance de mère! cet asile où j'avais été élevée avec tant de soins, je le quittais : cette nuit fut horrible, monsieur.

Ici une pâleur soudaine et cadavéreuse couvrit le visage d'Hortense, son agitation s'était accrue par degrés, et je vis qu'il était impossible de la laisser continuer sans danger pour elle. Je l'arrêtai, et, la forçant de boire un verre d'eau et de vin préparé pour elle, je lui dis que je ne voulais pas en entendre davantage, et que je reviendrais demain à la même heure. Je regrette de n'avoir pas pu reproduire la simplicité poignante de cette confession douloureuse; j'ai craint de fatiguer l'attention du lecteur.

Le lendemain, en entrant, je la trouvai baignée de larmes, et je me reprochai une curiosité qui lui coûtait si cher. Je la suppliai de ne pas continuer.

— Oui, docteur, continua-t-elle, je souffre en faisant ce récit, je souffre beaucoup; mais que mon cœur se déchire lui-même dans la conscience de mes torts! qu'il se châtie lui-même! car j'ai beaucoup d'orgueil, et ce qui me reste à dire me rendra odieuse à vos yeux.

Je la calmai par quelques paroles bienveillantes; elle reprit:

— Dès que j'eus mis le pied dans la voiture, ma destinée fut fixée. — Nous suivions, mais à mon insu, une route directement contraire à celle que le capitaine m'avait indiquée. Mes sensations, pendant le voyage, sont impossibles à reproduire; ma pensée était troublée; un nuage de désir, de crainte, d'espérance, de joie insensée, d'angoisses secrètes, s'étendait sur toutes mes émotions. Jamais le capitaine ne me laissait seule; jamais de lacune ni de vide dans cette fascination qu'il opérait. Un tourbillon rapide comme le galop de nos chevaux emportait tout mon être; ni réflexion, ni repos; pour ne rien vous cacher, docteur, le trouble auquel je me trouvais en proie était privé de remords: je n'étais pas heureuse, j'étais ivre. Je ne sentais rien, je pensais encore moins. Dans le monde il n'y avait qu'un point sur lequel je m'arrêtasse et qui m'absorbât tout entière : la tendresse du capitaine. Cette idée unique: Il est à moi pour la vie! restait seule dans mon esprit. Epargnez-moi, docteur, le chagrin d'un détail plus circonstancié : ma perte était accomplie d'avance. Le matin du troisième jour, je m'éveillai près de lui; il était là, à mes côtés : je poussai un grand cri, et la maîtresse de l'hôtel accourut.

— Ce n'est rien, s'écria-t-il avec un sang-froid imperturbable; ma femme a des spasmes.

Le lendemain, avec une adresse presque infernale, il effaça par sa grâce, sa passion, les témoignages de son dévouement, et par sa causerie pleine de charme, le souvenir de ma chute. Cette léthargie morale où il avait su me plonger, et qui ne laissait vivre chez moi qu'une seule émotion délirante, renaquit bientôt. Dès lors il me sembla que résister à son influence était impossible, et que sa tyrannie presque magnétique était plus forte que mes résolutions.

La semaine suivante, nous étions à Paris; un nouveau torrent de distractions m'emporta; cependant il y avait en moi une peine, un souvenir, docteur, auquel je ne pouvais échapper : ma mère! Pendant trois semaines je fus agitée par des convulsions affreuses. Quelques qualités d'honnête homme n'étaient pas éteintes dans l'âme de mon ravisseur; longtemps il me traita avec délicatesse et avec amour. Je finis par penser que ma situation était supportable; ce fut alors que je me livrai sans réserve aux distractions parisiennes : tous les soirs nouvelles parures, chaque jour nouveaux plaisirs. Un mois se passa ainsi : mon chagrin et mon repentir s'usèrent à la fois; je ne songeai plus qu'à suppléer par une excitation de tous les moments aux sentiments de bonheur moral qui me manquaient. Mais, hélas! notre liaison se teignait peu à peu de ce caractère d'aigreur, de douleur et de dureté qui s'attachent à toutes les positions fausses.

Un jour que je prononçai devant lui le nom sacré de ma mère, il tira de son portefeuille une lettre écrite, à ce qu'il prétendait, par un de ses amis demeurant à Bath. On lui mandait que ma mère, après avoir lu ma lettre, l'avait jetée au feu, et avait juré de ne me revoir jamais. L'ami prétendu répétait, avec une sorte de complaisance, les paroles dont ma mère me flétrissait, disait-il.

Ah! docteur, comment ai-je ajouté foi à cet impudent mensonge! Hélas! je le sais, le cœur de ma mère renfermait un inépuisable trésor de pardon et de bonté. Je cherchais, fille dénaturée, à me persuader que cette bonne mère m'avait bannie de son cœur, et j'essayais d'amortir et d'émousser l'aiguillon du remords par la pensée d'un traitement trop juste, mais qui me semblait barbare. Ce fut le dernier coup porté à ma conscience morale; le peu de sentiments honnêtes qui me restaient s'évanouirent. Je m'accoutumai par degrés à cette situation. Souvent, autrefois, j'avais parlé de mariage au capitaine, et je n'avais excité chez lui que des accès de courroux; je laissai donc ma vie s'écouler sans but et sans désir. Bientôt je m'aperçus qu'un changement insensible s'opérait en lui : son désir semblait être de me forcer à rompre et de me dégoûter de lui. Des hommes sans mœurs parurent à sa table, et je fus obligée de leur faire les honneurs de sa maison. De jeunes lords introduits par lui-même auprès de moi me comblèrent d'attentions marquées, sans qu'il parût s'inquiéter de leur présence. Tantôt c'était de ma froideur et de mon impolitesse envers eux, tantôt c'était de mon étourderie et de mon inconvenance qu'il se plaignait avec amertume; tout devenait sujet de querelle, tout lui était bon pour me blesser dans mes sentiments et dans mon orgueil. Son congé, disait-il, venait d'expirer, il allait partir pour les Indes, et ne pouvait perdre un seul instant. Dans huit jours nous devions quitter la France pour l'Angleterre. La pensée de reparaître comme une criminelle dans ma patrie, au milieu des personnes qui m'avaient connue, m'était insupportable; je cachai toutes mes pensées au capitaine Edouard; et, le jour fixé pour notre départ, je quittai Paris avec un jeune lord irlandais, nommé Fitz G... spirituel, aimable, riche et dépravé. Nous nous dirigeâmes vers l'Italie, où je brillai de toute la splendeur d'un vice qui a rompu avec tous les scrupules. L'éclat des diamants, la recherche et la singularité du costume ; une cour attentive qui se pressait autour de moi, faisait de la malheureuse que vous voyez la femme à la mode, la femme la plus enviée de tous. Mais comme elle retentissait cruellement à mon oreille, l'interrogation de ceux qui me voyaient pour la première fois. Qui est-elle?

Ecoutez-moi sans trop de haine et de mépris, docteur, s'il est possible. La suite de cette vie coupable fut ce qu'elle devait être : ma santé s'altéra, ma gaieté s'évanouit : et, par une punition trop juste, je ne fus plus capable de soutenir l'état du rôle criminel que j'avais adopté. Mes joues s'étaient amaigries, et mon front s'était plombé à force de veilles, de bals, de plaisirs. J'avais fané et flétri cette beauté dont j'étais fière, et qui avait causé ma perte. Le dernier de ceux auxquels je m'étais attachée me quitta subitement, sans me prévenir, sans prendre soin de mon avenir et de ma fortune ; et je restai à Paris seule, sans appui, sans ressource, riche de quelques centaines de livres sterling. Pendant plusieurs semaines je ne pris aucune nourriture : de l'opium et du vin me suffirent. Enfin le souvenir de la patrie l'emporta, je retournai à Londres au milieu du mois de décembre. J'avais rencontré sur le paquebot un jeune homme qui m'avait vue, à Paris, chez le capitaine Edouard. Je ne savais que devenir, j'acceptai avec une insouciance stupide la proposition de venir habiter sa maison, où je demeurai près d'un mois.

Tout ceci, s'écria Hortense tout à coup et en frémissant, tout ceci n'est-il pas horrible, docteur? Quel catalogue de fautes et de vices !

Pendant que j'ai la force de l'achever, docteur, laissez-moi continuer cette tâche.

J'étais seule à Londres : j'avais quitté celui qui m'avait offert un asile pendant un mois. Plongée dans une sorte de stupeur causée par l'ivresse, j'entrai un soir à Drury-Lane; l'ouvreuse, qui me vit seule et parée, m'introduisit dans la galerie... (continua miss Edwards en baissant la voix) qu'on destine à mes misérables sœurs. L'ouverture commençait: cette musique écoutée avec extase par tous ceux qui m'entouraient, me frappa de vertige : je défaillis. C'était une harmonie triste et douce. Oh! comment vous rendre l'effet qu'elle produisit sur moi! Je sortis et ne rentrai qu'après une demi-heure. L'intensité de mon émotion nerveuse durait encore avec tant de force, que j'étais prête à pousser un cri et un gémissement et à mêler mes accents de douleurs aux applaudissements et aux bravos. Une voix de femme, une voix rauque et grossière s'écria tout à côté de moi :

— C'est très-touchant, comme elle soupire, celle-là!

Celle qui parlait était une femme tout étincelante de parure, le vice empreint sur son front et sur son visage. Je ne répondis rien. Mes yeux se tournèrent languissamment du côté des loges peuplées de femmes si heureuses. Ah! que je leur portais envie. On riait beaucoup dans une loge assez voisine de moi. Hélas! le capitaine Edouard s'y trouvait avec trois dames, dont l'une semblait recevoir ses hommages. Un nuage couvrit mes yeux, et, le lendemain matin, je me retrouvai chez moi dans mon lit. Une jeune fille bien vêtue et qui me donnait ses soins m'apprit que j'étais tombée sans connaissance sur le parquet, et que mon adresse s'étant trouvée dans un petit souvenir que je portais, elle m'avait ramenée chez moi. Le propriétaire vint ensuite m'avertir que sa coutume n'était pas de recevoir chez lui des personnes de ma sorte. J'accompagnai chez elle celle qui m'avait secourue. Je possédais environ pour trente livres sterling d'effets que j'emportai avec moi. Pendant deux jours je restai au lit sans ouvrir les yeux; rien ne peut exprimer l'horreur de ma situation nouvelle. A la fin du second jour, ma compagne m'entraîna avec elle à Drury-Lane. Ah! permettez-moi, permettez-moi, docteur, de ne pas m'arrêter sur chacun des degrés d'infamie que mon pied tremblant franchissait. Que d'excès, docteur, et que d'angoisses! Mon argent épuisé, tous mes vêtements mis en gage! Quel espoir, quelle ressource me restait? J'espérais mourir à force d'excès. J'espérais que cette vie d'ivresse et de violence briserait une organisation débile.

— Vous vous étonnez peut-être que je vous parle si peu de ma mère? Ah! ne croyez pas que je l'eusse oubliée! Son image toujours présente ne servait qu'à me plonger dans un désespoir plus profond. Jamais je n'avais encore osé m'informer si elle existait. Un jour, cependant, une résolution soudaine traversa ma pensée. J'empruntai des haillons, je cachai mes cheveux sous un bonnet de vieille femme, et, sans savoir comment je m'y prendrais pour arriver jusqu'à ma mère, sans autre argent que quelques schellings, je montai sur l'impériale d'une diligence. Une pluie froide tombait par torrents; rien ne me protégeait et ne me garantissait qu'un vieux manteau vert et tout usé. Triste et affreux voyage! Il était cinq heures du matin, lorsque je descendis à deux milles de Bath; mes pieds, engourdis par le froid, me soutenaient à peine. J'entrai dans une petite taverne; deux verres de genièvre me rendirent un peu de force. C'est chose horrible à dire que la facilité avec laquelle je m'étais habituée à l'usage des liqueurs fortes; elles m'étaient devenues nécessaires: sans leur secours, j'avais à peine la conscience d'exister.

La pluie, qui obscurcissait l'air et glaçait mes membres, pénétrait jusqu'à mon cœur qui semblait frissonner et trembler dans ma poitrine. Oh! quel temps! quelle route! quelles angoisses! Sous ces bouffées de vent, sous cette bise amère, je ne voyais, je ne pensais, je ne sentais plus rien. Sept heures sonnaient, lorsque j'entrai dans Bath. Je reconnus les maisons, les squares, les églises, et mon cœur coupable battit avec violence et douleur. Mon bonnet enfoncé jusque sur mes yeux, je glissai le long des murailles, tremblant d'être aperçue. Après des pauses nombreuses, après avoir souvent appuyé mes membres harassés sur les grillages et les barreaux qui environnent les maisons, je me trouvai en face de celles de ma mère. Hélas! il n'y avait plus là qu'une boutique étincelante de couleurs et de dorures, un étalage de mercerie avec son enseigne et le nom du marchand. Je ne pouvais marcher et m'assis sur les degrés humides d'un autre édifice. Mes mains se tordaient, mes lèvres saignaient sous mes dents que je serrais avec force, de peur d'alarmer le voisinage en laissant échapper un cri. Je vis un vieillard s'approcher; toute tremblante, je lui demandai où demeurait ma mère.

— Vous voulez parler de M$^{me}$ ***. Je me la rappelle bien. Sa fille s'est sauvée avec un militaire, il y a quelques années. Eh! mais la pauvre dame est morte, il a un an et demi.

Ces paroles seules frappèrent mon oreille; je ne tombai pas, je ne m'évanouis pas, je ne proférai pas une parole. D'un pas ferme et assuré, je m'éloignai pendant que cet homme parlait encore. J'éprouvais d'étranges sensations; il me semblait que je ne touchais plus la terre. Mon corps s'enflait à mesure que je marchais. De bizarres étincelles se croisaient devant mes yeux, et ma tête tournait avec la rapidité d'une roue. Une diligence passa, je m'y élançai.

— Vous vous arrêtez à Londres, jeune femme? me demanda le conducteur.

— Oui, répondis-je.

Et pendant tout le reste du voyage, il me fut impossible de parler. Je n'avais sur moi que deux schellings et le prix de ma place était d'une guinée. Le conducteur et le postillon m'aidèrent à descendre ; mais, quand ils virent que l'argent me manquait pour les solder, ils éclatèrent en invectives et me déposèrent chez un constable. Je tombai à genoux, baignée de larmes, devant le magistrat, qui, les bras croisés, me regardant fixement, sembla ému d'un sentiment de pitié. Il jeta par terre une guinée et dit au cocher :

— Cette femme est trop misérable, laissez-la tranquille.

Le seul souvenir qui me soit resté des circonstances qui suivirent est celui de l'hôpital, où je rouvris les yeux, et où une fièvre ardente me retint pendant six semaines.

Faut-il que je continue ce récit ? J'achetai des objets de toilette et je devins, sans remords, sans scrupule, sans retour vers une vie honnête, presque sans regrets... ce que je suis. Vie affreuse et maudite ! Ma mère était morte, je l'avais tuée ; plus de parents, la société fermée pour moi, l'habitude de l'ivresse changée en besoin : tout concourait à me plonger dans cette apathie stupide. J'étais indifférente à tout ; c'était un désespoir calme, une léthargie de tous les sentiments honorables. Mais pourquoi vous affliger, docteur, par de si cruelles images ?

Je sus que le capitaine s'était marié et je m'informai de sa demeure. Souvent, pendant la nuit, au milieu de l'obscurité, je me suis promenée à pas lents devant le vaste et élégant hôtel qu'il habitait. Lorsque j'entendais le piano du salon, j'étouffais, docteur ; je croyais le voir auprès de sa femme, au sein de sa famille heureuse. Oh ! quelle nuit ! quelle douleur ! Souvent aussi, docteur, je me suis promenée devant votre maison, pendant la nuit, et j'ai beaucoup pleuré. Un soir, je vous ai reconnu, vous donniez le bras à votre femme. Je ne sais par quel caprice singulier je me suis attachée à vos pas, j'en aurais volontiers baisé la trace; je me rappelais tant de journées heureuses, tant de délicieuses soirées. Moi, être dégradé, j'avais été cependant votre amie; vous m'aviez traitée d'égale. Ce souvenir, qui me faisait mal, m'enorgueillissait...

Elle s'arrêta et pleura.

Vous devinez sans peine le reste de ma vie. Une âme énervée, une intelligence abrutie et stupéfiée, un marasme de vice, sans aucun goût pour le vice, telle était mon existence. J'étais presque folle par moments, et mes longs gémissements éveillaient tous les hôtes de la maison que j'habitais. Les papiers publics m'apprirent que j'héritais de la somme considérable dont je vous ai parlé. Aussitôt je résolus de ne pas retirer un seul penny de cette somme et de la laisser tout entière à un établissement de charité que vous devinez sans doute, ajouta-t-elle en baissant la voix.

— L'*hôpital de la Magdeleine*[1]?

— Oui, reprit-elle en soupirant.

Continuer ce genre d'existence m'était odieux, m'en détacher impossible. J'allais, errant d'une maison infâme à une autre, avilie par cet abominable métier, maltraitée et battue quand j'avais le désir d'y échapper, traînée devant la police pour des vols que je n'avais pas commis, logée dans des repaires qu'une brute aurait refusé d'habiter. J'ai entendu les voleurs tramer leurs plans; j'ai vu les actes les plus horribles; j'ai été témoin des piéges tendus pour faire des dupes et des victimes. Une seule fois, une plainte m'est échappée : la femme à laquelle la maison appartenait m'a

---

[1] *Magdalen hospital*, asile de charité semblable à celui des *Filles repenties* de Paris, mais qui est dirigé d'après des vues plus indulgentes, plus philosophiques et plus humaines.

brutalement meurtrie. Enfin, il m'a fallu plier la tête sous les conséquences de mon crime. Oui, docteur... sourire et boire, et m'enivrer, et chanter, et paraître heureuse, et m'armer d'audace, de dépravation, de fureur, de joie apparente, quand je me sentais mourir, quand je sentais ma poitrine rongée par la consomption qui me tuait ! J'étais dans la rue, il y a trois semaines, lorsqu'un homme d'un âge mûr, qui montait un beau cheval, abaissa ses regards sur moi, parut me reconnaître, descendit, remit la bride entre les mains d'un laquais et s'approcha de moi.

— Vous m'avez vu à la table du capitaine Edouard, me dit-il.

C'était le même officier irlandais avec qui j'avais quitté Paris, après ma liaison avec le capitaine.

— Je vous ai connue dans de meilleurs jours, continua-t-il; vous semblez bien malheureuse et bien souffrante : il faut prendre soin de votre santé.

Puis, tirant de son portefeuille un billet de vingt livres sterling, il me le donna, regarda autour de lui, comme s'il eût craint qu'on ne le vît causer avec moi, remonta à cheval et disparut. Je reçus l'aumône du lord avec résignation, avec calme. Il me semblait que tout cet avilissement, toute cette douleur rachèteraient une partie de mes fautes. Pauvre insensée ! je périssais de faim, et je trouvais je ne sais quel plaisir sauvage à sentir et à savourer ma souffrance. Une fortune était entre mes mains et je me plaisais à mourir plutôt que d'y toucher. Les vingt livres sterling que l'on venait de me remettre me servirent à changer de logement. Ce dernier et misérable asile où je me réfugiai, vous le connaissez, docteur. Huit jours après mon arrivée, la mort m'enlaçait déjà de sa froide étreinte, et, dans le dernier accablement, je ne sais quel bon ange m'inspira l'idée de vous envoyer chercher, vous, mon sauveur.

Vous vous étonnez sans doute que ces vingt livres sterling, je ne les aie pas employées à chercher une habitation honnête, à changer le cours d'une vie qui me pesait? Hélas! demandez-en la raison au mauvais génie sous la loi duquel je palpitais, victime dévouée. Criminelle, odieuse à moi-même, j'aimais mieux rester dans l'abîme, je voulais attendre que les eaux du gouffre se refermassent sur ma tête et m'ensevelissent tout entière. Ah! que n'ai-je pas souffert, docteur, dans la dernière maison dont vous m'avez tirée? Ce n'était pas seulement un lieu de débauche, c'était un rendez-vous de crime et de vol. Je me soumis à tout : j'acceptai ce purgatoire et j'attendis la mort comme une espérance, comme un bienfait... Providence! Providence!... de quelles profondeurs m'as-tu tirée!

Elle s'arrêta, promena d'une main languissante son mouchoir sur sa figure, remua les lèvres pour parler encore, mais elle ne le put; elle tomba évanouie. Trois minutes après elle rouvrait les yeux, et un soupir qui lui échappa me fit voir qu'elle vivait encore. De ses mains elle cachait sa figure en s'écriant :

— Comment pouvez-vous me regarder, docteur? je suis infâme!

— Hortense, lui dis-je, une femme coupable comme vous baignait de ses larmes les pieds du Sauveur qui ne la repoussait pas.

— Ah! oui, oui, dit-elle faiblement, Jésus a dit à Madeleine : *Allez en paix.*

La puissance des idées religieuses était le seul remède dont cet esprit malade pût recevoir quelque soulagement. Le monde devait être sans pitié pour elle; plus de pardon possible, plus d'amende honorable suffisante pour effacer cette souillure : Dieu seul ouvrait encore ses bras à la repentante.

— Mon enfant, lui dis-je, fiez-vous au pardon céleste; calmez cette vive excitation; je reviendrai demain. Puissent vos sentiments et vos pensers se colorer cette nuit d'une teinte nouvelle, plus riante, plus douce et plus heureuse! Dormez, dormez en paix, respirez librement; que ce pesant fardeau s'allége; que votre cœur se rouvre à des sentiments qui le consolent!

Sans me répondre, elle saisit ma main avec une espèce de convulsion passionnée, la couvrit de larmes et la porta à ses lèvres.

Le lendemain, la réaction de ce mouvement violent qui venait d'agiter son âme l'avait plongée dans un abattement déplorable. Elle me dit qu'une pensée surtout la déchirait, qu'elle se repentait de m'avoir dit toute la vérité, que mon dévouement seul pouvait me soutenir encore dans cette triste tâche; que sa présence, elle le sentait bien, avait quelque chose d'intolérable et d'affreux.

Son orgueil blessé renaissait ainsi au milieu de la désolation de sa vie. J'eus hâte de la rassurer. Silencieuse et désespérée, elle ne me répondait qu'en levant la tête et se tordant les bras, et quand j'approchai ma main elle retira la sienne.

— Ne me touchez pas! ne me touchez pas! s'écria-t-elle.

Cette situation dura toute la semaine. Ma femme alla voir Hortense, et par sa cordialité, par son affection et sa délicatesse, elle lui rendit un peu d'assurance et de calme.

Toute la pharmacie du dispensaire n'aurait pas agi sur Hortense avec autant de rapidité, avec un effet aussi heureux. Ce dont la malade avait surtout besoin, c'était un peu d'estime qui la réconciliât avec elle-même, qui mêlât quelque douceur à sa longue humiliation.

Bientôt, à force de soins, les symptômes qui nous effrayèrent disparurent, elle put manger; elle recouvra ses forces physiques. Jamais aucun des malades que j'ai soignés n'est revenu de plus loin; jamais prostration de l'organisme et de l'âme n'a fait place si rapidement aux apparences de santé délicate sans doute, mais destinée à une convalescence certaine.

Rien chez cette malheureuse enfant ne ressemblait à l'affectation contristée qui accompagne souvent le repentir de ses semblables. C'était une humiliation pleine de simplicité, une résignation vraiment touchante. Quelques restes de sa beauté passée brillèrent même à mes yeux surpris.

J'avoue que je ressentis une joie très-vive la première fois que je l'aperçus, non plus dans son lit de douleur, pâle, n'osant arrêter ses regards sur personne, les traits altérés, le front ridé, pâli; mais assise près de la fenêtre, vêtue d'une robe grise et simple, occupée à lire avec attention, le bras appuyé sur l'épaule de la garde, la taille délicate et un peu penchée. Son état devenait de plus en plus rassurant. Ce fut alors que je lui fis la proposition de réclamer, par le ministère d'un *attorney*, la fortune qui lui appartenait légalement, et d'employer une partie de la somme qu'elle toucherait à louer, à quelques milles de Londres, une résidence champêtre. J'ajoutai que la vieille garde qui l'avait soignée se ferait un plaisir de l'accompagner, et qu'il fallait à l'instant même insérer dans les journaux une annonce à ce sujet. Elle écoutait en silence cette proposition.

— Mais, lui dis-je, quelle objection pourriez-vous faire contre un tel projet?

— Rien, rien, me dit-elle, sinon que ce serait trop heureux.

Le lendemain du jour où l'avertissement avait paru dans les papiers publics, le propriétaire d'une petite maison située à la campagne se présenta chez moi, et l'arrangement fut bientôt conclu. Je louai en son nom, pour six mois, cette petite maison de campagne, et nous partîmes. Je n'oublierai jamais le jour où nous quittâmes ensemble le dispensaire, et le lecteur m'excusera si le souvenir de cette journée, encore présent à ma pensée émue, se retrace dans ces pages.

C'était une belle matinée de printemps : le ciel semblait nous sourire et répandre dans nos cœurs une chaleur consolante, une douce clarté ; nous avions loué une grande berline dont Hortense occupait l'intérieur avec sa garde ; je m'étais placé sur le siége du cocher. Le bonheur moral que j'éprouvais, en ramenant dans cette solitude paisible la pauvre brebis égarée, serait difficile à exprimer.

Nous arrivâmes devant une petite maison située à quelque distance de la route, dans un paysage ravissant, un cottage enseveli dans le jasmin et le chèvre-feuille et dont les petites murailles blanches apparaissaient sous le feuillage comme une perle brille sous les replis du velours. Lorsque Hortense se trouva dans l'antichambre, elle tomba à genoux, et, élevant ses mains tremblantes vers le ciel, elle resta ainsi pendant longtemps, la tête haute, une expression de reconnaissance et d'enthousiasme presque sublime empreinte sur tous ses traits, mais muette. Son silence était sacré, nous ne le troublâmes pas. Moments solennels ! une grande réconciliation s'opérait, toute une vie s'effaçait.

Si l'on ne connaît du cœur humain que ses replis immondes ; si l'on n'aime de la vie humaine que ses pompes extérieures et son inutile éclat ; si l'on n'imagine de jouissances possibles que les plaisirs sensuels ou la satisfaction de la vanité ; si, à force de frivolité et d'égoïsme, on s'est fait une âme insensible à tout, si ce n'est aux voluptés de l'amour-propre et des sens, on peut se railler à loisir de ces scènes que j'ai si faiblement retracées. Je n'ai pas ajouté un seul trait à ce tableau ; je n'ai pas brillanté une seule touche de cette peinture à laquelle je consacrerais un volume si je consultais mes inspirations personnelles.

— Docteur, si vous m'écrivez, dit cette pauvre enfant en se jetant sur un sofa, souvenez-vous d'adresser vos lettres au *cottage de la Magdeleine* [1].

Nos visites chez Hortense furent fréquentes. Il me semblait impossible qu'elle ne se rétablît pas complétement. Le printemps et l'été s'écoulèrent en améliorant progressivement sa santé. Le calme de son esprit, le repos de la solitude, la profonde et religieuse mélancolie qui absorbait toutes les facultés de son esprit et qui était pour elle plutôt une occupation qu'une peine, les œuvres de charité qu'elle faisait dans tout le voisinage, l'estime parfaite dont elle ne tarda pas à jouir, tout concourait à lui rendre ce bonheur qu'elle avait depuis longtemps perdu. Elle avait retrouvé ces manières calmes, gracieuses, qui l'avaient distinguée dans ses beaux jours. Sa garde était devenue sa domestique, par choix et par goût plutôt que par servitude et par intérêt.

Pendant trois ans cette situation se prolongea, et Hortense, toujours faible et languissante, jouit d'un bonheur profond, sur lequel le reflet de sa vie passée répandait encore une nuance plus touchante. Hélas ! ses jours étaient comptés, et le zèle avec lequel elle remplissait ses devoirs religieux contribua encore à en abréger le terme. Un rhume, causé par un séjour trop long dans une église humide, ramena ces cruels symptômes que j'avais réussi avec tant de peine à dissiper. La victime était marquée. Il ne fallait depuis longtemps qu'une imprudence pour l'abattre, et cette imprudence une fois commise, c'en était fait de sa vie. Les progrès

[1] L'espèce d'affectation que l'on pourrait reprocher en France, à cette désignation, n'existe pas en Angleterre : chaque habitation rurale porte un nom de cette espèce choisi par la fantaisie de l'habitant. Le célèbre Hugo Foscolo a fait construire près du parc du Régent une chaumière à la grecque, qu'il a nommée *Digamma-Cottage* : la chaumière de Digamma.

de la maladie furent rapides et menaçants. Elle semblait vouloir se venger, par une conquête plus hardie, de sa première défaite. Je n'affligerai pas le lecteur en détaillant avec soin ces cruelles circonstances.

Hortense souffrait horriblement, et, dans la conscience de sa mort certaine, elle attendait patiemment le coup qui devait l'achever. Je n'ai pas besoin de dire que ce dénoûment m'affligea profondément; chaque jour m'avait attaché davantage à Hortense, et il était cruel, après tant d'efforts pour la sauver, de la voir s'engloutir et disparaître tout à coup. Ce serait faire partager à ceux qui me lisent l'agonie que j'éprouvais que d'appuyer sur tous ces détails. Son déclin fut rapide, et plus elle approchait du terme fatal, plus il y avait de calme et de douceur chez elle. En disant ses dernières volontés, elle insista pour que personne, si ce n'est moi, la garde et trois autres femmes du voisinage, ne suivît son cercueil. Elle insista surtout pour que sa tombe ne portât aucune inscription.

— Non, non, disait-elle; que mon souvenir s'efface de la terre, c'est ce que je désire le plus... Seulement, docteur, ajouta-t-elle d'une voix vibrante qui me fit tressaillir, accordez quelquefois un souvenir à la pauvre fille que vous avez rachetée et sauvée; croyez qu'elle vous aimait bien.

Nos larmes coulaient.

— Je suis indigne, continua-t-elle, d'occuper votre pensée; mais vous, vous occuperez la mienne jusqu'au dernier moment où je respirerai ; voulez-vous me bénir et me donner le baiser d'adieu?

J'étais presque aveuglé par mes larmes, je ne pouvais parler.

C'était le 26 janvier, sur les deux heures, je m'approchai du cottage de la Magdeleine. Une vieille femme, que je n'avais jamais vue, était occupée à fermer les volets. Hortense n'était plus. La vieille garde éplorée me reçut dans le parloir.

— Elle a laissé quelque chose pour vous, me dit-elle, et il paraît qu'elle y tenait beaucoup, la pauvre enfant, car elle est morte en l'achevant.

J'entrai ; je trouvai ce cadavre, qui n'avait pas perdu sa chaleur vitale, ni sa douce et mélancolique beauté.

Quand la vie vient de s'enfuir et que personne n'a encore touché un cadavre ; quand les yeux sont à peine fermés et que rien n'a changé autour du mort, c'est un spectacle bien frappant que cette chambre encore pleine de ses souvenirs, de tous ces objets qui lui appartenaient, en un mot tous les symboles de la vie en contraste avec la mort récente. Jamais cette impression ne me frappa plus vivement.

Elle était couchée sur le côté gauche, la figure à demi voilée par ses larges cheveux et tenant à la main un mouchoir brodé auquel je l'avais vue souvent travailler.

— C'est pour vous, me dit la garde ; en mourant, elle m'a recommandé de vous le donner.

Je détachai le mouchoir de son insensible étreinte, et j'y trouvai les lettres suivantes : *Marie Madeleine au docteur B…* La première lettre de mon nom n'était que commencée, la main de la mort avait empêché qu'elle ne le traçât tout entier. Pauvre Hortense ! infortunée enfant ! je ne t'oublierai point !

# XI

## LES RÉSURRECTIONNISTES

En Angleterre règne un préjugé, dont nous avons déjà parlé, très-honorable dans sa cause, et très-nuisible aux intérêts de la science ; le respect pour la mort y est tel, que rien n'est plus difficile que de s'y procurer un sujet. Un crime atroce, nouveau, d'invention toute scientifique et tout anglaise, a dû sa naissance à cette vénération pour les tombeaux, si généralement répandue, que le peuple a pour les anatomistes une terreur superstitieuse. A peine a-t-on su que le cadavre d'un homme était bonne marchandise, dont on pouvait aisément se défaire et tirer un très-haut prix, que quelques personnes ont établi leurs manufactures de cadavres. Au lieu d'aller les chercher dans les cimetières, vieux, débiles, usés par les maladies, ils les ont faits de leurs propres mains. Ces messieurs ont choisi avec soin le sujet vivant sur lequel ils voulaient opérer ; et après l'avoir étranglé de manière à ne pas diminuer sa valeur, ils l'ont jeté dans le commerce.

On sait de quelle terreur ces assassins par spéculation frappèrent l'Angleterre, il y a peu d'années. Ils enrichirent la langue d'un mot, et la liste des forfaits humains d'une variété. L'un d'eux se nommait *Burk* : leur métier, leur art se nommèrent *Burking*.

Cette difficulté de se procurer des cadavres a donné lieu à plus d'une scène bizarre, à plus d'une escapade chirurgicale. Souvent le sujet a été volé dans le cimetière, et quelquefois le peuple ou les paysans ont arrêté le voleur, pris pour un *Burker*.

On ne lira peut-être pas sans intérêt le récit suivant, qui donnera quelque idée des dangers que courent, en Angleterre, le chirurgien et l'anatomiste trop enthousiastes de leur état. Dans aucune circonstance de ma vie, le burlesque et le lugubre n'ont été plus étrangement alliés.

Deux ans après ma sortie de Cambridge, j'étais élève interne dans un des hôpitaux de Londres, lorsqu'une jeune personne appartenant à une classe inférieure de la société fut admise au nombre de nos malades. Il fut impossible de la sauver : sa maladie, dont les symptômes étaient mobiles et contradictoires, déjoua tous les efforts des plus célèbres médecins. On lui fit subir plusieurs traitements qui ne diminuèrent pas ses souffrances. Ceux-ci la regardaient comme atteinte d'un afflux de sang au cœur; d'autres attribuaient ses souffrances à un abcès interne. Pendant quelque temps, on crut que les poumons étaient attaqués ; puis on crut reconnaître de nouveaux symptômes: c'étaient tantôt un désordre organique, un dérangement des fonctions internes, tantôt un mal héréditaire. Au milieu des tortures qu'on lui fit subir, des potions, des drogues de toute espèce qu'on lui administra, la vie dépérissait, l'âme s'enfuyait peu à peu, la jeune fille mourait.

C'était une énigme d'un intérêt puissant pour les maîtres et pour les élèves. Le médecin en chef soutenait toujours que c'était une affection secrète du cœur. On discutait beaucoup, on consultait Boheraave et Corvisart. On appelait les docteurs les plus instruits, et cependant la jeune fille s'éteignait.

Lorsque les parents apprirent qu'on désespérait de la sauver, ils soupçonnèrent que les médecins tenteraient l'autopsie du cadavre. Pour prévenir cet attentat, ses deux frères exigèrent la translation de leur sœur, quelque malade qu'elle fût, dans la maison de leur père. En vain leur fit-on obserververer que la fatigue du transport hâterait les progrès de la maladie et le danger qu'elle pourrait courir : les frères furent inflexibles, on exagéra même la faiblesse de la malade. L'un d'eux se fâcha, et toute l'éloquence que j'employai pour l'apaiser fut inutile. Enfin, s'emportant contre nous, il parla de l'hôpital comme d'une boucherie humaine, des médecins et des élèves comme d'assassins exécrables.

— Croyez-vous, s'écria un interne que ses invectives irritaient, que si nous avions envie d'en faire ce que vous supposez, nous ne saurions pas la retrouver ?

— C'est ce que nous verrons, répondit l'Hercule au poing noueux, en agitant son bras d'une manière significative !

La jeune fille fut tirée de son lit, placée dans une voiture, et transportée chez son père, à cinq lieues de Londres. Dix minutes après, elle avait cessé d'exister.

— Vraiment, dit le médecin en chef, quand nous reçûmes cette nouvelle, je donnerais cinquante livres sterling pour savoir si je me suis trompé sur la maladie de cette pauvre fille.

Un groupe d'élèves et de jeunes médecins, qui avaient entendu ces paroles, se forma aussitôt dans un coin de la salle. Nous avions pris le plus grand intérêt à cette maladie, et notre curiosité n'était pas moins vive que celle du médecin en chef. A nos risques et périls, et malgré l'air menaçant et les adieux peu encourageants des deux frères, notre complot fut aussitôt formé : nous jurâmes de déterrer le cadavre de la jeune fille et de satisfaire le désir témoigné par notre chef. Sans nous encourager dans une entreprise que les tribunaux auraient pu châtier, il se contenta de me dire en me frappant sur l'épaule :

— Diable ! c'est dangereux, je ne vous le conseille pas.

C'est absolument comme s'il nous eût dit : Allez, mes enfants, et tâchez de réussir.

Nous voilà donc réunis en conciliabule secret dans la chambre de l'un de nos camarades où se trouvaient deux autres élèves internes, deux garçons d'amphithéâtre et un de ces hommes que l'on appelle *grabb*, et dont la profession spéciale est de vendre des *sujets*. Un affidé nous avait donné des renseignements certains sur la place qu'occupait la tombe de la jeune fille. Trois jours après l'enterrement nous partîmes dans une voiture de remise, dans laquelle nous avions déposé tous les ustensiles nécessaires à notre expédition. Malheureusement, le *grabb* sur lequel nous comptions avait passé la journée à boire avec des amis : sa tête n'était plus saine; il pouvait à peine se traîner, et nous dûmes renoncer à son secours. Tous ses confrères étaient ce qu'on appelle en tournée. Je me souvins d'un pauvre Irlandais, nommé Bob, qui faisait quelquefois des commissions pour les élèves de l'hôpital, et qui se distinguait par deux qualités prononcées : l'amour de la paresse et celui de l'eau-de-vie. On appela Bob, on lui promit une demi-guinée, deux bouteilles de sa liqueur favorite, on flatta sa vanité irlandaise ; nous parvînmes à triompher de sa répugnance pour l'œuvre funéraire qui lui était proposée. Il connaissait le marchand de *sujets*, qu'une indisposition bachique retenait au lit; il lui emprunta quelques-uns des instruments de son métier: un grand sac destiné à renfermer notre conquête et un levier de fer en cas de besoin. Une fois entassés dans le carrosse et sur le siége du cocher, nous partîmes. Les idées de Bob étaient sombres : superstitieux, comme tous ses compatriotes, il était déjà prêt à renoncer à l'expédition et aux bénéfices qu'elle lui promettait; son courage ne se retrouva qu'au fond d'une bouteille recouverte d'osier et remplie d'eau-de-vie, dont les doses réitérées dissipèrent ses vapeurs noires. Bob devint le plus courageux d'entre nous. Il ne parla plus que de son audace, il insulta les morts, il se joua des squelettes, il s'amusa comme un damné du sacrilége qu'il allait commettre.

Il était neuf heures du soir quand nous partîmes ; le temps avait été capricieux pendant toute la soirée. Tour à tour la lune brillait, la pluie tombait, le vent sifflait, les éclairs apparaissaient au loin. Le disque de l'astre se montrait-il au milieu du nuage qui l'avait voilé quelque temps, nous tremblions que les ténèbres protectrices ne se dissipassent pour nous livrer à la merci des adversaires dont la vigilance nous effrayait. Il me semble que l'amour de la médecine ne fut pas le seul motif qui nous détermina : l'entreprise était singulière, bizarre, funèbre ; elle pouvait ne pas se représenter deux fois. Nous nous étions vantés de rapporter ce *sujet* en dépit des menaces des parents, nous tenions à honneur de tenir notre parole ; il y avait un peu d'étourdissement et de bizarre folie dans toute cette affaire ; quand j'y pense aujourd'hui, j'ai quelque regret de l'avoir achevée. Le médecin en chef, en nous parlant de danger, avait peut-être aussi stimulé notre courage, nous tenions à répondre à son appel.

Le bavard Irlandais (et personne n'est plus bavard qu'un homme de ce pays), à chaque nouvelle gorgée d'eau-de-vie, devenait plus fanfaron ; nous nous étions accoutumés au feu roulant de son patois comme au roulis de la voiture ; mais quand nous atteignîmes cette partie de la route où notre voiture devait s'arrêter, lorsque nous aperçûmes la petite église verdâtre et moussue de Wimbledon, la loquacité de Bob devint moins brillante, son audace s'amortit, son beau feu vint à s'éteindre, il s'enfonça dans la voiture d'un air sombre qui ne nous promit pas une coopération bien active. Ce petit clocher grisâtre, qui se dessinait vaguement sous la clarté de la lune, semblait une sentinelle attentive placée là pour surveiller les tombeaux dont nous allions violer la sainteté. J'ajouterai même, pour être véridique, que la poltronnerie de Bob était devenue contagieuse; nous avions déjà perdu une partie de notre audace ; nous commencions à comprendre qu'il y avait dans notre expédition quelque chose de périlleux, et que nous n'avions pas calculé avec soin les hasards auxquels elle pouvait nous exposer. Si les deux frères, gaillards qui ne plaisantaient pas, s'étaient avisés de veiller eux-mêmes sur la conservation du cadavre ! comment s'y prendre? Personne d'entre nous, excepté Ernest, mon confrère, n'avait assisté à une exhumation ; nous devions être, en ce genre, d'assez mauvais ouvriers.

Un profond silence régnait dans la voiture, silence significatif. Le confortatif dont l'Irlandais avait fait usage ne nous fut pas inutile ; et lorsque nous descendîmes, une demi-ivresse nous avait rendus un peu plus insouciants sur l'avenir. Nous ordonnâmes au cocher d'entrer dans une avenue étroite, à peu de distance du cimetière. Il vint nous ouvrir. La cloche de l'église tintait lentement minuit.

— Allons, Bob, il faut descendre.

— Descendre, monsieur, descendre? certainement je vous entends bien.

— Allons, dépêchez-vous.

— Il fait froid, mes petits seigneurs, dit Bob dans son patois d'Irlande; c'est une triste nuit, une désagréable nuit.

Nos yeux parcouraient l'avenue obscure, où nous cherchions à reconnaître si quelqu'un ne nous observait pas.

— Je suis glacé, reprit Bob.

— Vieux poltron déjà effrayé? Allons, emportez-le sur votre épaule et marchez devant nous.

— Oh ! mes petits seigneurs, en vérité lorsque j'y pense...

c'est chose cruelle, ajouta-t-il d'un ton dolent, d'aller tourmenter la pauvre créature dans son grand sommeil.

Il prononça ces mots d'un air pathétique.

— Encore un peu d'eau-de-vie, Bob, qu'en dites-vous?

— Non, non, Votre Honneur!...

Son refus acheva de nous décourager. Peu s'en fallut que nous ne reprissions place dans la voiture et que nous n'abandonnassions notre projet; mais tous nos camarades en avaient été instruits, et à notre retour, quelles railleries nous auraient accueillis! La crainte du ridicule balançait ainsi la terreur funèbre qui s'était emparée de nous, et nous nous arrêtâmes au coin de la grande route à laquelle l'avenue aboutissait; Mérival sifflait, Ernest faisait quelques observations assez déplacées sur la tristesse des cimetières, surtout à l'heure de minuit. J'essayai cependant de ranimer un peu le courage de mes camarades.

— Notre affaire sera bientôt faite, leur dis-je, la fosse ne doit pas être profonde; nous en serons quittes en moins d'une demi-heure, dépêchons-nous.

— Mais, diable, interrompit Mérival en croisant les bras, si ces deux coquins de frères sont-là?

— Ils sont taillés en force, comme vous savez, murmura Ernest.

Nous nous mîmes en route. Bob, qui nous servait d'avant-garde, titre qu'il méritait parce qu'il nous devançait de trois pouces environ, devint immobile, laissa retomber le sac, éleva ses deux mains et tendit le cou comme pour prêter l'oreille.

— Silence! silence! sur mon salut, il y a quelque chose par ici!

Nous nous arrêtâmes et nos figures pâles se contemplèrent mutuellement; nous n'entendîmes que le bruit sourd des chauves-souris qui fuyaient au-dessus de nos têtes.

— Sur mon âme, sur mon âme, répétait Bob, on a parlé du côté de la haie ; chut !

— Imbécile, taisez-vous. Mes amis, il faut en finir, au lieu d'écouter cet idiot, et nous dépêcher ; minuit vient de sonner, le jour naît à quatre heures, et je crois qu'il va pleuvoir.

Quelques lourdes gouttes de pluie frappèrent le feuillage ; la chaleur de l'atmosphère annonçait un orage. Nous atteignîmes la muraille du cimetière, qu'il nous fallut escalader ; heureusement elle n'était pas très-haute. Ici notre compagnon irlandais recommença à nous tourmenter. Je lui avais dit de déposer son sac, de grimper sur le mur et de voir si le cimetière était tranquille, s'il n'y avait personne pour nous observer, s'il pouvait découvrir enfin une fosse nouvellement creusée. Il fit bien des difficultés ; je le menaçai de mon bâton et je le vis enfin à cheval sur le mur. Il s'y trouvait à peine, lorsqu'un éclair suivi de deux violents éclats de tonnerre vint jeter le trouble dans l'esprit de notre Irlandais. Il multiplie ses signes de croix, ses *Pater* et ses *Ave* ; il chancelle et tombe à nos pieds.

— Ah ! messieurs, messieurs, disait-il étendu par terre, est-ce que vous laisserez la pauvre créature hors de sa fosse, ou la remettrez-vous en terre chrétienne quand tout sera fini ? Sur mon honneur en saint Patrick, je ne consentirai jamais, moi...

— Tenez, Bob, vous nous ennuyez, ajoutai-je en tirant de ma redingote deux pistolets dont je m'étais muni ; nous avons fait prix avec vous, faute d'avoir pu trouver sous notre main un homme moins niais. Maintenant, coquin, laissez-nous tranquille, si vous ne voulez pas recevoir une balle dans la cervelle ; entendez-vous, Bob ?

— Un peu de patience, mes gentilshommes, ne me tuez

pas, bous messieurs. Je suis vraiment malheureux d'être venu avec vous.

— Allons, pas d'explications; remontez, déposez le sac dans le cimetière et attendez-nous.

Tout cela fut exécuté, et bientôt nous nous trouvâmes dans le cimetière. Rien ne bougeait, mais les éclairs brillaient, jetant par intervalles une flamme rouge et passagère qui nous révélait les tombes blanches, la verdure noire du lierre qui tapissait la vieille église, et notre propre armée, tremblante de froid et de peur, venue pour accomplir le sacrilége. Les sentiments de malaise, j'allais dire de remords, qui nous pénétraient tous, me sont encore présents. Il n'y avait pas de temps à perdre : je laissai mes compagnons cachés dans l'ombre que projetait la muraille, et j'allai à la découverte. Les instructions que j'avais reçues étaient précises, et je reconnus sans peine le tombeau que nous cherchions; je rejoignis ensuite mes compagnons qui m'attendaient. La pluie tombait par torrents, un froid glacial nous avait pénétrés; nous vidâmes presque entièrement nos bouteilles, et comme le courage de Bob avait cruellement fléchi, nous parvînmes, en le grisant, à lui ôter tout souvenir du lieu où il se trouvait, et de l'opération dont il allait partager les périls. En un clin d'œil, il dénoua le sac, en tira les instruments et se mit à travailler avec une énergie incroyable. Nous l'aidâmes de notre mieux, mais nous faisions beaucoup moins d'ouvrage que lui. La pluie cessa, les éclairs ne brillèrent plus; seulement le tonnerre grondait en s'éloignant, comme si la colère céleste eût, de la profondeur des nuages, jeté son anathème sur nous. L'obscurité était complète. A force de creuser, nous avions cependant enlevé trois pieds de terre. Ce n'était encore que la moitié de notre tâche, ce qui nous découragea un peu.

— Ah! par les os de saint Patrick, s'écria Bob, il sera huit heures du matin que nous n'aurons pas fini.

Nous étions de fort mauvaise humeur, et nous commencions à maudire notre donquichotisme scientifique qui nous avait amenés au cimetière de Wimbledon, lorsqu'un bruit subit, et qui semblait partir de très-près, se fit entendre. Chacun de nous laissa tomber ses armes, et pendant une ou deux minutes, nous restâmes muets, immobiles, dans une attente pleine de crainte. Notre rayon visuel ne s'étendait qu'à une circonférence de deux ou trois pouces, mais nous entendions un bruit de pas qui marchaient sur le gazon et qui s'approchaient.

Le promeneur solitaire était tout simplement un âne que quelque paysan économe avait renfermé dans le cimetière, et qui, tout en se régalant de chardons, arrivait jusqu'à nous. Notre occupation était trop sérieuse, et nous étions trop pressés pour éprouver la moindre envie de rire. Dieu sait de quelles épithètes Bob chargea ce pauvre animal, et combien de temps il nous fallut pour lui faire reprendre son ouvrage; il s'y remit cependant. En moins d'une demi-heure nos pieds touchèrent le couvercle du cercueil; des cordes furent disposées de manière à le soulever et l'attirer vers nous.

Nouvel effroi! Un homme marche; une voix humaine se fait entendre; ce double son était distinct. Terrifiés, nous nous couchâmes à terre, et dans une anxiété qu'il est facile de comprendre, nous attendîmes. Cinq ou six minutes s'écoulèrent : tout rentra dans le calme; nous respirâmes plus librement. La portion la plus redoutable de notre entreprise sacrilège n'était pas accomplie; nous y travaillâmes courageusement. Après avoir bien regardé autour de nous, nous fîmes jouer les instruments de fer que nous avions apportés pour détacher le couvercle du cercueil.

Bientôt la lune blanche vint tomber sur la pauvre habitante de cette dernière demeure. Nous la soulevions déjà, quand Ernest s'écria en la laissant retomber : — Ah! les voilà!...

Sa main, qu'il posa sur mon épaule, tremblait violemment. Je regardai du côté vers lequel son œil se dirigeait, et je n'aperçus que trop distinctement un homme, si ce n'est deux hommes, s'avançant à pas de loup, le long du mur.

— Nous sommes découverts! m'écriai-je avec tout le calme dont je fus capable.

— Ils vont nous assassiner, reprit Ernest.

— Prête-moi un pistolet, dit Mérival, que j'aie une balle pour me défendre.

Bob avait entendu notre effrayant colloque; une horreur rapide respirait sur sa figure. Je crois que j'aurais ri volontiers, même dans cet instant, à l'aspect de ses petits yeux noirs et brillants, de son nez rouge et retroussé que la lune argentait, et de sa bouche entr'ouverte, qui laissait voir une double rangée de dents blanches, claquant les unes contre les autres.

— Chut! chut! m'écriai-je en armant un pistolet.

Mérival m'imita. Pour nous achever, la lune sembla prendre parti contre nous et nous dérober le faible reste de clarté qu'elle nous avait distribué avec tant d'avarice. Avant de se retirer sous son alcôve de nuages, elle nous laissa voir deux autres hommes qui s'avançaient dans une direction opposée.

— Nous sommes cernés! s'écrièrent deux d'entre nous.

Nous nous levâmes environnés d'une obscurité si profonde que nous ne pouvions pas voir nos camarades.

— Où sont-ils? cria une grosse voix, je suis bien sûr de les avoir vus? Ah! les voilà, les voilà! Répondez donc?

C'en était assez : nous prîmes tous la fuite, et nous partîmes dans des directions différentes, comme le petit plomb s'écarte en sortant de la bouche du pistolet. J'entendis une explosion, et sans savoir où j'allais, me voilà courant à travers les tombeaux, tantôt glissant et roulant sur le gazon humide, tantôt me heurtant sur une pierre sculptée, toujours poursuivi par les pas d'un homme et sentant son haleine sur mon épaule, mais sans savoir si c'était un ami ou un ennemi. A la fin, je rencontrai une grille qui m'arrêta, je tournai autour d'elle, et voyant qu'elle était ouverte des deux côtés, je me pliai en deux et me cachai sous l'abri d'une vaste pierre monumentale qui se trouvait dans l'intérieur de la grille. Alors je cessai d'entendre les pas de la personne qui m'avait suivi : un cri étouffé, un sourd murmure, le bruit que fait un corps tombant dans l'eau, celui d'un homme qui se débat sourdement, attirèrent mon attention ; sans doute un de mes camarades avait été blessé. Mais que faire ? je ne savais même pas de quel côté il se trouvait. Les gémissements continuaient, la nuit était noire. C'est une heure qu'il me sera impossible d'oublier : je me traînai lentement à travers les gazons mouillés, la mousse et les branches d'arbres, n'osant pas même respirer, rampant sur mes pieds et sur mes mains, et ne sachant si un second coup de pistolet ne m'attendait pas au moment où je relèverais la tête. Belle position, en vérité ! Qu'étaient devenus mes camarades ? Serai-je obligé d'attendre ainsi le lever du jour ? Que devenir, enfin ? Ces idées roulaient dans mon esprit, et je m'étonnais du repos et du silence profond qui semblaient régner autour de moi, lorsque le même barbotage attira encore mon attention. Ce bruit avait l'air de partir d'assez près, et les sons étouffés d'une voix humaine s'y mêlaient.—Mon doux Jésus ! c'est un meurtre, c'est un vrai meurtre, je suis tué ; sur mon âme, je suis achevé.

C'était Bob, je reconnaissais sa voix; mais je ne savais dans quelle direction marcher pour le retrouver. Son monologue recommença.

— Qu'as-tu fait là, misérable? comment t'es-tu conduit? mérites-tu que le bon Dieu s'intéresse à toi! Va, tu n'es qu'un pécheur, et tu brûleras plus tard! N'en avais-tu pas assez fait dans ta vie? Et tu viens encore voler des cadavres? Oui, Dieu te revaudra cela, et quand tu seras mort, tu seras traité comme cette pauvre créature, infâme!... Ah! mon Dieu, mon Dieu, suis-je tué ou noyé? »

Il me sembla encore que l'on se débattait dans l'eau, et que l'éloquent orateur faisait une pause.

— Il fait un froid ici! Doux Jésus, vous n'étiez pas mal à votre aise sur la croix! Quel bain! Ah! mon Dieu! quel bain!

— Bob! Bob! murmurai-je assez doucement.

Profond silence.

— Bob, répondez, qu'avez-vous? où êtes-vous?

Ce ne fut pas à moi qu'il répondit, mais à lui-même.

— Oui, je suis tué, mort, assassiné, voilà tout.

— Bob, vous dis-je, écoutez, répondez!

— Oh! Bob! Bob! vous pouvez crier tant que vous voudrez, allez au diable; je veux être pendu si je vous parle, à vous.

— Bob, imbécile, c'est moi.

— Ah! mon doux monsieur, c'est vous? En vérité, c'est vous? Eh bien! êtes-vous tué? Qu'êtes-vous devenu? où sont les autres? en prison?

— Mais vous, qu'est-ce que vous faites là, Bob? et de quel côté êtes-vous?

— Un bain, un petit bain, Votre Honneur!

A quelques toises de nous, le bruit d'une lutte d'hommes

frappa nos oreilles. Je distinguai la voix d'Ernest qui criait :
A moi! au secours!

Le bruit croissait, je m'avançai à tâtons ; la main de Bob, qui était tombé dans une fosse ouverte, me saisit par le pied ; je l'aidai à sortir de son bain, et nous marchâmes du côté où la voix s'était fait entendre. Sous la clarté vague de la lune qui venait de reparaître, nous découvrîmes deux hommes qui luttaient corps à corps, se roulaient l'un sur l'autre et sans mot dire, et semblaient prêts à s'étrangler. Quand le dernier nuage, qui avait obscurci l'astre, vint à se déchirer, qui, croyez-vous, que je reconnus ? Notre cocher de fiacre, dont la figure grasse et maflée était pâle de terreur et qui se battait avec Ernest. Ce pauvre homme, étonné de ne pas nous revoir, avait rompu son ban, désobéi à nos ordres formels, et, entendant du bruit dans le cimetière, il avait escaladé le mur et s'était dirigé de notre côté. C'était lui que nous avions vu se glisser le long de la muraille ; c'était son ombre qui avait doublé à nos yeux sa présence et le péril, au moment même où il allait prononcer mon nom, car il le connaissait. Nous nous mîmes tous à courir comme des fous, et, croyant qu'il était tombé dans une embuscade de voleurs, il prit lui-même la fuite et se réfugia derrière une tombe. Malheureusement, l'asile qu'il avait choisi était déjà occupé par Ernest. Ils se rencontrèrent, et, sans se connaître, sans savoir pourquoi, ils se mirent à se distribuer de violents coups de poing, dont l'un et l'autre portaient la trace.

Quant au pauvre Bob, son roman n'était pas moins douloureux. Il m'avait suivi en courant de toute sa force, et il était tombé, comme je l'ai dit, dans une fosse remplie d'eau. Le pauve garçon resta là, les pieds enfoncés dans l'argile épaisse, n'osant élever la voix de peur de se faire découvrir, et plongeant ses deux mains dans les parois humides de la fosse pour se ménager deux points d'appui : telle était son intéressante position, lorsque j'entendis ses gémissements.

Ce dénoûment nous permit de nous remettre à l'œuvre ; le cercueil fut redescendu et recouvert de terre. Bob, que n'abandonnait jamais sa nature irlandaise, crut faire un acte de dévotion bien méritoire, en répandant, sur le couvercle de la boîte veuve de son habitante, une poignée de terre qu'il accompagna de ces paroles:

— Pauvre créature! que Dieu ne nous rende pas ce que nous t'avons fait!

Après tant de misères et d'obstacles vaincus, nous n'étions pas quittes encore de tous nos embarras. Ce ne fut pas chose facile de faire passer le *sujet* par-dessus la muraille, et, quand nous atteignîmes le lieu où nous avions laissé la voiture, nous la trouvâmes renversée, l'un des chevaux étendu dans le fossé et son compagnon ruant à merveille. Il paraît que les animaux, abandonnés à eux-mêmes, s'étaient approchés du fossé et que, tentés par le gazon qui bordait l'avenue, ils avaient fini par renverser la voiture. Il fallut donc déposer le cadavre, relever le fiacre, nous rendre maîtres des chevaux : tout cela dura si longtemps que le matin était arrivé, quand nous revînmes dans les faubourgs de Londres. Notre cortége, le cocher dont la grosse redingote était toute flétrie et le chapeau perdu, Ernest et Mérival qui ne se trouvaient guère dans un meilleur état, Bob qui dormait profondément auprès du sac funèbre, tout cela composait une assez triste assemblée, et je jurai bien, comme Bob, « que sur mon âme et sur la sainte croix de Jésus, on ne me prendrait jamais à voler des cadavres. »

FIN

# TABLE

|  | Pages. |
|---|---|
| Avant-Propos | 1 |
| I. — Une visite chez le bourreau de Londres | 3 |
| II. — Un sage inconnu | 18 |
| III. — Les Spunging-Houses de Londres | 46 |
| IV. — La seconde vue | 74 |
| V. — Le père et la fille | 83 |
| VI. — Le cadavre habillé pour le bal | 163 |
| VII. — La cantatrice | 168 |
| VIII. — Une exécution à mort | 195 |
| IX. — Le riche et le pauvre | 200 |
| X. — Faute et repentir | 218 |
| XI. — Les résurrectionnistes | 273 |

## Bibliothèque nouvelle à 1 franc le volume.

### H. DE BALZAC — vol.
*Scènes de la vie privée.*
La Maison du Chat-qui-Pelote. — Le Bal de Sceaux. — La Bourse. — La Vendetta. — Madame Firmiani. — Une Double Famille. 1
La Paix du Ménage. — La Fausse Maîtresse. — Étude de Femme. — Autre Étude de Femme. — La Grande Bretèche. — Albert Savarus. 1
Mémoires de deux jeunes Mariées. — Une Fille d'Ève. 1
La Femme de trente ans. — La Femme abandonnée. — La Grenadière. — Le Message. — Gobseck. 1
Le Contrat de Mariage. — Un Début dans la Vie. 1
Modeste Mignon. 1
Honorine. — Le Colonel Chabert. — La Messe de l'Athée. — L'Interdiction. — Pierre Grassou. 1
Béatrix. 1
*Scènes de la vie parisienne.*
Histoire des Treize. — Ferragus. — La Duchesse de Langeais. — La Fille aux yeux d'or. 1
Le Père Goriot. 1
César Birotteau. 1
La Maison Nucingen. — Les Secrets de la princesse de Cadignan. — Les Employés. — Sarrasine. — Facino Cane. 1
Splendeurs et Misères des Courtisanes. — Esther heureuse. — A combien l'amour revient aux vieillards. — Où mènent les mauvais chemins. — La Dernière Incarnation de Vautrin. — Un Prince de la Bohème. — Un Homme d'affaires. — Gaudissart II. — Les Comédiens sans le savoir. 1
La Cousine Bette (Parents pauvres). 1
Le Cousin Pons (Parents pauvres). 1
*Scènes de la vie de province.*
Le Lys dans la vallée. 1
Ursule Mirouët. 1
Eugénie Grandet. 1
Illusions perdues. 2
Les Rivalités. 1
Les Célibataires. 2
Les Parisiens en province. 1
*Scènes de la vie de campagne.*
Les Paysans. 1
Le Médecin de campagne. 1
Le Curé de village. 1
*Scènes de la vie politique.*
Une Ténébreuse Affaire. — Un Épisode sous la Terreur. — L'Envers de l'Histoire contemporaine. — Z. Marcas. 1
*Scènes de la vie militaire.*
Les Chouans. — Une Passion dans le désert. 1
*Études philosophiques.*
La Peau de chagrin. 1
La Recherche de l'Absolu. 1
L'Enfant maudit. 1
Les Marana. 1
Sur Catherine de Médicis. 1
Louis Lambert. 1
*Études analytiques.*
Physiologie du Mariage. 1

### GEORGE SAND — vol.
Mont-Revêche. 1
La Filleule. 1
Les Maîtres Sonneurs. 1
La Daniella. 2
Adriani. 1
Le Diable aux champs. 1

### JULES SANDEAU
Un Héritage. 1

### ALPHONSE KARR
Histoires normandes. 1
Devant les Tisons. 1

### ALEX. DUMAS (publié par)
De Paris à Sébastopol, du D F. Maynard. 1

### Mme ÉMILE DE GIRARDIN
Nouvelles. 1
Marguerite, ou Deux Amours. 1
M. le Marquis de Pontanges. 1
Poésies (complètes). 1
Le Vicomte de Launay (Lettres parisiennes). 3

### FRÉDÉRIC SOULIÉ
La Lionne. 1
Julie. 1
Le Magnétiseur. 1
Le Maître d'école. 1
Les Drames inconnus. 5
Les Mémoires du Diable. 2

### ARNOULD FRÉMY
Les Maîtresses parisiennes. 1
Id. (deuxième partie) 1
Les Confessions d'un Bohémien 1

### LÉON GOZLAN
La Folle du logis. 1
L'Amour des lèvres et l'Amour du cœur. 1

### LE Dr L. VÉRON
Mémoires d'un Bourgeois de Paris. (Édition revue et augmentée par l'auteur). 5
Cinq cent mille francs de rente. 1

### STENDHAL (BEYLE)
Chroniques et Nouvelles. 1

### PHILARÈTE CHASLES
Souvenirs d'un Médecin. 1

### Mme DE GIRARDIN, T. GAUTIER, SANDEAU ET MÉRY
La Croix de Berny. 1

### ALEXANDRE DUMAS FILS
Diane de Lys. 1
Le Roman d'une femme. 1
La Dame aux Perles. 1
Trois Hommes forts. 1
Le Docteur Servans. 1
Le Régent Mustel. 1

### AMÉDÉE ACHARD
La Robe de Nessus. 1
Belle-Rose. 1
Les Petits-Fils de Lovelace. 2
La Chasse royale. 1

### CH. DE BOIGNE
Petits Mémoires de l'Opéra. 1

### ARSÈNE HOUSSAYE
Les Filles d'Ève. 1

### MÉRY
Une Nuit du Midi (Scènes de 1815) 1
Les Damnés de l'Inde. 1

### A. DE LAMARTINE
Geneviève, Hist. d'une Servante. 1

### J. GÉRARD (le Tueur de lions)
La Chasse au Lion, ornée de 12 magnifiques grav. par G. Doré. 1

### LE DOCTEUR F. MAYNARD — vol.
Voyages et Aventures au Chili. 1

### Mme MARIE DE GRANDFORT
L'Autre Monde. 1

### LE Cte DE RAOUSSET-BOULBON
Une Conversion. 1

### Mme LAFARGE (MARIE CAPELLE)
Heures de Prison. 1

### MISS EDGEWORTH
Demain. 1

### EUGÈNE CHAPUS
Les Soirées de Chantilly. 1

### Mme ROGER DE BEAUVOIR
Confidences de Mlle Mars. 1
Sous le Masque. 1

### CH. MARCOTTE DE QUIVIÈRES
Deux Ans en Afrique. 1

### MAXIME DU CAMP
Mémoires d'un Suicidé. 1
Les Six Aventures. 1

### COMTESSE D'ASH
Les Degrés de l'échelle. 1

### HIPPOLYTE CASTILLE
Histoires de Ménage. 1

### CHAMPFLEURY
Les Bourgeois de Molinchart. 1

### Mme MOLINOS-LAFITTE
L'Éducation du Foyer. 1

### LÉOUZON LE DUC
L'Empereur Alexandre II. 1

### STERNE
Œuvres posthumes. 1

### NESTOR ROQUEPLAN
Regain : la Vie parisienne. 1

### FRANCIS WEY
Le Bouquet de cerises. 1

### HENRI MONNIER
Mémoires de M. J. Prudhomme. 1

### L. LAURENT-PICHAT
La Païenne. 1

### MOLIÈRE (œuvres complètes)
Nouvelle édition par Philarète Chasles. 1

### Mme LOUISE COLET
Quarante-cinq lettres de Béranger. 1

### V. VERNEUIL
Mes Aventures au Sénégal. 1

### CH. MONSELET
Monsieur de Cupidon. 1

### J. DE SAINT-FÉLIX
Mademoiselle Rosalinde. 1

### PAUL FÉVAL
Blanchefleur. 1
La Reine des épées. 1
Le Capitaine Simon. 1

### LOUIS ULBACH
La Voix du sang. 1
Suzanne Duchemin. 1

### GALOPPE D'ONQUAIRE
Le Diable boiteux à Paris. 1
Le Diable boiteux en province. 1

### JULES LECOMTE
Les Pontons anglais. 2

### JUILLERAT
Les Deux Balcons. 1

### BARBEY D'AUREVILLY
L'Ensorcelée. 1

### PAUL DHORMOYS
Une Visite chez Soulouque. 1

Paris. — IMP. DE LA LIBRAIRIE NOUVELLE. — Bourdilliat, 15, rue Bréda.

www.ingramcontent.com/pod-product-compliance
Lightning Source LLC
Chambersburg PA
CBHW071526160426
43196CB00010B/1673